Lehrbuch kompakt

Marketing auf den Punkt gebracht

von
Andreas Preißner

Oldenbourg Verlag München

Bibliografische Information der Deutschen Nationalbibliothek

Die Deutsche Nationalbibliothek verzeichnet diese Publikation in der Deutschen
Nationalbibliografie; detaillierte bibliografische Daten sind im Internet über
<http://dnb.d-nb.de> abrufbar.

© 2008 Oldenbourg Wissenschaftsverlag GmbH
Rosenheimer Straße 145, D-81671 München
Telefon: (089) 45051-0
oldenbourg.de

Lektorat: Wirtschafts- und Sozialwissenschaften, wiso@oldenbourg.de
Herstellung: Anna Grosser
Coverentwurf: Kochan & Partner, München
Cover-Illustration: Hyde & Hyde, München
Gedruckt auf säure- und chlorfreiem Papier
Druck: Grafik + Druck, München
Bindung: Thomas Buchbinderei GmbH, Augsburg

ISBN 978-3-486-58460-8

Vorwort

Es gibt nicht gerade wenige Marketingbücher auf dem Markt und wenn nun ein weiteres veröffentlicht wird, bedarf es eines interessanten Konzeptes, eines USP, wie Marketingleute gerne sagen. War es vor einigen Jahrzehnten einmal wichtig, möglichst vollständig alle Erkenntnisse und Ideen zum Marketing darzustellen, sieht es heute anders aus. Um vollständig zu sein, benötigt man ohne Weiteres 1.000 bis 1.500 Seiten, was einen immensen Zeitaufwand für die Lektüre bedeutet. Diese Zeit hat man aber nicht immer.

Dieses Buch versucht, die wesentlichen Inhalte des Marketing, wie sie heute als Grundlage für Studierende im Grundstudium oder in der Aus- und Weiterbildung verlangt werden, kompakt und trotzdem möglichst vollständig zu behandeln. Die Inhalte werden in einer betont knappen Form mit kurzen Beispielen und Hervorhebungen der wichtigsten Begriffe dargestellt. Es wird dadurch möglich, mit geringem Zeitaufwand das komplette Programm der Marketing-Grundlagen zu erfassen und dabei auch die zentralen Fachbegriffe kennenzulernen. Zahlreiche Übersichtsdarstellungen und kurze Erläuterungen zu den einzelnen Themengebieten mögen auch die kurzfristige Prüfungsvorbereitung (sozusagen last minute learning) zu unterstützen.

Die Auswahl der Inhalte orientiert sich an den Themen, die meist in einführenden Lehrveranstaltungen behandelt werden bzw. sich regelmäßig in entsprechenden Prüfungen finden. Das Buch stellt dementsprechend keine neuen Theorien oder kreativen Ansätze des Marketing vor, sondern stützt sich auf bewährtes Wissen. Sein Ziel ist es, dieses Wissen, wie der Titel schon sagt, auf den Punkt zu bringen. Vorkenntnisse im Marketing sind nicht erforderlich. An einigen Stellen sind kleinere Rechnungen und auch die eine oder andere statistische Formel unumgänglich, aber auch diese kleineren Stolpersteine des Marketingstudiums lassen sich leicht umgehen.

Um auf dem Punkt zu bleiben, bleibt mir nur noch, Ihnen viel Erfolg beim schnellen Einstig in das Marketingwissen zu wünschen.

Andreas Preißner

Inhaltsverzeichnis

1 Marketing – Begriffe und Konzepte

Innerhalb der Betriebswirtschaftslehre nimmt das Marketing immer noch eine gewisse Sonderstellung ein, denn es ist kein klassisches Fach, das schon immer zur Grundausstattung in der Ausbildung gehörte, und es ist ein interdisziplinäres Fach, das auf Erkenntnisse anderer Wissenschaften zugreift. Dazu kommt eine gewisse Beliebtheit als Wahlfach im Rahmen eines betriebswirtschaftlichen Studiums, weil es dort meist etwas unterhaltsamer zugeht als in Fächern wie Wirtschaftsprüfung oder Produktionswirtschaft. Die Vertreter dieser Fächer mögen dem Verfasser diese Einstellung nachsehen.

Diese Konstellation führt meist zu einem nicht ganz unerheblichen Definitionsbedarf. Je neuer eine Konzeption oder ein Fachgebiet und je vielfältiger ihr Hintergrund ist, desto schwieriger ist es, ihren Kern zu verstehen. Als Konsequenz ranken sich viele Missverständnisse um das Marketing, wie es sie etwa auch um das Controlling gibt. So wird Marketing nicht selten mit Verkauf oder Werbung gleichgesetzt und es wird bei der Fächerwahl an Hochschulen übersehen, dass Marketingentscheidungen auch oft genug einer gewissen Unterstützung quantitativer Methoden bedürfen. Zudem gibt es Marketing nicht nur in den eher bunten Konsumgüterbranchen, sondern auch bei Investitionsgütern, die selten im Licht der Öffentlichkeit stehen und bei denen Vieles im Verborgenen stattfindet. Es ist schlussendlich kein leichtes Fach, das sich so ganz nebenbei erlernen lässt.

In der Praxis lässt sich alltäglich erkennen, dass auch bekannte und renommierte Unternehmen im Marketing einen ausgesprochenen Unsinn betreiben, der im Rahmen einer Fallstudienklausur zum Nichtbestehen, idealerweise zum Verweis von der Hochschule führen sollte. Trotzdem werden Millionen und Milliarden Euro versenkt, weil Entscheidungsträger Marketing nicht verstehen, ihre Entscheidungen nicht systematisch und logisch aufbauen oder meinen, Disziplinen wie die Marktforschung geflissentlich ignorieren zu können.

Die Geschichte des Marketing ist kurz, aber bewegt. Nicht zufällig ergibt sich eine Analogie zu einer Werbeaussage für ein Waschmittel, wenn man sagt, Marketing sei stets das beste seiner Zeit. Seine Inhalte und Kerngedanken passen sich stets an die Entwicklung der Märkte und Gesellschaft an.

1.1 Themen des Marketing

Der Marketingbegriff ist im deutschsprachigen Raum erst seit etwa den sechziger Jahren des letzten Jahrhunderts geläufig. Zwar gab es schon zuvor einige Gedanken, die heute zum Marketing gerechnet werden, doch wurde in der Organisation von Unternehmen oder in der Lehre meist von Verkauf und Vertrieb gesprochen. Die Anerkennung als selbstständiges Fach begann sich erst Ende der sechziger Jahre durchzusetzen.

Bis ca. **1950** war der Begriff **Verkauf** vorherrschend. Damit wurde der Leistungsaustausch zwischen Unternehmen bzw. die „Abgabe" von Waren an Endverbraucher gemeint. Verkauf war also eher eine Notwendigkeit, um Umsätze zu erzielen, als ein intellektuelles Konzept, wie man sich am Markt gegenüber der Konkurrenz durchsetzen konnte. Da die Käufer relativ wenig Auswahl hatten und es eher eine Angebotsknappheit gab, hielt sich der Vermarktungsaufwand in Grenzen. Die Verkaufsabteilungen waren überspitzt gesagt eher Warenausgaben, als dass sie sich aktiv um neue Kunden bemüht hätten. Werbung steckte noch in den Kinderschuhen, zumal es noch kein Fernsehangebot und wenige Zeitschriften gab.

Bis in die sechziger Jahre des letzten Jahrhunderts hinein wurde dann vielfach ein **Vertrieb** aufgebaut. Die Wettbewerbssituation verschärfte sich mit der allgemeinen Entwicklung von Wirtschaft und Einkommen, Kommunikationsmöglichkeiten und Infrastrukturen wurden ausgebaut. Die Verkäufer wurden aktiver, bauten Vertriebssysteme auf. Handelsunternehmen weiteten die Zahl der Filialen deutlich aus, durch Außendienstmannschaften wurden potenzielle Kunden intensiver angesprochen. Insgesamt waren die Märkte noch als **Verkäufermärkte** zu bezeichnen, das heißt, die Verkäufer verfügten über eine Position, die ihnen Gestaltungsfreiheit ließ und die Käufer mussten Angebote so akzeptieren, wie sie waren.

In den **sechziger Jahren** des letzten Jahrhunderts setzte sich mit dem Begriff des **Marketing** eine umfassendere Konzeption durch. So wurde erkannt, dass es eine Vielzahl von Instrumenten gibt, die ein Produkt vermarkten helfen, und dass man sich sinnvollerweise vor Entwicklungsbeginn Gedanken darüber machen sollte, was man auf die Bevölkerung loslässt. Diese Erkenntnis stand auch vor dem Hintergrund des Wandels von **Verkäufer-** zu **Käufermärkten**, das heißt einer Machtverschiebung von Anbieter zu Nachfrager. Der Marketing-Mix mit seinen vier Elementen stellt sicher, dass alle relevanten Aspekte in der Konzeption beachtet werden.

Auch gesellschaftlich setzte zum **Ende der sechziger Jahre** eine Phase des Umdenkens und vor allem des kritischen Nachdenkens ein. So wurde verstärkt über den Endverbraucher und seine Bedürfnisse nachgedacht, aber auch die Manipulation von Konsumenten war ein Thema. Das Marketing orientierte sich hin zur Psychologie. Theorien über die Informationsverarbeitung etwa wurden zur Grundlage für Kommunikationsentscheidungen, auch wurde das menschliche Entscheidungsverhalten und die Reaktion auf Werbereize stärker analysiert. Nicht zuletzt erweiterte man das Marketing von einem Konzept für einen Funktionsbereich zu einem für das Gesamtunternehmen. Marketing sollte die marktorientierte Führung des Unternehmens insgesamt sicherstellen und damit einen Beitrag zur Sicherung der Überlebensfähigkeit leisten.

In den **achtziger Jahren** des letzten Jahrhunderts stand das Thema Wettbewerb im Vordergrund. Der wachsende internationale Wettbewerb, freiere Märkte und der inzwischen deutlich spürbare Wandel vom Verkäufer- zum Käufermarkt erforderten eine deutliche Ausrichtung des Unternehmens am Wettbewerb. Es war sicherzustellen, dass das Angebot konkurrenzfähig ist und dass ständig an Vorteilen gegenüber dem Wettbewerb gearbeitet wird. Das Marketing ist dabei zum Schlüsselinstrument geworden, indem es z. B. Wettbewerbsvorteile bei Leistungsmerkmalen, in der Distribution oder der Kommunikation erzeugt.

Ein weiterer Themenkomplex aus der allgemeinen Strategieforschung war die Prozessorientierung. Die Überlegung, durch Neustrukturierung der Prozesse Kosten zu senken und Qualität zu steigern, wurde auch im Marketing aufgegriffen. Dafür wurde auch der Begriff transaktionsorientiertes Marketing verwendet. Schwerpunkt war dabei die Gestaltung der Schnittstellen vor allem die zu gewerblichen Kunden.

In den **neunziger Jahren** des letzten Jahrhunderts war es zunächst die allgemeine Umweltdiskussion, die das Marketing prägte. Die Anbieter erkannten, dass Konsumenten auf die Umweltverträglichkeit der Produkte achteten, dazu kamen in wachsendem Umfang gesetzliche Auflagen. Neben der natürlichen Umwelt wurde aber auch die soziale Umwelt stärker betrachtet. Unternehmen bemühten sich zunehmend um Akzeptanz in der Gesellschaft, z. B. auch im lokalen Rahmen, und interessierten sich für die Interessen und Sorgen der Betroffenen. So wurden Maßnahmen entwickelt, die die Leistung des Unternehmens für die Gesellschaft herausstellten.

Die **späten neunziger Jahre** des letzten Jahrhunderts waren durch die Kundenorientierung geprägt. Eigentlich ein Thema, das von Anfang an wie selbstverständlich im Mittelpunkt stehen sollte. Die Marketingmaßnahmen und -konzepte wurden auf einzelne Kunden und Kundengruppen ausgerichtet, möglichst individuelle Möglichkeiten der Kommunikation wurden gesucht. Im Vertrieb kam es zum Einsatz von Customer Relationship Management Systemen, deren Funktionen nicht immer transparent, deren Einsatz jedoch umso dominanter war. Weiterhin wurde der Erfolg des Unternehmens verstärkt beim Kunden gemessen, etwa bei der Kundenbindung oder der -zufriedenheit.

Das folgende **Jahrzehnt ab 2000**, das noch nicht abgeschlossen und über das noch nicht umfassend zu urteilen ist, war zunächst geprägt durch die Konsequenzen der Rezession, also in erster Linie durch Bemühungen zur Senkung von Kosten. So erkannten nicht wenige Unternehmen, dass sich in der Kundenbetreuung Geld sparen ließe und verlagerten Services in Callcentern, forderten Eigenleistungen des Kunden. Andere entwickelten

Konzepte für Leistungen mit geringem Leistungsumfang, allen voran die Low Cost Airlines.

Parallel dazu unternahmen etliche Unternehmen einen „zweiten Versuch" beim Einsatz des Internets als Vertriebs- und Kommunikationsweg, diesmal mit weniger Spielerei als vielmehr konkreten Effizienzgewinnen. Ebenso etablierten sich Telekommunikationswege als Vertriebs- und Kundenbindungsinstrument, allen voran durch das Mobiltelefon. Möglicherweise wird man später von der Zeit des mobilen Marketing sprechen.

1.2 Geschichtliche Entwicklung der Marketingthemen

Wenn man sich heute die einzelnen Themen des Marketing ansieht, dann lässt sich schnell eine zeitliche Zuordnung herstellen. Denn Marketing ist nicht, so wie es heute ist, irgendwann einmal aus der Taufe gehoben worden, sondern hat sich von einem Randthema, letztlich einer Art Anhängsel des Vertriebs oder der Handelsbetriebslehre, zu einem „Monumentalfach" entwickelt, dessen Standardlehrbücher ohne Weiteres auf 1.300 Seiten Umfang kommen. Die Entwicklung ist praktisch ungebrochen, denn es kommen jährlich neue Aspekte hinzu, die dann auch Eingang in die Lehre finden, und irgendwann das Lesen eines einschlägigen Buches zu einem Akt des Fitnesstrainings machen, notfalls als Ersatz für die Hanteln im Fitnessstudio.

Sehen wir uns nun einige wichtige Marketingthemen an, die sich als Kapitel in der Literatur verewigt haben. Hätten Sie früher studiert, wären Ihnen einige Seiten erspart geblieben und es zeigt sich wieder, wie wichtig Schnelligkeit ist.

Bis in die **fünfziger Jahre** des letzten Jahrhunderts war das Marketing bzw. seine Vorläufer z. B. durch folgende Themen geprägt:

- Verfahren der Preiskalkulation (aus dem Bereich Rechnungswesen)
- Ermittlung des gewinnoptimalen Preises (aus der Mikroökonomie)
- Grundlagen der Werbewirkung (Wie reagieren Konsumenten auf werbliche Reize?)
- Bestimmung des optimalen Werbebudgets
- Auswahl von Werbeträgern
- Handelsfunktionen (Aufgaben und Struktur der unterschiedlichen Handelsbetriebe)
- Auswahl betriebsfremder Verkaufsorgane (Handelsvertreter usw.)
- Grundzüge der Motivforschung (Welche Bedürfnisse haben Konsumenten?)

Schwerpunkte vor allem in der Literatur waren die Preispolitik, die, wie man heute sagen würde, powered by Mikroökonomie war, und die Reklame (Werbung), die vor allem in den zwanziger Jahren des letzten Jahrhunderts mit dem Wirtschaftsboom erst als Instrument zur Absatzförderung systematisch erkannt wurde und überwiegend aus Plakaten bestand.

In den **sechziger Jahren** des letzten Jahrhunderts kamen verschiedene Themen hinzu, die auch heute noch beliebte Prüfungsfragen hergeben und vor allem Grundlagen für Marketingentscheidungen bereitstellen. Hier sind zu nennen:

- Marketing-Mix-Konzept bestehend aus den vier Elementen: Product – Price – Place – Promotion (im Original)
- Produktlebenszyklus als modellhafte Vorstellung des durchschnittlichen Umsatzverlaufs eines Produkts
- Portfoliotechniken als strategische Analyseinstrumente und Hilfsmittel für die Strategieentwicklung
- Strategische Ansätze wie die Diversifikation

Insgesamt herrschten hier Neuerungen im Zusammenhang mit strategischen (langfristigen und auch gesamtunternehmensbezogenen) Überlegungen vor. Das Marketing wurde nicht selten in direkte Verbindung mit der Unternehmensstrategie gebracht.

Die **siebziger Jahre** des letzten Jahrhunderts hatten, wie oben schon erwähnt, ihren Schwerpunkt beim Konsumenten. Heute noch Bestandteile von Lehre und Literatur sind Themen wie:

- wissenschaftliche Grundlagen des Konsumentenverhaltens: Entscheidungsprozesse, Informationsverarbeitung
- Marktsegmentierung – Entwicklung von Zielgruppenkonzepten für eine genauere Marktbearbeitung
- Entwicklung von Markenkonzepten und -strategien, u. a. auch von Handelsmarken
- Verfeinerung der Preispolitik z. B. durch Preisdifferenzierung
- Entwicklung des Multi-Level-Marketing als alternatives Distributionskonzept

Ursprünglich setzte man sich in der wissenschaftlichen Diskussion auch mit kritischen Gedanken wie der Frage, ob Konsumenten gezielt durch Werbung manipuliert würden, auseinander. Das gesamte Fach stand unter einem ganz erheblichen Rechtfertigungsdruck, der umfangreiche wissenschaftliche Forschung nach sich zog. Deren Bedeutung ließ allerdings mit steigender Akzeptanz des Marketing in der Gesellschaft nach.

Die **achtziger Jahre** des letzten Jahrhunderts brachten nochmals deutlich mehr neue Themen in die Diskussion. Vor allem wurden einige dieser Themen als so bedeutend angesehen, dass sich eigenständige „Bindestrich-Disziplinen" entwickelten:

- internationales/globales Marketing: Übertragung der Konzepte auf andere/alle Märkte, Berücksichtigung länderspezifischer Besonderheiten
- Erhebung und Analyse von Marktdaten auf der Basis von Scannerkassen – in der Öffentlichkeit nur als Hilfe für die Ladenkasse angesehen, brachten die Scanner im Einzelhandel durch eine deutlich bessere Datenqualität eine Revolution in der Marktforschung mit sich
- Entwicklung neuer Werbeformen – vor allem im Privatfernsehen
- Entwicklung unterschiedlicher Wettbewerbsstrategien – internationale Ausrichtung, Technologieeinsatz, Zeitbezug usw.

- Erweiterungen der Preispolitik, z. B. durch Yield Management
- vertikales Marketing: Handelspartner als Zielgruppe eigener Marketingmaßnahmen
- erlebnisorientiertes Marketing als Beispiel für bestimmte Ausgestaltungen des gesamten Marketing-Mix

Nicht übersichtlicher war es in den **neunziger Jahren** des letzten Jahrhunderts. Die Innovationsdynamik hielt an, insbesondere kamen neue technische Aspekte hinzu, vor allem durch wachsenden IT-Einsatz und das Internet.

- Internet als neue Grundlage für Vertrieb und Kommunikation, zunehmend auch Entwicklung und Digitalisierung von Produkten (Musik, Filme, Informationen)
- Koordination der Kundenbeziehungen über Customer Relationship Management-Systeme
- Aufbau von sog. Wertschöpfungspartnerschaften, das heißt Abstimmung der Leistungen mit Lieferanten und Abnehmern
- Aufbau eines Marketingcontrolling
- strategische Ansätze in der Preispolitik, um Wettbewerbssituationen und besondere Verhaltensweisen bei Kunden abbilden zu können
- Konditionenmanagement, insbesondere im Hinblick auf die Handelsbeziehungen
- Einsatz der Kundenzufriedenheit als zentraler Erfolgsgröße
- Orientierung der Kundenbearbeitung am Kundenwert
- Übertragung des Marketingkonzepts auf interne Leistungsbeziehungen: internes Marketing

Das **erste Jahrzehnt** des neuen Jahrtausends brachte vor allem auch Themen hervor, die für Investitionsgüterbranchen vorrangig von Bedeutung sind. Während sich das Marketing jahrzehntelang besonders bei den Konsumgüterherstellern und Dienstleistern entwickelte, interessierten sich – wiederum oft im Zusammenhang mit dem Internet – klassische Industrieunternehmen verstärkt für Marketing. In der Öffentlichkeit wurde dies weniger beachtet, weil die oft deutlich komplexeren Lösungen weniger eingängig sind und von Studierenden nicht selten geäußert wird, Industrieunternehmen würden doch gar kein Marketing betreiben. Dabei musste man gerade in diesem Jahrzehnt erkennen, dass die intelligenteren Lösungen oft fernab der öffentlichen Wahrnehmung entwickelt werden.

- Supply Chain Management
- Total Cost of Ownership als Preisbildungskonzept, das die Lebensdauer eines Produkts insgesamt betrachtet
- Einsatz elektronischer Kataloge und Marktplätze im industriellen Vertrieb
- internetorientiertes Marketing: virales Marketing, Permission Marketing usw.

Zusammengefasst:

Zeitraum	Zentrale Frage
früher:	Was stellen wir her?
1960er Jahre:	Was machen wir mit unseren Produkten?
1970er Jahre:	Wie bearbeiten wir unsere Zielgruppen?
1980er Jahre:	Wie profilieren wir uns gegenüber dem Wettbewerb?
1990er Jahre:	Wie verhalten wir uns gegenüber Kunden, Lieferanten, Umwelt?
2000er Jahre:	Wie können wir unsere Geschäftsprozesse optimieren?

Abbildung 1.1: Zentrale Fragen des Marketing

1.3 Definitionen des Marketing

So umfangreich und dynamisch das Marketing ist, so komplex ist auch die Aufgabe seiner Definition. Je nach Autor liegen unterschiedliche Schwerpunkte zugrunde, auch die Herkunft (europäisch/amerikanisch) spielt eine Rolle. Die folgenden Definitionen sollen einen kleinen Einblick in die unterschiedlichen Sichtweisen geben, ohne jedoch eine als „richtiger" als die andere einzuschätzen.

Eine weite Definition stammt von der American Marketing Association (2003): „Marketing is an organizational function and a set of processes for creating, communicating and delivering value to customers and for managing customer relationships in ways that benefit the organization and its stakeholders."

Ähnlich amerikanisch und weit angelegt ist die Definition von Kotler/Keller/Bliemel (2007, S. 11): „Marketing ist ein Prozess im Wirtschafts- und Sozialgefüge, durch den Einzelpersonen und Gruppen ihre Bedürfnisse und Wünsche befriedigen, indem sie Produkte und andere Austauschobjekte von Wert erstellen, anbieten und miteinander austauschen."

Hier stehen nicht Unternehmen im Mittelpunkt, sondern Marketing wird als Instrument aller Menschen angesehen. Insofern ist das Marketingkonzept ebenso offen für soziale Einrichtungen, den zwischenmenschlichen Bereich oder Kommunen.

Deutsche Definitionen sind meist enger und vor allem unternehmensbezogen gefasst. Nieschlag/Dichtl/Hörschgen (2002, S. 14) definieren Marketing als marktorientierte Unternehmensführung: „Verwirklichung einer optimalen Unternehmens-Umfeld-Koordination durch eine konsequente Ausrichtung aller unmittelbar und mittelbar den Markt berührenden Entscheidungen an dessen Erfordernissen."

Von Homburg und Krohmer wird mit einer integrativen Marketingdefinition auch die Wirkung des Marketing auf das Unternehmen und seine Führung betrachtet (2006, S. 10):

„Marketing hat eine unternehmensexterne und eine unternehmensinterne Facette.

a) In unternehmensexterner Hinsicht umfasst Marketing die Konzeption und Durchführung marktbezogener Aktivitäten eines Anbieters gegenüber Nachfragern oder potentiellen Nachfragern seiner Produkte (physische Produkte und/oder Dienstleistungen). Diese marktbezogenen Aktivitäten beinhalten die systematische Informationsgewinnung über Marktgegebenheiten sowie die Gestaltung des Produktangebots, die Preissetzung, die Kommunikation und den Vertrieb.

b) Marketing bedeutet in unternehmensinterner Hinsicht die Schaffung der Voraussetzungen im Unternehmen für die effektive und effiziente Durchführung dieser marktbezogenen Aktivitäten. Dies schließt insbesondere die Führung des gesamten Unternehmens nach der Leitidee der Marktorientierung ein.

c) Sowohl die externen als auch die internen Ansatzpunkte des Marketing zielen auf eine im Sinne der Unternehmensziele optimale Gestaltung von Kundenbeziehungen ab."

Und damit Sie sich nicht mit noch einer Definition beschäftigen müssen, fügen wir hier keine weitere hinzu. Alle vorhandenen Definitionen sind an sich zutreffend und „richtig", aber selten wirklich vollständig, weil als Preis der Kürze immer auch einige wichtige Aspekte ausgelassen werden müssen.

1.4 Marketing in Wissenschaft und Praxis

Die Entwicklung des Marketing zeigt an vielen Stellen, dass Marketing ein interdisziplinäres Fach ist. Viele Impulse kommen aus der Psychologie oder Soziologie, oft wird auch auf andere Teilbereiche der Betriebswirtschaftslehre wie das Rechnungswesen oder die Investitionsrechnung zurückgegriffen. Marketingentscheidungen basieren häufig auf empirischen Erkenntnissen, die mit Hilfe statistischer Verfahren ausgewertet werden. Insofern kann eine Neuproduktentscheidung eine Anwendung von vier oder fünf Wissenschaften sein, nicht selten auch der Ingenieur- oder Naturwissenschaften. Oft ergeben sich ja Neuproduktideen aus technischen Entwicklungen. Dass sich dadurch nicht unbedingt ein klares Bild in der Öffentlichkeit oder auch unter den Studierenden ergibt, ist letztlich zu verschmerzen. Diese Offenheit gegenüber anderen Wissenschaften ist aber nicht als eigene Theorielosigkeit zu kritisieren, sondern als Stärke anzusehen.

Fachgebiet	Beispiele für genutzte Erkenntnisse im Marketing
Psychologie	Ablauf von Kaufentscheidungsprozessen, Wirkung von werblichen Reizen
Soziologie	Einflüsse aus der sozialen Umgebung auf Kaufentscheidungen, Veränderungen in den Werthaltungen
Recht	Erlaubtes/Nicht-Erlaubtes in der Werbung, gewerblicher Rechtsschutz, zulässiges/unzulässiges Wettbewerbsverhalten
Wirtschaftswissenschaft	Ermittlung rechnerisch optimaler Preise, Verhalten auf dem Markt, Investitionsentscheidungen
Statistik	Analyse von Marktdaten, Erkennen von Entwicklungen, Entdecken von Zusammenhängen
Ingenieur- und Naturwissenschaften	Entwicklung innovativer Produktkonzepte, Übertragung von Ideen aus der Natur, Nutzung von Technologien

Abbildung 1.2: Nutzung wissenschaftlicher Erkenntnisse im Marketing

Die Interdisziplinarität zeigt sich jedoch nicht nur in der Wissenschaft, sondern auch in der Praxis in Unternehmen. Marketingleute können nämlich kaum autark arbeiten, sondern sind auf die Zusammenarbeit mit anderen Fachgebieten angewiesen. Am deutlichsten zeigt sich dies bei Produktmanagern, deren Aufgabe in der Koordination anderer Fachgebiete besteht. Für die konkrete Umsetzung der Marketingentscheidungen ist nämlich meist eine andere Abteilung zuständig, etwa die Produktentwicklung, wenn es um Neuproduktentscheidungen geht, das Controlling, wenn genauere Analysen des Produkterfolgs erforderlich sind (wobei allerdings das Marketing selten freiwillig an das Controlling herantritt), oder der Vertrieb, wenn die Konzepte bei den Kunden umgesetzt werden müssen.

Abteilung	Beispiele für die Zusammenarbeit mit dem Marketing
Entwicklung	Steuerung/Beratung der Produktentwicklung durch Marketing, Anstöße für Neuprodukte durch Entwicklung
Rechnungswesen/ Controlling	Analyse der Profitabilität, Grundlagen für die Kalkulation, Entscheidungsrechnungen
Gestaltung	Produktdesign als Marketinginstrument, Weiterentwicklung der Ergonomie
Marktforschung	Informationen für Marketingentscheidungen: Marktgröße, Konsumentenverhalten, Erfolg von Marketingmaßnahmen
Rechtsabteilung	Beratung bei der Auswahl von Produktnamen und der Werbegestaltung
Werbung/ Werbeagentur	Entwicklung von Werbemaßnahmen nach Zielvorgabe, Schalten von Werbezeiten

Abbildung 1.3: Zusammenarbeit von Fachabteilungen mit dem Marketing

2 Marktforschung

2.1 Aufgaben der Marktforschung

Die einfachste **Definition** des Zwecks der Marktforschung könnte lauten: „Bereitstellung der für Marketingentscheidungen benötigten marktbezogenen Informationen". Sie stellt gewissermaßen das Fundament dar, auf dem das Marketing des Unternehmens aufbaut. Darüber hinaus ist sie auch Kontrollinstanz, um den Erfolg von Marketingmaßnahmen zu messen.

Aus dieser Aufgabenstellung heraus ergibt sich das Erfordernis, Marktforschung als unabhängige Instanz im Unternehmen zu verankern. Abhängigkeiten von den Marketingabteilungen müssen vermieden werden, um Missbrauch oder Einflussnahme zu verhindern. Nicht wenige Unternehmen verankern die Marktforschung innerhalb der Marketingabteilung. In der Folge entstehen Diskussionen, inwieweit sie ihrer Aufgabe als unabhängige und kritische Entscheidungsunterstützungsinstanz gerecht werden kann.

In den vergangenen Jahrzehnten bildeten sich noch weitere Marktforschungsbegriffe heraus, die hier kurz angesprochen werden sollen. So findet sich in der Literatur noch häufiger der Begriff „**Marketingforschung**", mit dem unterstrichen wird, dass sämtliche Marketingentscheidungen unterstützt werden sollen und somit nicht nur der Markt das Analyseobjekt sein muss.

Ein weiterer Anwendungsbereich ist inzwischen die Beschaffungsseite. Um das Unternehmen optimal mit Materialien versorgen zu können, sind umfangreiche Angebotsinformationen und auch Bewertungen von Lieferanten erforderlich. Wird dies systematisch unternommen, entsteht ein Aufwand, der durchaus mit dem auf der Verkaufsseite vergleichbar sein kann. Zudem lässt sich regelmäßig der Nutzen solcher Aktivitäten ermitteln. Dafür etablierte sich der Begriff „**Beschaffungsmarktforschung**".

Um zu einer begrifflichen Abgrenzung zu kommen, werden die klassischen Marktforschungsaktivitäten auf den Konsumentenmärkten als „**Absatzmarktforschung**" bezeichnet. Wir beschäftigen uns in diesem Buch schon aus Platzgründen nur mit dieser.

Die **Aufgaben der Absatzmarktforschung** lassen sich in markt- (Wie ist die Situation auf unseren Absatzmärkten?) und maßnahmenbezogene (Wie erfolgreich sind unsere Marketingmaßnahmen?) unterscheiden:

Beispiele für **marktbezogene Aufgabenstellungen**:

- Ermittlung der Größe des Absatzmarktes
- Ermittlung der Anforderungen von Verbrauchern an Produkte
- Analyse von Verwendungssituationen von Produkten
- Ermittlung von Kaufmotiven
- Ermittlung des Marktanteils eines Produkts/Unternehmens
- Analyse von Käuferstrukturen, der wirtschaftlichen Verhältnisse und Demografie
- Analyse von Wettbewerbsangeboten
- Suche nach neuen Problemlösungsfeldern
- Aufspüren von Nachfragetrends

Beispiele für **maßnahmenbezogene Aufgabenstellungen**:

- Erforschung des Unternehmensimages
- Ermittlung der Bekanntheit, Beliebtheit, Verwendung der Produkte
- Analyse von Werbeträgern
- Ermittlung der Wirkung von Werbemaßnahmen
- Kontrolle der Leistung des Außendienstes
- Ermittlung der Position der Produkte im Handel
- Vergleich mehrerer Verpackungen, Markennamen usw. auf ihre Vorteilhaftigkeit

In der Vergangenheit beschränkte sich Marktforschung oft auf sporadische Einsätze im Zusammenhang mit mehr oder weniger akut auftretenden Fragestellungen. Nicht selten kommen die Erkenntnisse jedoch zu spät, um noch rechtzeitig auf Marktentwicklungen reagieren zu können. In der Praxis ist zu oft auch die Unsitte verbreitet, Marktforschungsstudien nachträglich zur Rechtfertigung von Entscheidungen zu verwenden. Damit wird oft das Ergebnis bei der Beauftragung schon vorgegeben.

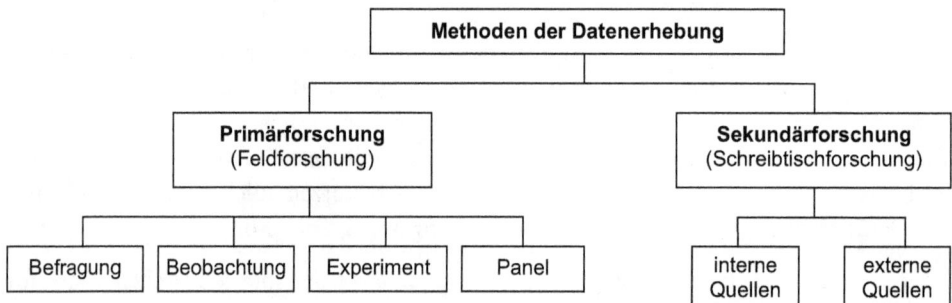

Abbildung 2.1: Methoden der Datenerhebung

Vor allem in der Markenartikelindustrie und im Dienstleistungsbereich setzt sich jedoch zunehmend die Einsicht durch, dass die kontinuierliche Beobachtung der Maßnahmenwirkungen und des Marktgeschehens helfen, Fehlentwicklungen zu vermeiden und auf neue Herausforderungen zu reagieren. So werden bspw. Werbekampagnen während der gesamten Laufzeit kontrolliert, um gegebenenfalls eingreifen zu können, wenn sie sich als nicht erfolgsträchtig herausstellen (sog. Tracking).

Die Marketingforschung kann grundlegend in zwei Bereiche geteilt werden, die **Primär-** und die **Sekundärforschung**. Während im Rahmen der Primärforschung Daten für den Untersuchungszweck neu erhoben werden, handelt es sich bei der Sekundärforschung um eine Auswertung bereits vorhandener Daten (siehe Abbildung 2.1).

2.2 Sekundärforschung

Die Sekundärforschung hat in der Regel den Vorteil, geringere Kosten zu verursachen und auch kurzfristig durchführbar zu sein. Dafür bestehen die Probleme, dass die Daten nicht mehr unbedingt aktuell und konkret auf den Untersuchungsgegenstand bezogen sind. Es bietet sich aber grundsätzlich an, eine Sekundärforschung der Primärforschung vorzu-schalten, um den Informationsstand verbessern und möglicherweise auch Kosten sparen zu können.

a) Interne Informationsquellen

Zu den internen Informationsquellen gehören alle im Unternehmen vorhandenen Daten-bestände und Abteilungen, die konkret mit den Leistungsangeboten befasst sind. Einige Beispiele:

- Rechnungswesen/Buchhaltung: Verkaufsstatistiken, Übersichten über Kostensituation, Abweichungsanalysen
- Kundendienst: Beschwerden und Anregungen von Verbrauchern zu vorhandenen und möglichen neuen Produkten; Reparaturstatistiken
- Außendienst: Informationen und Anregungen von Abnehmern und Händlern, Informa-tionen über Wettbewerbsprodukte
- Entwicklung: Informationen über und Ideen für Neuentwicklungen; Fehleranalysen
- Marketingforschung: Berichte über vorangegangene Analysen, soweit noch verwertbar.

b) Externe Informationsquellen

Externe Informationsquellen beziehen sich auf die Angebote von Dienstleistern, Verbän-den und staatlichen Institutionen. Beispiele hierfür sind:

Statistisches Bundesamt: Statistiken über alle Bereiche, die mit staatlicher Aktivität verbun-den sind: z. B. Bevölkerungsentwicklung, Bautätigkeit, Tourismus, Verkehr, Außenhandel usw.

Verbände: Unternehmensverbände erstellen regelmäßig branchenspezifische Statistiken über die Entwicklung des Marktes und der Unternehmen (Bundesverband der Bekleidungsindustrie, Verband der Automobilindustrie u. a.), insbesondere auch im Bereich des Handels (Euro Handels-Institut, Hauptverband des Deutschen Einzelhandels u. a.) und der Kommunikation (Zentralausschuss der Werbewirtschaft, Deutscher Kommunikationsverband u. a.).

Marktforschungsinstitute: Vor allem die größeren Institute erstellen regelmäßig oder sporadisch Branchenanalysen oder Analysen zu speziellen, aktuellen Themen. Beispiele sind GfK, Nielsen, TNS-Infratest, Rheingold.

Forschungseinrichtungen: Universitäre und nicht-universitäre Institute beschäftigen sich mit gesellschaftlichen oder gruppenbezogenen Themen und verfassen Berichte, die für Marketingentscheidungen genutzt werden können. Beispiele: Institut für Handelsforschung an der Universität zu Köln, B.A.T. Freizeitforschungsinstitut in Hamburg, Institut für Jugendforschung in München.

Datenbankanbieter: In einigen Bereichen können auch Datenbanken sinnvoll genutzt werden, wenn es etwa darum geht, Informationen über Unternehmen, technische Produkte oder Märkte zu beschaffen. Zu den großen Anbietern gehören bspw. im technisch-naturwissenschaftlichen Bereich FIZ Technik und im betriebswirtschaftlichen Bereich Genios. Weiterhin sind die Informationsdienste des Deutschen Patent- und Markenamts zu nennen.

Verlage: Praktisch alle größeren Verlage betreiben, zum Teil im Rahmen von Kooperationsprojekten, Werbeträgerforschung als Dienstleistung für die Werbekunden. Diese Analysen geben nicht nur Auskunft über die Nutzer von Medien, sondern auch über das Konsumverhalten allgemein und über einzelne Produkte und Unternehmen. Sie sind daher in der Lage, erste Einblicke in Marktstrukturen und -situationen zu vermitteln. Beispiele sind:

- Brigitte KommunikationsAnalyse
- MarkenProfile
- Verbraucheranalyse (VA)
- Typologie der Wünsche Intermedia (TdWI)
- Focus Marktanalysen (Zusammenfassungen von Marktstudien)

Werbeträgeranalysen: Durchgeführt von Marktforschungsinstituten mit gleicher Zielsetzung wie die Verlagsstudien. Beispiele:

- Media-Analyse (MA) – Getragen von der Arbeitsgemeinschaft Media-Analyse (AG.MA), einem Zusammenschluss von Werbeträgern, Agenturen und Werbetreibenden. Die MA ist die größte Analyse, die den überwiegenden Teil der Medien bezüglich ihrer Nutzerschaft analysiert. Neben der Zusammensetzung der Nutzerschaft lassen sich auch Daten über weitere Faktoren des Käuferverhaltens gewinnen.
- Allensbacher Werbeträger-Analyse (AWA) – Durchgeführt vom Institut für Demoskopie Allensbach. Wie bei der MA werden die Nutzer aller wichtigen Medien analysiert und darüber hinaus zahlreiche weitere Faktoren des Kaufverhaltens berücksichtigt, zum Beispiel psychografische Faktoren.

Internetportale: Von unterschiedlichsten Anbietern werden Portale betrieben, die Informationen (auch) für das Marketing und über Märkte bereitstellen. Teilweise liegt der Schwerpunkt auf der Werbung für Firmen, teilweise werden auch Fach- und Marktinformationen angeboten. Während einige sich auf Marketingfragen konzentrieren, haben die meisten Portale einen Branchenbezug. Beispiele sind www.industrieforum.net oder www.marketing-boerse.de.

Wichtige **Beurteilungskriterien bei der Sekundärforschung** sind die folgenden Fragen:

- **Welchen Zweck verfolgte die Erhebung?** Wurden mit der Erhebung Interessen vertreten? Dies ist z. B. der Fall, wenn Verbände, Unternehmen oder andere Interessenvertretungen Untersuchungen veröffentlichen.
- **Welche Fragen wurden gestellt?** Mit welchen Mitteln wurde die Erhebung durchgeführt? Die genaue Vorgehensweise wird nicht immer offengelegt, sodass eine methodische Beurteilung nicht möglich ist. Problematisch sind besonders Erhebungen, bei denen die Antwortquote nicht angegeben wird. Rückläufe von nur wenigen Prozent vernichten mit großer Wahrscheinlichkeit den Repräsentativitätsanspruch.
- **Wofür sind die Ergebnisse gültig?** Empirische Forschung wird oft genug mit ganz spezifischen Zwecken durchgeführt. Die Gültigkeit der Aussagen bezieht sich dann nur auf vergleichbare Gebiete, sie können allenfalls eingeschränkt übertragen werden. Vorsicht ist also geboten, wenn die Erhebung mit kleinen Gruppen von Personen durchgeführt wurde, die Aussage aber für die Gesamtbevölkerung gelten soll.

2.3 Voll- und Teilerhebung

2.3.1 Vollerhebung

Im Rahmen einer **Vollerhebung** werden alle infrage kommenden Personen oder sonstige Untersuchungsgegenstände (diese bilden die Grundgesamtheit) erfasst.

Sie bietet den Vorteil eines vollständigen Einblicks, ist aber nur bei begrenzten Personenkreisen sinnvoll durchführbar. Eine Vollerhebung unter allen Kaffeetrinkern Deutschlands wäre sowohl aus Zeit- als auch Kostengründen nicht durchführbar. Dagegen kann ein mittelständisches Industrieunternehmen durchaus sämtliche Kunden oder ein Flugzeughersteller sämtliche Fluggesellschaften befragen, weil die Grundgesamtheit nur einen Umfang von wenigen Hundert Einheiten haben dürfte.

Grundsätzlich kann festgehalten werden: Je kleiner die Grundgesamtheit ist und je stärker sich die einzelnen Erhebungseinheiten voneinander unterscheiden, desto sinnvoller ist eine Vollerhebung. Je homogener und umfangreicher die Grundgesamtheit ist, desto sinnvoller ist eine Teilerhebung.

2.3.2 Teilerhebung

2.3.2.1 Grundgesamtheit und Stichprobe

Die Menge der im Rahmen der Marketingforschung interessierenden Erhebungseinheiten ist die **Grundgesamtheit**. Die im Rahmen einer Teilerhebung tatsächlich erfassten Erhebungseinheiten bilden die **Stichprobe**. Die Erhebungseinheiten sind in der Regel Personen, können aber bspw. auch Produkte in einem Markt oder Handelsgeschäfte sein.

Die Grundgesamtheit wird meist durch die Zielgruppe eines Unternehmens oder eines Produkts bestimmt. Ein Hersteller von Stärkungsmitteln könnte seine Zielgruppe bzw. Grundgesamtheit etwa als „Männer und Frauen über 55 Jahre" definieren. Bei einer Direktbank könnten es die „18-40-jährigen mit mittlerer und höherer Schulbildung" sein, bei einem Computerhändler „Unternehmen mit mindestens 20 EDV-Arbeitsplätzen".

Aus dieser Grundgesamtheit ist eine Stichprobe zu ziehen mit der Maßgabe, dass die Ergebnisse der Erhebung bei der Stichprobe möglichst genau mit dem wahren Ergebnis übereinstimmen. Die Stichprobe soll also das ergeben, was eine Vollerhebung ergeben hätte. Sie muss daher repräsentativ für die Grundgesamtheit sein. **Repräsentativität** kann erreicht werden, indem eine Stichprobe gewählt wird, deren Struktur der Struktur der Grundgesamtheit entspricht, und zwar bezüglich aller relevanten Merkmale. Diese Merkmale können Alter, Wohnort, Einkommen, Geschlecht oder Beruf sein. Welche Merkmale tatsächlich relevant sind, kann jedoch nur im Einzelfall entschieden werden.

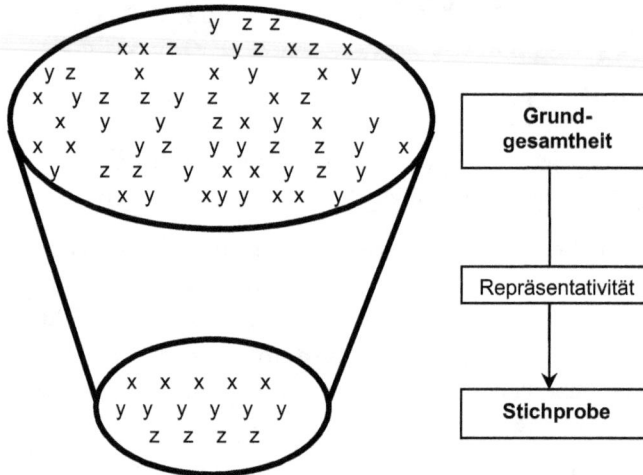

Abbildung 2.2: Grundgesamtheit und Stichprobe

Das „Stichprobenziehen" ist einer der kritischen Faktoren für die Qualität einer Erhebung. Abbildung 2.2 zeigt eine ungeordnete Grundgesamtheit, von der bekannt ist, dass sie 20 x, 24 y und 16 z enthält. Für die Stichprobe sollen daraus jeweils ein Viertel der Einheiten gezogen werden. Sie enthält dann geordnet 5 x, 6 y und 4 z. Sie hat damit die gleiche Struktur wie die Grundgesamtheit, ist also repräsentativ.

Es stellt sich nun die Frage, wie groß der **Stichprobenumfang** sein muss. Grundsätzlich führt ein hoher Stichprobenumfang zu Ergebnissen, die näher an den „wahren Werten" liegen, er führt aber auch zu höherem Aufwand (Zeit und Kosten). Sinnvoll ist es daher, auf der Basis eines tolerierten Fehlers den Stichprobenumfang zu wählen, der mindestens notwendig ist. Dazu sind einige Annahmen zu treffen.

Ausgangspunkt aller Überlegungen ist die Annahme, dass aus einer Grundgesamtheit eine Vielzahl möglicher Stichproben gezogen werden kann. Die Zahl der möglichen Stichproben geht gegen unendlich, sodass davon ausgegangen werden kann, dass die Stichprobenverteilung einer Normalverteilung entspricht. Befragt man bspw. mehrere Stichproben von Personen nach der Bekanntheit eines Produkts, so erhält man eine Verteilung von Bekanntheitsgraden (Stichprobenverteilung), die einer Normalverteilung entsprechen wird. Der Mittelwert der Stichprobenverteilung entspricht dann mit einer definierten Fehlerwahrscheinlichkeit dem „wahren" Wert der Grundgesamtheit.

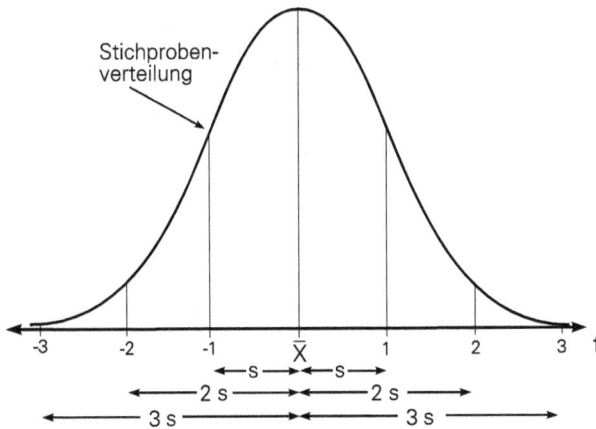

Abbildung 2.3: Stichprobenverteilung als Normalverteilung

Abbildung 2.3 zeigt eine **Normalverteilung**, in diesem Fall unsere Stichprobenverteilung. Die durch die Stichprobenziehung ermittelten Werte streuen um μ, den „wahren Mittelwert" der Grundgesamtheit. Dies ist auch der Mittelwert der Stichprobenverteilung, zur Unterscheidung bezeichnet als $\bar{x}$. Der „wahre Wert" wird also am häufigsten ermittelt werden, weiter davon entfernt liegende seltener, und zwar desto seltener, je weiter sie vom „wahren Wert" entfernt liegen. Der Buchstabe s bezeichnet die Standardabweichung der Stichprobe und gilt als „Ersatzwert" für die **Standardabweichung** der Grundgesamtheit (σ). Dies ist die Wurzel aus der **Varianz**, die der durchschnittlichen quadratischen Abweichung der Beobachtungswerte vom Mittelwert entspricht.

Eine **Normalverteilung** kann immer durch Mittelwert und Standardabweichung eindeutig beschrieben werden. Im Bereich von $\bar{x} \pm 1 \cdot s$ liegen 68,3 % aller Beobachtungswerte.

Ein kleines Beispiel zur Berechnung der Standardabweichung:

Eine Stichprobe ergibt folgende Werte:

X_i =   25   17   23   29   19   20   22   15   21   26   22   20

Dann sind:

$$\Sigma = 259 \qquad \bar{x} = 21{,}5833 \qquad s = \sqrt{\sum_{i=1}^{n} \frac{(x_i - \bar{x})^2}{n-1}} = 3{,}8720$$

mit Σ = Summe, s = Standardabweichung, $\bar{x}$ = Mittelwert und n = Stichprobenumfang.

Der Mittelwert liegt also bei rund 21,6 und die einzelnen Beobachtungswerte weichen durchschnittlich um rund 3,9 davon ab. (Achtung: Diese Werte ergeben keine Normalverteilung!) Je kleiner die Standardabweichung ist, desto „spitzer" ist die Verteilung, je größer sie ist, desto flacher verläuft sie.

Abbildung 2.3 enthält noch weitere s-Abstände; sie bezeichnen das **Vertrauensintervall**. Liegen im Intervall $\bar{x} \pm 1 \cdot$ s 68,3 % aller Werte, sind es im Intervall $\bar{x} \pm 2 \cdot$ s schon 95,5 % und im Intervall $\bar{x} \pm 3 \cdot$ s 99,7 %. Der Multiplikator für die Standardabweichung wird mit t (oder z) bezeichnet. t $\cdot$ s ist damit die **Fehlerbandbreite**.

Wäre man mit einer Abweichung von $\pm 2 \cdot$ s um den wahren Wert einverstanden, dann läge der Stichprobenmittelwert mit einer Wahrscheinlichkeit von 95,5 % in diesem Intervall. Genau heißt dies:

„Bei einem Vertrauensintervall von $\pm 2 \cdot$ s erbringen 955 von 1.000 Stichproben ein Ergebnis, das in das Vertrauensintervall fällt."

Oder gleichbedeutend:

„Bei einer Fehlerwahrscheinlichkeit von 4,5 % erbringen 45 von 1.000 Stichproben ein Ergebnis, das nicht in das Vertrauensintervall fällt."

Je sicherer die Aussage aufgrund der Stichprobenerhebung sein soll, desto größer muss das Vertrauensintervall sein oder umgekehrt. Die Sicherheit der Aussage ist aber auch von der Höhe des Stichprobenumfangs abhängig.

Die **Berechnung des Stichprobenumfangs** ist abhängig von der Art des untersuchten Merkmals:

a) Qualitatives Merkmal

Für den Fall, dass ein qualitatives Merkmal untersucht wird (z. B.: Bekanntheit: ja/nein, Wahlabsicht: CDU/SPD), gilt folgende Formel:

$$s = \sqrt{\frac{p \cdot q}{n}}$$

mit p = Anteil der Erhebungseinheiten mit der Merkmalsausprägung (z. B. „ja")
  q = Anteil der Erhebungseinheiten ohne Merkmalsausprägung (z. B. „nein")
  n = Stichprobenumfang.

Nach Umformen ergibt sich:

$$n = \frac{t^2 \cdot p \cdot q}{e^2}$$

mit t = Vertrauensintervall

e = absolute Fehlerspanne (zulässige Differenz zwischen den Mittelwerten der Stichprobe und der Grundgesamtheit).

Beispiel: Der in der Stichprobe ermittelte Bekanntheitsgrad eines Produkts soll mit einer Wahrscheinlichkeit von 95 % um nicht mehr als 3 % vom tatsächlichen Bekanntheitsgrad abweichen. Wie groß muss dann die Stichprobe sein?

Da der tatsächliche Bekanntheitsgrad nicht bekannt ist, muss für die Merkmalsanteile p und q der ungünstigste Fall angenommen werden, nämlich p = 0,5 (bekannt) und q = 0,5 (nicht bekannt). Dadurch wird der Zähler am größten. Eine 95-prozentige „Trefferwahrscheinlichkeit" bedeutet t = 1,96. Für e wird 0,03 (= 3 %) eingesetzt. Es ergibt sich:

$$n = \frac{3,8416 \cdot 0,5 \cdot 0,5}{0,0009} = 1067,11$$

Somit sind mindestens 1.067 Personen zu befragen, um die gewünschte Zuverlässigkeit des Ergebnisses zu erzielen. Wollte man bspw. eine Irrtumswahrscheinlichkeit von nur noch 0,3 % tolerieren, wäre t = 3 zu setzen, und es ergäbe sich ein Stichprobenumfang von 2.500.

b) Quantitatives Merkmal

Im quantitativen Fall (z. B.: Ermittlung von Verbrauchsmengen) kommt eine andere Formel zum Einsatz, die eine Schätzung für die Standardabweichung der Grundgesamtheit benötigt: $n = \frac{s^2 t^2}{e^2}$. Die Formel kann somit nur dann zuverlässig eingesetzt werden, wenn etwa aus vergangenen Erhebungen die Standardabweichung bekannt ist.

Beispiel: Aus einer Stichprobenerhebung soll das durchschnittliche Einkommen von Absolventen einer Schule ermittelt werden. Die Standardabweichung der Grundgesamtheit σ wird auf etwa 5.000 geschätzt, wegen der Irrtumswahrscheinlichkeit von 5 % (entspricht einer Trefferwahrscheinlichkeit von 95 %) ist t = 1,96. Die zulässige Fehlerbandbreite soll 500 sein. n ist dann = 384,16.

In der Praxis wird bei bundesweiten Repräsentativerhebungen überwiegend mit einem **Stichprobenumfang** von rund 2.000 Personen gearbeitet. Erfahrungsgemäß ergeben sich dabei recht zuverlässige Werte, sodass es sich schon um eine Art Standardmaß handelt. Sollen bspw. nur Frauen befragt werden, wäre etwa die Hälfte der Stichprobe ausreichend. Sollen aber nur Berliner befragt werden, würde eine Stichprobe von 75 Personen, entsprechend dem Anteil der Berliner an der Gesamtbevölkerung, nicht ausreichen. Es fiele nur das Kriterium Wohnort heraus, sodass für eine zuverlässige Aussage eher 1.000 Personen erforderlich wären.

Darüber hinaus besteht weitgehend Einigkeit über die Irrtumswahrscheinlichkeit bzw. das Vertrauensintervall. Üblicherweise wird mit 5 % gearbeitet, was t = 1,96 und damit einem Vertrauensintervall von ±1,96 · s entspricht.

Diese Überlegungen sollen einen weiteren Zweck verfolgen. Eine Erhebung ermittelt nämlich nicht einfach Schätzwerte, sondern sagt, dass sich der „wahre Wert" mit einer bestimmten Wahrscheinlichkeit in einem Intervall um den ermittelten Wert befindet. Die Aussage etwa, dass am nächsten Sonntag 40 % der Wähler die SPD wählen werden, ist statistisch gesehen nicht korrekt. Vielmehr könnte die Aussage lauten, dass das Wahlergebnis für die SPD mit einer Wahrscheinlichkeit von 95 % zwischen 38 % und 42 % liegen wird. Ein solches Ergebnis führt zu einer anderen Interpretation, besonders, wenn für die CDU möglicherweise 41 % prognostiziert würden. Würde dann die SPD tatsächlich gewinnen, hätten die Marktforscher nicht falsch oder schlecht gearbeitet. Es ist also immer nach der Irrtumswahrscheinlichkeit und dem zulässigen Intervall zu fragen.

Wie gezeigt basieren die Überlegungen auf der Annahme einer Normalverteilung der Stichprobenverteilung. Diese kann näherungsweise angenommen werden, wenn der Stichprobenumfang bei mindestens 100 (Theorie) bzw. 50 (Praxis) liegt. Gelegentlich werden auch nur 30 Einheiten verlangt.

2.3.2.2 Auswahlverfahren

Die nächste Frage beschäftigt sich folgerichtig damit, wie man zu der notwendigen Stichprobe kommt. Die Grundgesamtheit besteht aus willkürlich „zusammengewürfelten" Erhebungseinheiten, aus denen die repräsentative Stichprobe zu ziehen ist. Die dafür zur Verfügung stehenden Verfahren können danach unterschieden werden, ob sie zufallsgesteuert oder kontrolliert sind (siehe Abbildung 2.4).

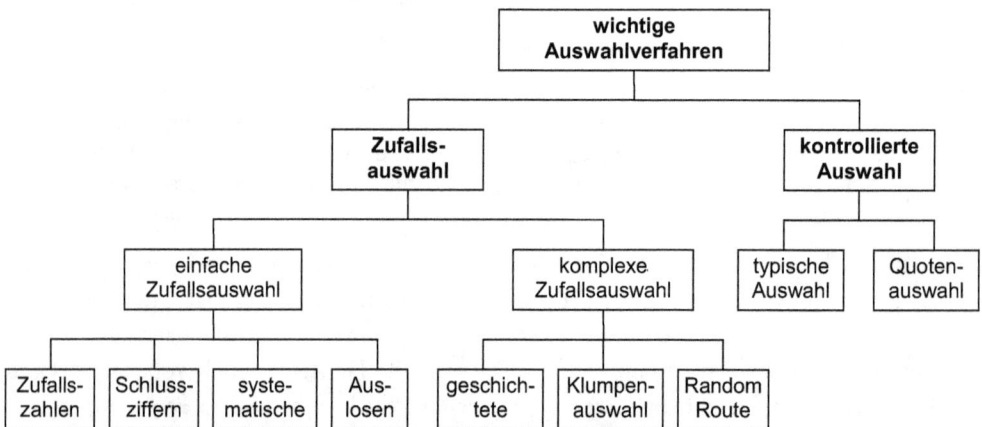

Abbildung 2.4: Wichtige Auswahlverfahren

2.3.2.2.1 Zufallsauswahl

Die **Zufallsauswahlverfahren** gelten als die eigentlichen Repräsentativität herstellenden Verfahren. Sie basieren auf dem Grundsatz, dass jedes Element der Grundgesamtheit die gleiche Chance hat, in die Stichprobe zu gelangen. Bei einer ausreichend großen Stich-

probe wird dadurch gewährleistet, dass die Struktur der Grundgesamtheit in der Stichprobe abgebildet wird. Der **Zufallsfehler**, das heißt die Wahrscheinlichkeit, dass die Struktur
der Stichprobe nicht mit der der Grundgesamtheit übereinstimmt, ist extrem klein, sodass
er vernachlässigt werden kann.

Neben den zufallsgesteuerten Verfahren gibt es die kontrollierten (bewusst gesteuerten),
bei denen der Forscher in die Stichprobenziehung eingreift, um die Repräsentativität
sicherzustellen. Dieses Vorgehen kann sinnvoll sein, wenn situative Einflüsse die Zufallsauswahl unmöglich machen, etwa ein Teil der Grundgesamtheit nicht erreichbar ist.

Zu den **einfachen Zufallsauswahlverfahren** gehören:

- **Zufallszahlen** - Über einen Zufallszahlengenerator oder eine Zufallszahlentabelle
  werden Zahlen ermittelt, die die auszuwählenden Erhebungseinheiten kennzeichnen.
  Voraussetzung ist eine vollständige Nummerierung der Grundgesamtheit und ein uneingeschränkter Zugriff auf alle Einheiten. Das Verfahren ist z. B. bei Erhebungen unter registrierten Kunden oder eingeschriebenen Studierenden durchführbar. Hiermit
  verwandt ist das **Geburtstagsverfahren**. Damit werden Auskunftspersonen in Haushalten (oder auch Abteilungen) ausgewählt, wenn der Kontakt nur zur Personengruppe
  insgesamt hergestellt werden kann. Wird z. B. ein Haushalt angerufen, geht regelmäßig
  zunächst ein Kind oder die Frau ans Telefon. Über die Frage, wer als nächstes Geburtstag hat, wird eine Zufallsauswahl unter den Haushaltsmitgliedern getroffen.
- **Schlussziffern** - Eine oder mehrere Schlussziffern werden zufällig ausgewählt, um
  dann alle Einheiten mit dieser Schlussziffer zu befragen/beobachten. Voraussetzungen
  sind hier wie die gleichen wie oben, zusätzlich muss sichergestellt sein, dass die
  Schlussziffern zufallsverteilt sind, das heißt keine Informationen tragen (etwa: 0-4:
  Männer, 5-9: Frauen).
- **Systematische Auswahl** - Es wird jede x-te Einheit gezogen. Voraussetzung ist eine
  geordnete Struktur der Grundgesamtheit, etwa in Form eines Karteikastens oder einer
  Warteschlange. Je nach Stichprobengröße wird festgelegt, jede wievielte Einheit gezogen werden muss. Das Verfahren ist auch einsetzbar, wenn die Einheiten nicht nummeriert sind.
- **Auslosen** - Aus einer Lostrommel werden die Erhebungseinheiten gezogen. Voraussetzung ist, dass die Grundgesamtheit durch Karten o. Ä. repräsentiert wird und dann
  einzelne Einheiten gezogen werden können.

Die **komplexen Zufallsauswahlverfahren** enthalten in gewissem Maße „forscherisches
Zutun", das die Repräsentativität auch in schwierigen Situationen sicherstellen bzw. eine
ökonomische Abwicklung gewährleisten soll.

- **Geschichtete Auswahl** - Insbesondere, wenn einzelne Gruppen der Grundgesamtheit
  klein sind und somit die Gefahr besteht, dass sie in der Stichprobe nicht berücksichtigt werden, bietet sich die Schichtung an. Die Grundgesamtheit wird dabei entsprechend der relevanten Kriterien zerlegt, um dann innerhalb dieser Gruppen jeweils eine

Zufallsauswahl durchzuführen. Ein Anwendungsbeispiel ist etwa die Berücksichtigung einzelner Nationalitäten bei einer bundesweiten Befragung.

- **Klumpenauswahl** – Die Grundgesamtheit wird in einzelne, in der Regel regional abgegrenzte Klumpen (z. B. Wohnblocks) geteilt. Aus diesen Klumpen wird eine Zufallsauswahl getroffen. In den ausgewählten Klumpen wird dann jede Person befragt oder beobachtet. Die Erhebung kann hierdurch sehr ökonomisch durchgeführt werden, dafür besteht jedoch die Gefahr einer Verzerrung, weil in größerer Zahl sehr ähnliche Erhebungseinheiten in die Stichprobe eingehen.

- **Random Route** – Die Auswahl wird hier durch eine Anweisung über einen Weg durch einen Ort gesteuert. Ausgehend von einem zufällig ausgewählten Startpunkt gehen Interviewer nach einer Zufallsanweisung durch Straßen und befragen Personen in unterschiedlichen Häusern, Stockwerken, Gegenden usw. Die Zufallssteuerung des Wegs soll verhindern, dass etwa nur Personen in einem Hochhaus oder einer Einfamilienhaussiedlung befragt werden.

2.3.2.2.2 Kontrollierte Auswahl

Mit Kontrolle der Marktforscher werden folgende Verfahren eingesetzt:

- **typische Auswahl** – Auf der Basis gewisser Vorkenntnisse über die Einheiten der Grundgesamtheit werden „typische", das heißt vom Marktforscher als repräsentativ erachtete Einheiten ausgewählt. Dieses Verfahren wird häufiger bei Unternehmensbefragungen angewandt bzw. unter hohem Zeitdruck. Ausreißer sollen bewusst ausgeschlossen, die Repräsentativität kann zumindest angezweifelt werden.

- **Quotenverfahren** – Auf der Grundlage einer Beschreibung der Grundgesamtheit, vor allem nach soziodemografischen Merkmalen wie Alter, Geschlecht oder Beruf, werden einzelne Stichproben beschrieben. Die Interviewer müssen dann genau die beschriebenen Personen suchen und befragen.

Beispiel: Es ist bekannt, dass die Zielgruppe für ein Produkt durch folgende relevante Merkmale bestimmt ist:

Geschlecht:	Männer: 40 %	Frauen: 60 %
Alter:	14-29-jährige: 30 %	30-44-jährige: 40 %
	45-59-jährige: 20 %	60 Jahre und älter: 10 %
Schulabschluss:	Hauptschulabschluss/ohne Abschluss: 30 %	
	Mittlere Reife: 40 %	Abitur: 30 %

Die Stichprobe muss nun die gleiche Zusammensetzung wie die Grundgesamtheit aufweisen. Soll ein Interviewer pro Tag 10 Interviews durchführen, wird seine Quotenanweisung, nach der er die Personen aussucht, wie in Abbildung 2.5 gezeigt aussehen.

Der Interviewer befragt nun solange Personen, bis die Quoten erfüllt sind. Jeder Befragte wird anhand der vorgegebenen Kriterien charakterisiert und durch entsprechende Kreuze beschrieben. Sind die ersten vier befragten Personen bspw. Männer, so sind dann nur noch Frauen zu befragen. Dieses Verfahren kann aber auch zu Verzerrungen führen, bspw., wenn zu Beginn vier Männer befragt werden, die alle Mittlere Reife haben. Dann sind unter den Frauen nur noch solche mit Hauptschulabschluss oder Abitur zu befragen. Zudem kann es sehr lange dauern, bis die letzte Person gefunden ist, die die Quoten jeweils ausfüllt (zum Beispiel Mann, über 60 Jahre, Abitur).

Quotenplan

Männer:	x	x	x	x		
Frauen:	x	x	x	x	x	x
14-29 Jahre:	x	x	x			
30-44 Jahre:	x	x	x	x		
45-59 Jahre:	x	x				
60+ Jahre:	x					
Hauptschule:	x	x	x			
Mittlere Reife:	x	x	x	x		
Abitur:	x	x	x			

Abbildung 2.5: Beispiel eines Quotenplans

Dieses Problem kann durch die **kombinierte Quotenanweisung** gelöst werden. Dabei werden für jede Auskunftsperson exakte Quoten vorgegeben (in diesem Beispiel: Geschlecht, Altersklasse, Schulabschluss), sodass auch Kombinationen der Kriterien in repräsentativem Umfang berücksichtigt werden können. Damit wird es aber auch schwieriger, die Quotenanweisung zu erfüllen und der Anreiz zu Manipulationen steigt.

2.4 Datenerhebung

Die Verfahren der Datenerhebung können in vier Gruppen eingeteilt werden (siehe Abbildung 2.6). Bei der Befragung und Beobachtung handelt es sich um die grundlegenden Techniken der Erhebung von Daten. Experimente arbeiten auch damit, doch werden hier besondere Situationen konstruiert, die die Messung der Wirkung eines Stimulus unter Kontrolle aller anderen Einflüsse ermöglichen. Panels sind organisierte, regelmäßig wiederkehrende Datenerhebungen mit vertraglicher Verpflichtung zur Datenlieferung.

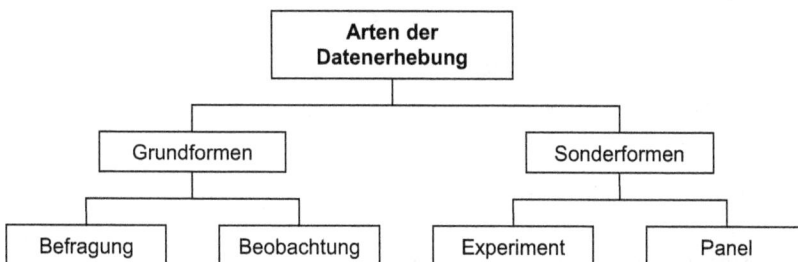

Abbildung 2.6: Arten der Datenerhebung in der Primärforschung

2.4.1 Befragung

Die Befragung „lebt" von der Art der Fragen, die gestellt werden. Durch bestimmte Arten von Fragen lassen sich Informationen gewinnen, die die Befragten nicht von sich aus preisgäben, andererseits lassen sich auch gezielte Verzerrungen einbauen. Schließlich spielen die Antwortmöglichkeiten eine Rolle. Sie haben Auswirkungen auf die Vollständigkeit der Informationen und vor allem die Auswertbarkeit. Dies gilt unabhängig davon, wie die Befragung konkret durchgeführt wird.

2.4.1.1 Skalenarten

2.4.1.1.1 Überblick über Skalenarten

Bei geschlossenen Fragen (siehe unten) werden die Antworten auf Fragen in Form von Skalen vorgegeben. Dabei sind vier Grundarten zu unterscheiden (siehe Abbildung 2.7).

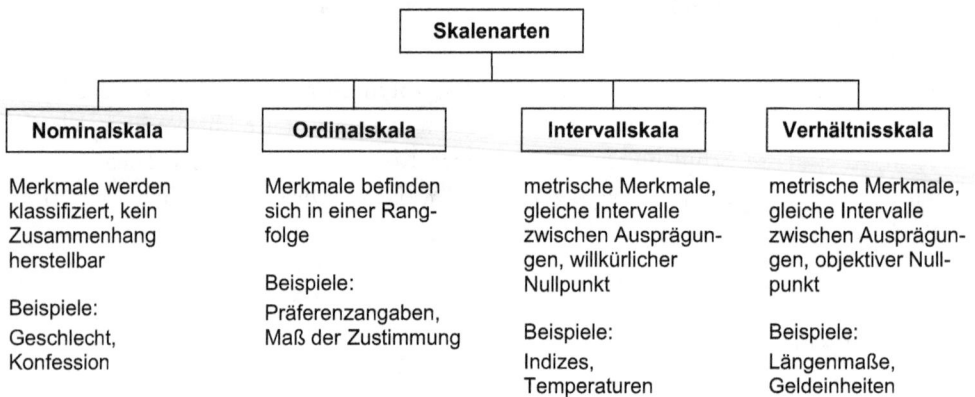

Skalenarten			
Nominalskala	**Ordinalskala**	**Intervallskala**	**Verhältnisskala**
Merkmale werden klassifiziert, kein Zusammenhang herstellbar	Merkmale befinden sich in einer Rangfolge	metrische Merkmale, gleiche Intervalle zwischen Ausprägungen, willkürlicher Nullpunkt	metrische Merkmale, gleiche Intervalle zwischen Ausprägungen, objektiver Nullpunkt
Beispiele: Geschlecht, Konfession	Beispiele: Präferenzangaben, Maß der Zustimmung	Beispiele: Indizes, Temperaturen	Beispiele: Längenmaße, Geldeinheiten

Abbildung 2.7: Skalenarten

Jede Festlegung von zu untersuchenden Merkmalen, gleich, ob es sich um Alter, Einkommen, Konfession, Zustimmung zu Aussagen usw. handelt, ist mit der Wahl einer Skala verbunden. So ist es bspw. für die Auswertung der erhobenen Daten von Bedeutung, ob das Alter in Jahren oder in Klassen von Jahren erhoben, ob die Temperatur in Grad Celsius oder Grad Kelvin gemessen oder wie nach der Zustimmung zu Aussagen gefragt wird.

Intervall- und Verhältnisskala werden auch als **metrische Skalen** bezeichnet. Je nach Skalentyp sind bestimmte Maße zur Bestimmung

- der **Lage** (Wo liegt der Mittel- bzw. Schwerpunkt der Beobachtungswerte?),
- der **Streuung** (Wie häufig wurden die einzelnen möglichen Ausprägungen der Merkmale beobachtet?),
- und der **Assoziation** (Welcher Zusammenhang besteht zwischen einzelnen Merkmalen?)

der sich ergebenden Verteilung zulässig.

2.4.1.1.2 Nominalskala

Kennzeichen: Zwischen den Merkmalsausprägungen besteht kein Zusammenhang, das heißt, eine ist nicht besser, größer, mehr usw. als die andere, sondern nur anders.

Beispiele für Merkmale: Geschlecht, Religionszugehörigkeit, Nationalität

Auswertung: Zugelassen sind

- als Maß der Lage der Verteilung der **Modus** (Welche Ausprägung kommt am häufigsten vor?),
- als Maß der Streuung die **Häufigkeiten** der einzelnen Beobachtungen (Häufigkeitsverteilung) sowie
- als Maß der Abhängigkeit zwischen zwei Variablen der Chiquadrat (χ^2) - Unabhängigkeits-Test mit dem **Kontingenzkoeffizienten.**

Beispiele:

Nationalität:	O deutsch	O türkisch	O italienisch	O amerikanisch
Konfession:	O evangelisch	O katholisch	O jüdisch	O muslimisch

Der **Modus** ist dann die Antwort, die am häufigsten genannt wird. Die Häufigkeitsverteilung gibt an, wie oft die einzelnen Antworten gegeben wurden (absolut und relativ in Prozent) und der **Kontingenzkoeffizient** sagt aus, ob und inwieweit ein Zusammenhang zwischen Nationalität und Konfession besteht. In diesem Beispiel ist davon auszugehen, dass beide Variablen voneinander abhängig sind.

2.4.1.1.3 Ordinalskala

Kennzeichen: Zwischen den Merkmalsausprägungen besteht ein Zusammenhang in Bezug auf die Rangordnung. Es kann davon ausgegangen werden, dass eine Ausprägung besser, größer usw. als eine andere ist.

Beispiele für Merkmale: Subjektive Bewertungen zwischen gut und schlecht, differenzierte Zustimmung und Ablehnung (häufig als 5er- oder 7er-Skala mit 1 = stimme voll und ganz zu ... 5 bzw. 7 = stimme überhaupt nicht zu), Schulnoten, Größenklassen.

Auswertung: Zugelassen sind

- als Maß der Lage der **Median, Quartile** und **Perzentile** (auch: Quantile, Fraktile)
- als Maß der Streuung die **Median-Abweichung, Spannweite** und der **Quartilsabstand** und
- als Maß der Assoziation der **Rangkorrelationskoeffizient** nach Spearman.

Beispiel: Der Median gibt an, welche Merkmalsausprägung „in der Mitte" der Verteilung liegt. Die Beobachtungs(Mess-)werte werden dazu geordnet, und es wird jeweils von oben und unten abgezählt, bis man in der Mitte den Median findet. Angenommen, es wurden folgende Werte beobachtet:

5 7 3 9 11 13 8 5 3 10 2 6 5 1 4 14 10 6 9 7

Zunächst sind diese zu ordnen, sodass sich ergibt:

1 2 3 3 4 5 5 5 6 6 7 7 8 9 9 10 10 11 13 14

Zur Ermittlung des Medians zählt man nun von oben und unten gleichermaßen ab, sodass man sich zwischen 6 und 7 trifft. Da die Zahl der Beobachtungswerte gerade ist, wird der Durchschnitt der mittleren Werte berechnet, sodass der Median hier = 6,5 ist (zum Vergleich: der Modus dieser Reihe ist 5).

Teilt man die Wertereihe nicht in zwei, sondern in vier Teile, so lassen sich die **Quartils-werte** berechnen. Der 25 %-Quartilswert (Q_1) ist der Wert, unter dem 25 % der Beobachtungswerte liegen. In obigem Beispiel ist es die 4. Entsprechend ist der 75 %-Quartilswert (Q_3) 10. Man kann sich leicht vorstellen, dass die Ermittlung der Quartilswerte eine gewisse Mindestzahl an Beobachtungswerten voraussetzt. Aus den Quartilswerten lassen sich nähere Schlüsse über die Verteilung ziehen. Die hier ermittelten Werte lassen auf eine einigermaßen gleichmäßige Verteilung der einzelnen Merkmalsausprägungen schließen.

Beispiel: Hätte sich ergeben:

1 1 1 1 2 3 5 7 9 9 9 10 12 14 14 14 15 15 15 15,

so wüsste man anhand der Q_1 = 2, Q_2 (= Median) = 9 und Q_3 = 14, dass die extremen Ausprägungen der Merkmale besonders stark vertreten sind.

Bei **Perzentilen** handelt es sich um spezielle Anteilswerte, die unabhängig von der Vierteilung gewählt werden können. Die **Median-Abweichung** ist ein Maß für die Streuung der Beobachtungswerte vom Median. Dabei wird der Median der Abweichung der Beobachtungswerte vom Median errechnet. Es handelt sich um eine besondere Form der Standardabweichung, die nur für metrische Skalen angewandt werden kann. Trotzdem wird unkorrekterweise oft auch die Standardabweichung ordinalskalierter Werte berechnet. Die **Spannweite** sagt aus, wie weit der größte und der kleinste Beobachtungswert voneinander abweichen. Bei den obigen Beobachtungsreihen liegt sie bei 14 bzw. 15. Der Quartilsabstand ist eine spezielle Spannweite und wird häufig als Interquartilsbereich I_{50} = $Q_3 - Q_1$ errechnet. In diesem Fall liegen 50 % der Beobachtungswerte im Bereich I_{50}.

Liegt eine Normalverteilung der Beobachtungswerte vor, kann die Abhängigkeit zweier ordinal skalierter Messreihen voneinander mit Hilfe des Rangkorrelationskoeffizienten nach Spearman (r_s) überprüft werden. Dazu ist es erforderlich, die Beobachtungswerte in Rangwerte zu überführen. Der niedrigste Wert erhält Rang 1, der zweitniedrigste Rang 2 usw. Dabei gehen letztlich Informationen verloren, doch kann bestimmt werden, ob und inwieweit eine Abhängigkeit zwischen den Reihen besteht.

Der **Spearmansche Koeffizient** ist definiert als:

$$r_s = 1 - \frac{6 \sum d^2}{m(m^2 - 1)}$$

mit d = Rangdifferenzen der Paare und m = Anzahl der Werte.

Beispiel: Es wurden zwei Rangreihen der Beurteilung von Produkten ermittelt. Nun soll festgestellt werden, ob ein Zusammenhang besteht oder ob vielleicht gänzlich unterschiedliche Beurteilungskriterien zugrunde liegen.

Objekt:	1	2	3	4	5	6	7
Reihe 1:	4	5	7	3	1	2	6
Reihe 2:	7	3	6	2	1	4	5
d	−3	2	1	1	0	−2	1

Es ergibt sich: $r_s = 1 - \frac{120}{336} = 0{,}64$. Somit besteht ein relativ starker positiver Zusammenhang zwischen beiden Beurteilungen.

2.4.1.1.4 Intervallskala

Kennzeichen: Zwischen den Merkmalsausprägungen bestehen konstante Abstände, es existiert ein willkürlich festgelegter Nullpunkt. Einzelne Werte können addiert oder subtrahiert, jedoch nicht multipliziert oder dividiert werden. 6 ist 2 mehr als 4, aber nicht doppelt so viel wie 3. Dies lässt sich am besten anhand des Kalendariums verdeutlichen.

Beispiele für Merkmale: Kalenderdaten, Grad Celsius-Temperaturen, Punktbewertungen mit eigener Definition.

Auswertung: Zugelassen sind

- als Maß der Lage zusätzlich zu den bereits oben genannten Werten das **arithmetische Mittel** ($\bar{x}$ bzw. μ),
- als Maß der Streuung **Standardabweichung** (s bzw. σ) und **Varianz** (s^2 bzw. σ^2) sowie
- als Maß der Assoziation **Korrelationskoeffizient** (r) und **Regressionskoeffizient** (b).

Das **arithmetische Mittel** dürfte der am häufigsten errechnete Wert in der Statistik sein. Es wird berechnet, indem die Summe der Beobachtungswerte durch die Anzahl der Beobachtungswerte geteilt wird: $\bar{x} = \sum \frac{x}{n}$.

Für folgende Werte: 3 4 7 6 9 13 ergibt sich ein arithmetisches Mittel von 7.

Die **Varianz** entspricht der durchschnittlichen quadratischen Abweichung der Beobachtungswerte vom Mittelwert. Die Quadrierung wird vorgenommen, da es sowohl positive als auch negative Abweichungen gibt (die Beobachtungswerte liegen entweder über oder unter dem Mittelwert). Verzichtete man auf die Quadrierung, höben sich die Abweichungen gegeneinander auf. Relevant ist jedoch der Betrag der Abweichung. Die Formel lautet: $s^2 = \sum \frac{(x-\bar{x})^2}{n-1}$. Bei großen Stichproben kann statt n-1 einfach n als Nenner verwendet werden. Die Standardabweichung eliminiert den „Quadrateffekt" und entspricht der Wurzel aus der Varianz: $s = \sqrt{s^2}$. Für oben genannte Werte ergibt sich eine Varianz von 13,2 und eine Standardabweichung von 3,633.

Von **Korrelation** wird dann gesprochen, wenn sich zwischen metrisch skalierten Variablen ein Zusammenhang herausstellt. Dieser kann positiv sein (nimmt die eine Variable hohe Werte an, ist dies auch bei der anderen der Fall) oder negativ (nimmt die eine Variable hohe Werte an, finden sich bei der anderen niedrige Werte). Ein Beispiel für regelmäßig positiv korrelierte Variablen sind Alter und Einkommen, für negativ korrelierte Variablen Alter und Seh- oder Hörvermögen. Die Korrelation kann unterschiedlich stark sein, der **Korrelationskoeffizient** kann Werte zwischen -1 und +1 annehmen. Liegt er bei 0, besteht kein Zusammenhang, bei -1 ein negativer und bei +1 ein positiver.

Der **Regressionskoeffizient** quantifiziert den Zusammenhang zwischen einer unabhängigen und einer abhängigen Variablen. Er macht Angaben darüber, um wie viel sich die abhängige Variable ändert, wenn die unabhängige um 1 erhöht oder gesenkt wird. Im Beispiel der Variablen Alter und Einkommen würde der Regressionskoeffizient aussagen, um wie viel Euro sich das Einkommen (abhängige Variable) durchschnittlich ändert, wenn das Alter (unabhängige Variable) um 1 Jahr steigt oder sinkt.

2.4.1.1.5 Verhältnisskala

Kennzeichen: Zusätzlich zu den Merkmalen der Intervallskala existiert ein echter Nullpunkt. Dadurch ist 6 auf einer Verhältnisskala doppelt so viel wie 3 und halb so viel wie 12. Division und Multiplikation sind zugelassen, sodass Beobachtungswerte in % angegeben werden können.

Beispiele für Merkmale: Längenmaße, Geldeinheiten, Temperatur in Grad Kelvin.

Auswertung: Zugelassen sind zusätzlich zur Intervallskala

- als Maß der Lage das **geometrische Mittel** und
- als Maß der Streuung der **Variationskoeffizient**.

Das **geometrische Mittel** wird verwendet, um die durchschnittliche Änderung der Werte einer Verteilung zu ermitteln. Somit lässt sich z. B. ein durchschnittliches Wachstum der Werte einer abhängigen Variablen, bspw. in Abhängigkeit von der Zeit, errechnen.

$$G = \sqrt[n]{x_1 \cdot x_2 \cdot \ldots \cdot x_n}$$ mit n = Zahl der Beobachtungswerte.

Beispiel:

Über einen bestimmten Zeitraum wurden folgende Beobachtungswerte und Steigerungsraten ermittelt:

Beobachtungswerte:	5,0	5,5	6,0	7,0	6,5	7,0	8,0	8,0	9,0
Änderungsfaktor:		1,10	1,09	1,17	0,93	1,08	1,14	1,00	1,13

$G = \sqrt[8]{1{,}815} = 1{,}077$. Die durchschnittliche Steigerungsrate liegt damit bei 7,7 %.

Mit Hilfe des **Variationskoeffizienten** ist es möglich, die Variabilität zweier Verteilungen miteinander zu vergleichen. Da das Problem besteht, dass die Standardabweichung von der absoluten Höhe des Mittelwertes abhängig ist, ist sie auf diesen zu beziehen, sodass sich ein relatives Streuungsmaß ergibt:

Variationskoeffizient = Standardabweichung : Stichprobenmittelwert.

2.4.1.2 Skalierungstechnik

Die obigen Erläuterungen haben bereits die Wichtigkeit der Skalierung gezeigt. Neben dem Skalenniveau ist aber auch der inhaltliche Aufbau der Skala zu beachten, das heißt die Art und Weise, wie Antwortmöglichkeiten vorgegeben werden. Die dafür zur Verfügung stehenden Skalierungstechniken können nach der Dimensionalität, also der Zahl der untersuchten Merkmale oder Eigenschaften, unterschieden werden. Abbildung 2.8 zeigt einige wichtige Skalierungstechniken.

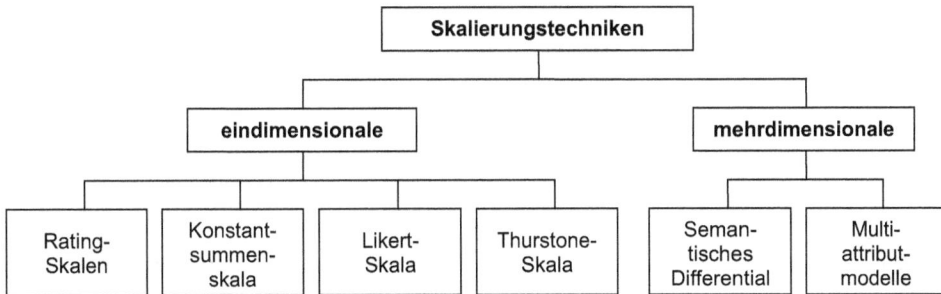

Abbildung 2.8: Wichtige Skalierungstechniken

Ratingskalen sind die einfachste Skalierungstechnik. Sie verlangen von der Auskunftsperson abgestufte Urteile über die Zustimmung zu oder Ablehnung von Aussagen, Produkten, Eigenschaften usw.

Beispiele: Wie schätzen Sie das Preisniveau von Real ein?

sehr günstig	eher günstig	durchschnittlich	eher teuer	sehr teuer
O	O	O	O	O

Die Arbeit der Vorstände müsste wesentlich stärker kontrolliert werden.

stimme voll und ganz zu	stimme eher zu	unentschieden	stimme eher nicht zu	stimme überhaupt nicht zu
O	O	O	O	O

Anstelle einer verbalen Ratingskala können auch Bilder verwendet werden. So lassen sich bspw. Gesichtsausdrücke konstruieren, die als Zustimmung oder Ablehnung, positive oder negative Einstellung interpretiert werden. Sie haben den Vorteil, dass weniger Missverständnisse durch Fehlinterpretation der Antworten entstehen können.

Beispiel: Was hielten Sie davon, wenn die Mehrwertsteuer zugunsten einer Einkommensteuersenkung erhöht würde? (bitte ankreuzen) ☺ 😐 ☹

Vor allem im Zusammenhang mit Fragen zur Einschätzung der Wichtigkeit einzelner Themen entsteht das Problem, dass alles als wichtig erachtet wird, sodass kaum noch eine Differenzierung möglich ist. Beliebt sind Managerbefragungen von Unternehmensberatungen, Medien und Verbänden zur Bedeutung einzelner Maßnahmen oder Ziele. Da letztlich eigentlich nichts so richtig unwichtig ist, ergeben sich für alle Merkmale fast gleiche Bewertungen (bei einer 5er-Skala variieren die Durchschnittswerte in der Regel maximal von 4 bis 5). Eine konkrete Aussage lässt sich daraus kaum ableiten. Sinnvoll ist es daher, eine **Konstantsummenskala** einzusetzen. Dabei können z. B. 100 Punkte je nach Wichtigkeit auf die jeweiligen Merkmale verteilt werden.

Beispiel: Welche Maßnahmen sind für Sie als Kunde im Rahmen unseres Kundendienstes am wichtigsten? Bitte verteilen Sie 100 Punkte nach der Wichtigkeit der Maßnahmen (z. B. 60 - 10 - 20 - 0 - 10). Je wichtiger eine Maßnahme ist, desto mehr Punkte soll sie bekommen.

Erreichbarkeit auch am Wochenende   ____

Telefonischer Kundendienst   ____

Angebot von Produktschulungen   ____

24 Stunden-Reparaturdienst   ____

Informationen über Neuheiten   ____

Summe = 100

Im Rahmen von Einstellungsmessungen werden öfter komplexere Skalierungstechniken eingesetzt. Die bekanntesten sind die Likert- und die Thurstone-Skalen. Bei der **Likert-Skala** wird der Skalenwert aus der Summe von Einstellungswerten ermittelt, die sich aus der Zustimmung zu oder Ablehnung von Aussagen ergeben. Bei der **Thurstone-Skala** werden Einstellungsaussagen einer 9er- oder 11er-Skala zugeordnet und dienen als Maß der Zustimmung.

Während die bislang beschriebenen Skalierungstechniken nur eine Dimension messen, können mit Hilfe des **Semantischen Differentials** nahezu beliebig viele erfasst werden. Das Verfahren wird besonders oft dann eingesetzt, wenn die tatsächlichen Einstellungsdimensionen nicht näher bekannt sind. Die Auskunftsperson wird gebeten, ein Produkt, Unternehmen o. Ä. anhand einer Vielzahl von Eigenschaften zu charakterisieren. Dazu werden gegensätzliche Eigenschaftspaare vorgegeben und es wird angegeben, inwieweit das Objekt dem einen oder anderen Extrem näherkommt. Neben den naheliegenden Kriterien können auch solche aufgeführt werden, die vielleicht relevant sind. Strittig ist die Frage, ob nur sog. metaphorische Beschreibungen vorgegeben werden (z. B.: männlich – weiblich für einen Wein) oder auch objektive (z. B.: lieblich – trocken).

Beispiel: Es soll ein Eigenschaftsprofil für eine Textilmarke ermittelt werden, um sie mit anderen Marken und dem Idealprofil der Zielgruppe zu vergleichen.

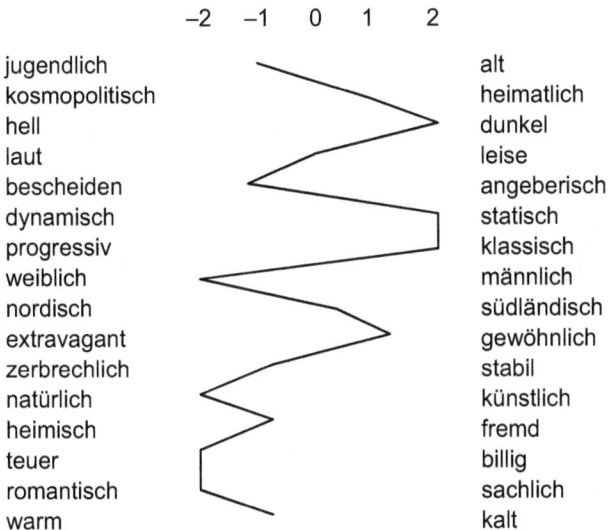

	−2	−1	0	1	2	

jugendlich   alt
kosmopolitisch   heimatlich
hell   dunkel
laut   leise
bescheiden   angeberisch
dynamisch   statisch
progressiv   klassisch
weiblich   männlich
nordisch   südländisch
extravagant   gewöhnlich
zerbrechlich   stabil
natürlich   künstlich
heimisch   fremd
teuer   billig
romantisch   sachlich
warm   kalt

Abbildung 2.9: Semantisches Differential

Während das Semantische Differential aufgrund der Vielzahl und Unübersichtlichkeit der Kriterien schwer handhabbar ist, setzen sich die **Multiattributmodelle** eine Verdichtung der Urteile zum Ziel. Sie errechnen einen Einstellungswert aus einer Reihe von Eigenschaftsbeurteilungen und Bewertungen ihrer Wichtigkeit. Auch hier werden zunächst der Auskunftsperson Eigenschaften vorgegeben, anhand derer die Beurteilung eines Objekts erfolgt. Beim **Trommsdorff-Modell** wird dann über alle Eigenschaften die Summe aus den Differenzen zwischen tatsächlicher und gewünschter Ausprägung ermittelt. Die Bewertung ist umso besser, je geringer diese Summe ist. Beim **Fishbein-Modell** wird über alle Eigenschaften die Summe der Wahrscheinlichkeit des Vorhandenseins einer Eigenschaft, multipliziert mit der Bewertung der Eigenschaft, gebildet. Je größer sie ist, desto positiver wird das Objekt bewertet.

2.4.1.3 Fragearten

2.4.1.3.1 Offene und geschlossene Fragen

Während die offene Frage keine Antworten vorgibt, muss bei der geschlossenen Frage unter den vorgegebenen Antworten eine (oder mehrere) ausgewählt werden.

Beispiel:

offen:

       Welchen Schulabschluss besitzen Sie? _____

geschlossen:

Welchen Schulabschluss besitzen Sie?   O Hauptschule
                                          O Mittlere Reife
                                          O Abitur

Die Vor- und Nachteile liegen auf der Hand. **Offene Fragen** sind schwerer auszuwerten, weil die Antworten erst codiert, das heißt Kategorien zugeordnet werden müssen, da oft unterschiedliche Begriffe für eine Antwort verwendet werden. Dafür gehen keine Informationen verloren, weil keine Antwort vergessen werden kann. Bei der **geschlossenen Frage** gilt dies genau umgekehrt. In der Regel wird daher eine geschlossene Frage mit einer offenen Antwortmöglichkeit versehen „Sonstige: _____". Für den Fall, dass eine Möglichkeit ausgelassen wurde, kann diese hier ergänzt werden. Die Bereitschaft seitens der Befragten, dies auch zu tun, ist allerdings oft recht gering.

2.4.1.3.2 Direkte und indirekte Fragen

Bei dieser Unterscheidung geht es darum, ob der Zweck der Frage für die Befragten erkennbar ist. Nicht selten führt eine Frage nämlich nicht zu einer wahrheitsgemäßen Antwort, wenn es den Befragten unangenehm ist, zu antworten. Beispiele finden sich etwa bei Besitzfragen (Haben Sie ein Auto?), persönlichen und gesundheitlichen Fragen (Nehmen Sie die Pille?), umweltbezogenen Fragen (Trennen Sie Ihre Abfälle?) usw. Die Frage muss in einem solchen Fall so umformuliert werden, dass der Zweck verschleiert wird.

Im Falle einer Besitzfrage, die durch Prestigeüberlegungen verzerrt beantwortet werden könnte, wird häufig nach der **Kaufabsicht** gefragt.

Beispiel: Statt „Besitzen Sie ein eigenes Kraftfahrzeug?" könnte gefragt werden:

Planen Sie die Anschaffung eines Kraftfahrzeugs?
  O wenn das alte abgeschrieben ist O wenn das alte ___ Jahre alt ist
  O bin gerade bei der Planung für   O fahre grundsätzlich nicht
    O Erstkauf O Ersatzkauf
  O erst, wenn sich Reparatur des alten nicht mehr lohnt

Ein Teil der Antworten sagt nichts anderes als „Ich habe kein Auto" (fahre grundsätzlich nicht; Erstkauf), es fällt den Befragten jedoch leichter so zu antworten, als zugeben zu müssen, keines zu besitzen.

2.4.1.3.3 Projektive Fragen

Projektive Fragen dienen dazu, die Auskunftsbereitschaft zu erhöhen, und zwar, indem die Antwort auf eine dritte Person projiziert wird. Die Befragten antworten damit nicht für sich, sondern für andere. Es wird aber davon ausgegangen, dass die eigenen Meinungen und Einstellungen auf diesen Dritten übertragen werden.

Eine einfache Form der Projektion ist die Frage danach, wie jemand ähnliches denken oder sich verhalten würde. Es wird eine dritte Person gesucht, die etwa der befragten Person entspricht.

Beispiel: Eine ca. 40-jährige Mutter von zwei Kindern wird gefragt: „Was glauben Sie, wie denkt eine Frau mit Kindern über...?" Häufig wird auch gefragt: „Wie denken Ihre Nachbarn, Kollegen usw. über...?"

Eine weitere Form ist der **Einkaufslistentest**. Den Befragten wird eine Einkaufsliste vorgelegt mit der Bitte, den/die Einkäufer/in zu beschreiben. Dabei sollen unter anderem Kaufmotive und Gründe gegen den Kauf bestimmter Produkte erforscht werden.

Beispiel: Charakterisieren Sie die Personen, die Ihrer Ansicht nach die folgenden Produkte kaufen:

Person A			**Person B**		
Einkaufsliste:			**Einkaufsliste:**		
1 Liter Coca-Cola			1 Liter Coca-Cola		
6 x 0,33 l Mineralwasser			6 x 0,33 l Mineralwasser		
2 Packungen Maggi Tomatensuppe			2 Packungen Maggi Tomatensuppe		
500 g Gouda am Stück			500 g Gouda am Stück		
3 Becher LC1 Joghurt			3 Becher Bauer Fruchtjoghurt		
1 kg Vollkornbrot			1 kg Vollkornbrot		
500 g Jacobs Meisterröstung			500 g Jacobs Meisterröstung		

Personenbeschreibung:	trifft zu	teils teils	trifft nicht zu	**Personenbeschreibung:**	trifft zu	teils teils	trifft nicht zu
umweltbewusst	O	O	O	umweltbewusst	O	O	O
gesundheitsbew.	O	O	O	gesundheitsbew.	O	O	O
sparsam	O	O	O	sparsam	O	O	O
genussorientiert	O	O	O	genussorientiert	O	O	O
fleißig	O	O	O	fleißig	O	O	O
wohlhabend	O	O	O	wohlhabend	O	O	O
...				...			

Die Einkaufslisten unterscheiden sich nur an einer Stelle. Während die erste Person den probiotischen Joghurt LC1 kauft, greift die zweite Person zu einem herkömmlichen Joghurt. Es geht also darum herauszufinden, welche Einschätzung sich mit Käufern bzw. Nichtkäufern des probiotischen Joghurt verbindet.

Beim **Satzergänzungstest** werden den Befragten Satzanfänge bzw. Lückentexte vorgegeben, die ergänzt werden sollen. Dabei sollen Assoziationen hervorgerufen werden, die zum Beispiel das Image von Unternehmen oder Einstellungen zu Produkten ermitteln.

Beispiel: Ergänzen Sie folgenden Satz:

„Wenn mir mein Reisebüro eine Urlaubsreise mit der TUI empfiehlt, dann
...."

Beim **Bilder-Erzähl-Test** (entwickelt nach dem Thematischen Apperzeptions-Test von Murray) wird den Befragten eine Reihe von Bildern gezeigt, in denen Situationen mit einem Produkt oder zu einem Thema dargestellt werden. Die Befragten werden aufgefordert, dazu eine Geschichte zu erzählen. Hiermit sollen „tieferliegende" Assoziationen geweckt werden, z. B. Sympathien, Abneigungen, Einstellungen, die dem Befragenden noch unbekannt sind.

Eine ähnliche Form hat der **Ballontest** (entwickelt nach dem Picture-Frustration-Test von Rosenzweig). Hier werden den Befragten Bilder vorgelegt, die zwei Personen zeigen. Eine Person macht eine Bemerkung, die bei der anderen einen Widerspruch auslösen soll. Die Befragten sollen dann dieser zweiten Person eine Antwort in den Mund legen. Es wird davon ausgegangen, dass sich die Auskunftsperson mit dieser zweiten Person identifiziert und somit ihre eigene Meinung auf diese projiziert.

2.4.1.3.4 Instrumentelle Fragen

Eine Reihe von Fragen verfolgt keinen inhaltlichen Zweck, sondern einen instrumentellen. Sie sollen den Ablauf der Befragung steuern und gegebenenfalls als Kontrollinstrument dienen.

Am Beginn einer Befragung spielt die **Kontaktfrage** eine große Rolle. Ihre Aufgabe ist es, die Gesprächsbereitschaft zu erhöhen und die Atmosphäre aufzulockern.

Beispiel: Kennen Sie nicht auch die Situation, dass man abends kurz vor Ladenschluss noch ganz schön in Stress gerät?

Da oft nicht alle Fragen auf alle Befragten zutreffen, sind **Filterfragen** erforderlich. So ist es z. B. sinnlos und verfälschend, nach Erfahrungen mit einem bestimmten Produkt zu fragen, wenn gar nicht sichergestellt ist, dass dies überhaupt jemals benutzt wurde.

Beispiel:

4. Haben Sie schon einmal Crema-Schokolade gegessen?

      ○ ja (weiter bei Frage 5)   ○ nein (weiter bei Frage 12)

5. Wie schmeckt Ihnen Crema-Schokolade?

6. Wo haben Sie Crema-Schokolade gekauft?

...

Vor allem bei Fragen zu aktuellen Themen besteht das Problem, dass nicht davon ausgegangen werden kann, alle Befragten seien über das Thema informiert. Hier sind **Lehrfragen** einzusetzen, die die relevante Information vermitteln.

Beispiel: Wissen Sie, dass der Finanzminister gestern zurückgetreten ist?

Mit Hilfe von **Kontrollfragen** kann die Glaubwürdigkeit der Aussagen geprüft werden. Dazu wird an zwei Punkten der Befragung mit unterschiedlichen Fragen nach dem gleichen Sachverhalt gefragt. Stimmen die Antworten nicht überein, kann von einer nicht wahrheitsgemäßen Beantwortung ausgegangen werden.

Beispiel: 2. Rauchen Sie?

...

17. Hören Sie in Gesellschaft mit dem Rauchen auf, wenn man Sie darum bittet?

2.4.1.4 Befragungstechniken

Die zur Verfügung stehenden Techniken systematisiert Abbildung 2.10:

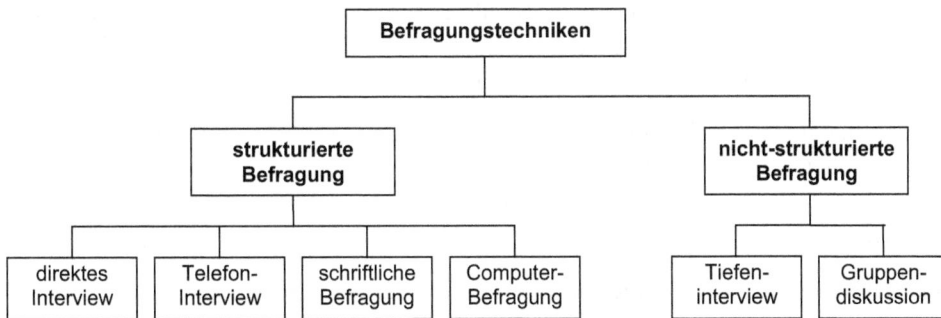

Abbildung 2.10: Befragungstechniken

2.4.1.4.1 Direktes Interview

Beim direkten Interview stehen sich Befragender und Auskunftsperson gegenüber. Dies ist z. B. bei einer Passantenbefragung in einer Fußgängerzone, bei einer Befragung von Entscheidungsträgern im Büro und ähnlichen Situationen der Fall.

Das direkte Interview ist in starkem Maße geprägt vom **Interviewereinfluss.** Das Erscheinungsbild des Interviewers und sein Befragungsstil beeinflussen die Auskunftsbereitschaft und die Qualität der Antworten. Besonders aktive und hektische Interviewer rufen eher kurze und knappe Antworten hervor, die Auskunftsperson fühlt sich möglicherweise unter Druck gesetzt. Gutaussehende und korrekt gekleidete Interviewer werden zu Fragen des Kleidungsverhaltens, der Nutzung von Kosmetika oder dem Schönheitsempfinden andere Antworten erhalten als nachlässig gekleidete oder ungepflegte.

Ein weiterer Problembereich ist die Ökonomie. Direkte Interviews sind insbesondere dann teuer, wenn der Interviewer zur Auskunftsperson kommt. Reise- und Wartezeiten können kaum sinnvoll genutzt, müssen aber bezahlt werden. Zudem ist der Fragebogen nachher separat auszuwerten, was zusätzlich zu Kosten- und Zeitaufwand führt. Nicht zuletzt ist das Problem zu beachten, dass nicht alle Personengruppen mit einem direkten Interview erreicht werden können.

Vorteilhaft ist die Möglichkeit, den Auskunftspersonen **Vorlagen zu zeigen**, um z. B. die Reaktion auf Werbemittelentwürfe oder Verpackungen zu messen. Dazu werden sie regelmäßig in Teststudios (meist in Seitenstraßen zu einer Fußgängerzone) gebeten, um sich dort mit zwei- und dreidimensionalen Vorlagen oder Fernsehspots zu beschäftigen.

2.4.1.4.2 Telefoninterview

Telefoninterviews erlebten in den letzten Jahren einen wahren Boom. Sie bieten zunächst den wesentlichen Vorteil, die Interviewer fast perfekt auslasten zu können. Ist eine Person nicht erreichbar oder verweigert sie die Antwort, wird eine nächste angerufen. Es entstehen kaum Leerlaufphasen. Viele Institute verfügen über automatische Wählanlagen, sodass die Interviewer automatisch Gespräche auf ihren Kopfhörer gelegt bekommen. Über den zentralen Computer können nach dem Zufallsprinzip Nummern gewählt, Gespräche auf freie Interviewer verteilt und Wählversuche automatisch wiederholt werden. Zudem kann verhindert werden, dass immer wieder „Lieblingsnummern" angerufen werden.

Aufgrund der guten Personalauslastung spielen die Telefongebühren nur eine untergeordnete Rolle, die Gesamtkosten dürften bei diesem Verfahren die niedrigsten sein. Ein weiterer Vorteil ist die Möglichkeit, auch größere Entfernungen zu überbrücken und landesweit wie international repräsentativ Personen befragen zu können.

Problematisch ist die **Antwortverweigerung**. Zahlreiche Angerufene verweigern die Beantwortung, zum einen aus einer natürlichen Skepsis dem Telefon gegenüber, zum anderen auch wegen schlechter Erfahrungen. Einige Vertriebsfirmen nutzen den Einstieg über eine vermeintliche Umfrage zur telefonischen Akquisition, die bei Privatleuten mit wenigen Ausnahmen verboten und auch im geschäftlichen Bereich stark reglementiert ist. Zudem besteht ein Misstrauen dem Anrufer gegenüber, weil dieser nicht identifiziert werden kann, während der Angerufene durch die Telefonnummer namentlich bekannt ist.

Telefonische Befragungen eignen sich nur für kurze Fragen mit kurzen Antworten zu allgemeinen Themen. So kann etwa sinnvoll gefragt werden, ob man sich an einen Werbespot im Vorabendprogramm erinnern könne, oder wen man wählen würde, wenn am folgenden Sonntag Wahl wäre. Weniger geeignet sind Fragen wie „Gefällt Ihnen das neue Erscheinungsbild der Firma XY besser als das vor zwei Jahren?"

2.4.1.4.3 Schriftliche Befragung

Die schriftliche Befragung ist im Bereich der Befragung von Privatpersonen praktisch bedeutungslos. Die Antwortquoten sind erbärmlich, 5 % könnten schon als überwältigender Erfolg gewertet werden. Das Ergebnis ist nur besser, wenn es sich um Kunden handelt, die ein Interesse haben, ihre Meinung bekanntzugeben, um das Angebot des Unternehmens zu verbessern. Dies kommt vor allem für Dienstleister und Verlage in Frage.

Sinnvoll sind schriftliche Befragungen aber, wenn z. B. Entscheider in Unternehmen angesprochen werden sollen. Sie sind anders meist nicht zu erreichen und beantworten Fragebögen mit hinreichenden Quoten, wenn sie am Thema selbst interessiert sind. So sind Rücklaufquoten von 15 bis 30 % häufig anzutreffen.

Schriftliche Befragungen können auch sinnvoll eingesetzt werden, wenn **Vertraulichkeit** eine besondere Rolle spielt. Im Gegensatz zur telefonischen Befragung, bei der der Befragte dem Interviewer bekannt ist, der Interviewer jedoch nicht dem Befragten, ist es bei der schriftlichen Befragung umgekehrt. Die Fragebögen können anonym ausgefüllt werden, wodurch bei heiklen Fragen, die persönliche Bereiche wie Gesundheit, Familie usw. betreffen, die Antwortwahrscheinlichkeit erhöht wird. Allerdings ist dann keine Rücklaufkontrolle mehr möglich, es bleibt unklar, ob die Erhebung letztlich repräsentativ war oder nicht.

Schließlich ist die schriftliche Befragung bei komplexen Fragestellungen notwendig, die mitunter noch Recherchen seitens der Befragten erfordern. Dies ist etwa bei den Konjunkturumfragen der Wirtschaftsforschungsinstitute der Fall.

2.4.1.4.4 Omnibusbefragung

Die Omnibusbefragung (Mehrthemenumfrage) ist eine besondere Art des direkten oder telefonischen Interviews. Die Befragung wird dabei durch ein Institut aus Fragen unterschiedlicher Auftraggeber zusammengestellt. Mehrere Institute führen regelmäßig solche „Omnibusse" durch und bieten dabei die Möglichkeit, sich auch mit nur wenigen Fragen „einzuschalten". Für die Auftraggeber liegen die Vorteile in der Wirtschaftlichkeit und Schnelligkeit. Wenn es nur darum geht, einzelne Fragen, z. B. zur Bekanntheit eines Werbespots oder dem Image des Unternehmens, zu stellen, ist der Omnibus günstiger als eine eigenständige Durchführung, die mit erheblichen Fixkosten verbunden wäre. Da die Omnibusbefragungen oft mehrmals wöchentlich durchgeführt werden, besteht die Möglichkeit, innerhalb kürzestmöglicher Zeit an die Ergebnisse zu kommen. Vorlaufzeiten für die Vorbereitung entfallen.

Weiterhin besteht ein methodischer Vorteil. Die Befragten werden mit einer ganzen Reihe unterschiedlicher Themen konfrontiert, sodass die Gefahr einer Sensibilisierung für ein Thema durch lange Beschäftigung damit vermieden wird.

2.4.1.4.5 Tiefeninterview

Das Tiefeninterview unterscheidet sich von den bisher dargestellten Befragungstechniken durch die Freiheit des Interviewers, Fragen zu stellen. Es wird insbesondere dann angewendet, wenn es um „tieferliegende" Motive, Sympathien oder Antipathien der Befragten geht, nach denen mangels entsprechender Informationen nicht gefragt werden kann.

Die Vorgabe für das Interview beschränkt sich auf das Thema bzw. einen groben Leitfaden. Die Befragten sollen aufgefordert werden, sich intensiver mit ihren Gedanken zu beschäftigen und vor allem frei zu erzählen. Der Interviewer wird seine Fragen daran anschließen, sich vom Befragten leiten lassen. Ziel ist es, an nicht bewusste Sachverhalte zu gelangen. Dabei kann es ebenso um unbewusste Abneigungen gegenüber bestimmten Produkten gehen wie um Gründe für den Kauf einzelner Produkte. Faktoren der Werbewirkung können ebenso erforscht werden wie innere Bilder des Konsumenten oder Vorstellungen über mögliche neue Produkte.

Tiefeninterviews können aus ökonomischen Gründen nicht ähnlich repräsentativ wie eine Telefonbefragung durchgeführt werden. Die Dauer des Interviews, die bis zu einigen Stunden betragen kann, und die erforderliche Qualifikation des Interviewers führen zu einem erheblichen Kosten- und Zeitaufwand, sodass es sich meist nur um eine kleine Reihe von Interviews handelt.

2.4.1.4.6 Gruppendiskussion

Gruppendiskussionen (auch: Gruppenexplorationen) sind von ihrer Zielsetzung her durchaus vergleichbar mit Tiefeninterviews. Hierbei werden jedoch keine Einzelpersonen befragt, sondern eine Gruppe von Personen aus der jeweiligen Zielgruppe. Dabei handelt es sich um Gruppen von meist acht bis zehn Personen, die sich bis zu mehreren Stunden mit einem Thema auseinandersetzen. Aufgabe des Diskussionsleiters ist es, die Diskussion anzuregen und gegebenenfalls zu steuern, falls man sich vom Thema entfernt. Ansonsten ist auch hier Zurückhaltung wichtig. Die Ergebnisse der Diskussion werden mitgeschrieben, mitunter wird der Verlauf auch gefilmt.

Eine wesentliche Frage der Zusammenstellung von Gruppen ist die der Homogenität oder Heterogenität der Teilnehmer. Eine homogen zusammengestellte Gruppe liefert tendenziell konvergierende Antworten, es ist häufiger eine Übereinstimmung der Teilnehmer in den relevanten Punkten festzustellen. Weiterhin ist sie leichter zu steuern. Heterogene Gruppen erzeugen dagegen häufiger Widersprüche und liefern eine intensivere Auseinandersetzung mit dem Thema. Es wird mehr Kreativität erzeugt, und zusätzliche Aspekte werden freigelegt. Dafür ist jedoch weniger mit einem konsensfähigen Gesamtergebnis zu rechnen. Es kann daher sinnvoll sein, sowohl homogen als auch heterogen zusammengesetzte Gruppe zu bilden.

Der Vorteil der Gruppendiskussion liegt in der **Vielfalt der Antworten**, die sich gegenseitig beeinflussen und befruchten. Vor allem im Zusammenhang mit der Suche nach Neuproduktideen oder Verbesserungsmöglichkeiten für bestehende Produkte lassen sich kreative Resultate erzielen. Nachteilig sind die hohen Kosten, die noch einmal weit über die Kosten des Tiefeninterviews hinausgehen. So muss ein geeigneter Raum zur Verfügung stehen, sind mitunter mehrere Personen für die Abwicklung erforderlich (Interviewer, Protokollant, gegebenenfalls Kameraführer) und müssen Honorare (Aufwandsentschädigungen) an die Teilnehmer gezahlt werden.

2.4.1.4.7 Computergestützte und Online-Befragungen

Der Einsatz von Computern kann sowohl versteckt als auch offen stattfinden: Ein **versteckter Computereinsatz** liegt vor, wenn nur der Interviewer damit arbeitet, der Befragte dies aber nicht merkt. Dies ist z. B. bei der telefonischen Befragung der Fall, wenn die Fragen vom Bildschirm abgelesen und über die Tastatur eingegeben werden. Ein **offener Computereinsatz** liegt vor, wenn der Befragte selbst damit arbeitet, im Extremfall keinen Kontakt zum Interviewer, sondern nur noch zu einem Bildschirm hat.

a) Computereinsatz bei der Befragung

Die Computerisierung der Befragung erfolgt somit in zwei Richtungen: Einsatz für die Fragestellung bzw. das Aufrufen der Fragen oder für die Eingabe der Antworten (insbesondere im Rahmen der Online-Befragung).

– Computereinsatz bei der Fragestellung

Die automatisierte Fragestellung bietet zwei methodische Vorteile:

1. Zum einen erfolgt die Fragestellung standardisiert, das heißt ohne Interviewereinfluss (der etwa in hektischem Fragen oder undeutlichen Formulierungen bestehen könnte) und bei allen Befragten gleichartig. Dadurch sind subjektive Einflüsse weitgehend ausgeschlossen und die Ergebnisse gut vergleichbar.
2. Zum anderen kann die Reihenfolge der Fragen genau gesteuert werden. So können Filterungen vorgenommen werden, wenn bestimmte Fragen für einen Befragten nicht anwendbar sind. Ebenso kann eine zufällige Änderung der Fragenreihenfolge vorgenommen werden, um Reihenfolgeeffekte in ihrer Auswirkung zu vermindern. Jede Frage beeinflusst die Beantwortung der nächsten, leider jedoch in unbekanntem Maße. So wird der Befragte für ein Problem sensibilisiert, möglicherweise gelangweilt oder gewöhnt sich daran, an einer bestimmten Stelle ein Kreuz zu machen. Ist die Reihenfolge bei jedem Befragungsdurchgang anders, können solche Effekte vermindert werden.

Nachteilig ist jedoch eine gewisse **Computeraversion** vor allem bei Personen, die den Umgang damit nicht gewohnt sind. Die zu erwartende Antwortverweigerung kann die Repräsentativität gefährden. Schließlich entstehen Probleme bei unverständlichen Fragen. Ohne Interviewer sind keine Rückfragen und Erklärungen möglich.

– Computereinsatz bei der Antworteingabe

In methodischer Hinsicht sind folgende Vorteile der computerisierten Eingabe zu nennen:

1. Die Wahrscheinlichkeit von Fehlinterpretationen, z. B. aufgrund von Unleserlichkeit der Antwort, kann verringert bis ausgeschlossen werden.
2. Es sind sofortige Plausibilitätskontrollen möglich, sowohl was den Wahrheitsgehalt als auch die Zulässigkeit der Antwort angeht. Der Computer kann Anweisungen für eine Korrektur geben oder eine Kontrollfrage aufrufen.

3. Die Antwortzeit kann zusätzlich gemessen werden (Zeit zwischen Aufruf der Frage und Eingabe der Antwort). Sie kann als Indikator für den Wahrheitsgehalt der Antwort gewertet werden.

b) Formen der Online-Befragung

Die Verbreitung des Internet und die Ausweitung technischer Möglichkeiten haben das Einsatzspektrum für Online-Befragungen inzwischen deutlich erweitert. Häufig kommen Befragungen über Trägerseiten zum Einsatz, das heißt die Befragten werden während der Nutzung einer „passenden" Webseite akquiriert. Diese Trägerseite dient im Wesentlichen der Selektion einer bestimmten Zielgruppe, sodass etwa weibliche Zielgruppen auf Seiten mit typisch weiblichen Themen angesprochen werden. Dafür ist allerdings die Kooperation mit dem Webanbieter erforderlich, die Kosten verursacht und auch den zeitlichen Rahmen einschränken kann.

Durch interaktive Gestaltung, das heißt jede Antwort wird an den Webserver geschickt, ausgewertet und durch die Folgefrage „beantwortet", kann die Abfolge und **Reihenfolge der Fragen** individuell geregelt werden. Auch die Frageformulierung kann schnell an die vorherige Antwort angepasst werden, sodass letztlich ein fast persönlicher Fragestil umgesetzt werden kann: „Sie haben gerade gesagt, Sie interessieren sich für Sportwagen ...."

Eine **Repräsentativität** kann durch solche Umfragen jedoch kaum hergestellt werden, auch wenn dies von den Anbietern oft behauptet wird. Eine Kontrolle, wer antwortet, ist allenfalls über einen methodisch fragwürdigen Gewinnanreiz (Gefahr von Gefälligkeitsantworten) möglich. Die Richtigkeit soziodemografischer Angaben lässt sich allenfalls durch geschickte Fangfragen prüfen, jedoch stört dies letztlich den Befragungsablauf und kostet Zeit.

Durch **Animationen** können auch bewegte Fragebögen gestaltet werden, die eine spielerische Beantwortung zulassen. Dies steigert z. B. bei Kindern die Attraktivität solcher Umfragen. Ebenso lassen sich Zuordnungstests motivierend gestalten, was die Antwortbereitschaft erhöht.

Einige Institute versuchen das Problem der Identitätskontrolle durch den Aufbau von **Online-Panels** zu lösen. Dabei müssen sich die Teilnehmer einmalig mit vollständigen Angaben anmelden. Sie werden dann zu Befragungen eingeladen, wenn sie in die Zielgruppe passen. Die Anmeldung mit Passwörtern soll sicherstellen, dass nur die gewünschte Person antwortet.

Weiterhin existieren inzwischen **Online-Gruppendiskussionen,** wobei die Gruppen ebenfalls durch Einladung zusammengestellt werden. Die Unterhaltung erfolgt dann in einem Chatraum, ein Moderator steuert den Ablauf und kann auch mit einzelnen Teilnehmern kommunizieren. Dem geringeren sozialen Einfluss durch andere Teilnehmer und Diskussionsleiter steht allerdings die technische Dimension gegenüber, durch die manche sehr langsam und selten reagieren, andere eher zu hektisch und unüberlegt.

2.4.2 Beobachtung

2.4.2.1 Verfahren der Beobachtung

Bei der Beobachtung steht die visuelle Erfassung des Verhaltens von Konsumenten im Mittelpunkt. Sie vollzieht sich oft nicht so systematisch und exakt wie die Befragung, findet aber – unbewusst – öfter statt. Die einzelnen Verfahren können nach unterschiedlichen Kriterien gegliedert werden (siehe Abbildung 2.11).

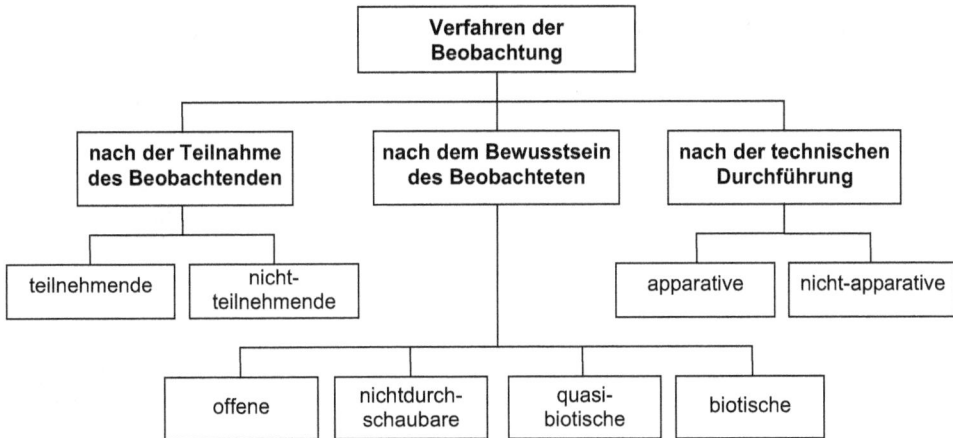

Abbildung 2.11: Verfahren der Beobachtung

Teilnehmende Beobachtung liegt vor, wenn der Beobachtende bei der Beobachtung selbst anwesend ist. Dadurch besteht einerseits die Möglichkeit der sehr genauen Beobachtung, andererseits sind Kosten und Zeitaufwand hoch. Beispiele sind Testkäufe in einem Geschäft oder Experimente unter Anwesenheit des Beobachters. Für **nicht-teilnehmende Beobachtung** gilt das Gegenteil, sie wird durch Apparate übernommen. Hiermit lassen sich höhere Beobachtungszahlen erreichen, der Umfang ist jedoch beschränkt aufgrund der technischen Möglichkeiten.

Von einer **offenen Beobachtung** wird gesprochen, wenn den Beobachteten die Situation bewusst ist und sie wissen, was beobachtet werden soll. Dies ist etwa der Fall bei der Blickaufzeichnung. In **nicht-durchschaubaren Situationen** sind zwar die Rolle als Beobachteter und die konkrete Aufgabe bekannt, aber nicht der Zweck der Beobachtung. So wissen Teilnehmer an einem simulierten Testmarkt (Testgeschäft), dass sie bei ihrem simulierten Kauf beobachtet werden, sie wissen jedoch nicht, um welche Produkte es konkret geht. Die quasi-biotische Situation verheimlicht zusätzlich die Aufgabe. Die Person weiß dann nur noch, dass sie beobachtet wird.

In **biotischen Situationen** schließlich ist dem Beobachteten auch die Tatsache des Beobachtetwerdens nicht bewusst. Diese Situation liegt bspw. bei der Kundenlaufanalyse vor.

Das Bewusstsein muss als ein Faktor für mögliche Verzerrungen betrachtet werden. Insbesondere Verhaltensweisen, die den Beobachteten unangenehm sein könnten, werden möglicherweise vermieden. Nicht zuletzt aus Gründen des Persönlichkeitsrechts ist jedoch die verdeckte Beobachtung (biotische Situation) nur eingeschränkt einsetzbar.

Die Verfahren der **apparativen Beobachtung** setzen den Einsatz technischer Hilfsmittel voraus. Dazu gehören die Blickaufzeichnung, die Kauferfassung durch Scannerkassen u. a. Einige Verhaltensweisen lassen sich überhaupt nur apparativ erfassen (zum Beispiel physiologische Reaktionen auf Werbestimuli). **Nicht-apparative Beobachtung** liegt dann vor, wenn das Verhalten durch einen Beobachter erfasst und zum Beispiel auf einem Fragebogen protokolliert wird.

2.4.2.2 Blickaufzeichnung

Mit Hilfe der Blickaufzeichnung wird das Betrachtungsverhalten bei einer Anzeige, einer Verpackung o. Ä. beobachtet. Es ist dadurch möglich festzustellen, welche Elemente des Stimulus betrachtet werden, welche am meisten Aufmerksamkeit erregen und welche nicht gesehen werden. Die Versuchsperson muss dazu eine Art überdimensionierter Brille tragen, durch die sie bspw. schaut, wenn sie in einer Zeitschrift blättert. Das Blickaufzeichnungsgerät registriert die Bewegungen der Pupillen und vollzieht damit die Fixation (Betrachtung) der einzelnen Bildelemente nach. Während es sich früher um Geräte handelte, die ein normales Betrachtungsverhalten durch ihre Größe und Schwere nachhaltig einschränkten, sind sie heute wesentlich kleiner und weniger störend.

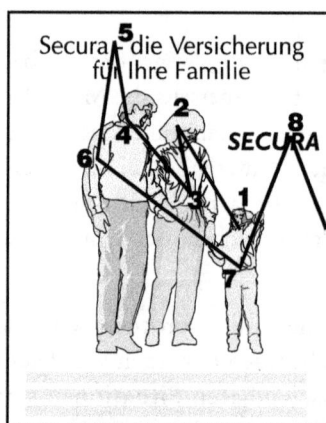

Abbildung 2.12: Blickverlauf beim Betrachten einer Anzeige

Die Aufzeichnung des Blickverlaufs könnte etwa wie in Abbildung 2.12 dargestellt aussehen. Die schwarze Linie verdeutlicht den Blickverlauf des Betrachters. Zunächst wurde das Gesicht des Kindes fixiert, dann das der Frau. Der fünfte Blickkontakt galt schließlich der Headline, die jedoch nicht ganz gelesen wurde. Zum Schluss wurde noch das Logo gesehen, der Text am unteren Ende der Anzeige (graue Balken) wurde nicht beachtet.

Ein solches Ergebnis ist durchaus typisch, weil der Einstieg in die Betrachtung einer Anzeige in der Regel über das Bild erfolgt und Text nur bei konkretem Interesse gelesen wird. Immerhin wird das Firmenlogo fixiert. Die Blickaufzeichnung ist bei den apparativen, offenen und teilnehmenden Verfahren einzuordnen.

2.4.2.3 Scannerkassen

Eine durchaus alltägliche Form der Beobachtung ist die durch den Scanner einer Ladenkasse. Mehrere repräsentative Stichproben von Einzelhandelsgeschäften verkaufen ihre Abverkaufsdaten an Marktforschungsinstitute, die daraus ihre Handelspanels zusammenstellen (siehe Kapitel 2.4.4). Die Abverkaufsdaten, die vor Einführung der Scannerkassen körperlich erhoben wurden (das heißt durch Aufnahme des Warenbestands im Laden und Erfassung der Liefermengen), können nun sehr zuverlässig erfasst und einfach weitergeleitet werden. Der Erfassungsaufwand für Marketingforschungszwecke ist gering, da die Daten ohnehin gesammelt werden.

Die Scannerkasse erfasst folgende Daten:

EAN (Europäische Artikelnummer) – 13 Ziffern: 2 für das Länderkennzeichen, 5 für das Unternehmen, 5 für das Produkt und 1 Prüfziffer; es ist auch ein 8-Ziffern-System im Einsatz; daraus abgeleitet: Produktbezeichnung
Preis
Verkaufsort
Verkaufsdatum
Verbundkäufe (welche Produkte wurden zusammen gekauft?).

Die Beobachtung durch Scanner gehört zu den nicht-teilnehmenden, quasi-biotischen und apparativen Verfahren.

2.4.2.4 Testkäufe

Vor allem im Zusammenhang mit der wachsenden Diskussion über die Kundenzufriedenheit werden verstärkt Testkäufe durchgeführt, um das Verkaufspersonal, aber auch die Ladenausstattung zu beobachten. Der Beobachtende, auch als „**Mystery Shopper**" bezeichnet, gibt sich dabei als Kunde aus und versucht durch Fragen, Äußern von Wünschen usw. möglichst viel über das Verkaufsverhalten zu erfahren. Die Beobachtungen werden im Anschluss protokolliert, wobei in der Regel ein Beobachtungsbogen zur Verfügung steht, der die wichtigsten Kriterien abfragt.

Im Mittelpunkt des Interesses können jedoch auch die angebotenen Produkte oder Dienstleistungen stehen. Testkäufe oder auch nur Verkaufsgespräche dienen dann der Konkurrenzbeobachtung und sollen möglichst viele Erkenntnisse über das Marketing des Anbieters erbringen. Vor allem im Dienstleistungsbereich ergeben sich zahlreiche Detailinformationen nicht aus der Werbung, aus Preislisten u. Ä., sondern müssen erfragt werden. Beispiele finden sich regelmäßig bei Testgesprächen zur Anlage- oder Kreditberatung. Der Erfolg der Mystery Shopper-Aktionen ist eng verbunden mit der Fähigkeit des Beobachtenden, einerseits umfangreiche Detailinformationen zu erfahren, andererseits aber nicht erkannt zu werden.

2.4.2.5 Kundenlaufanalyse

Der Einzelhandel setzt zur Optimierung des Ladenlayouts regelmäßig Kundenlaufanalysen ein. Dabei wird erfasst, auf welchem Weg ein Kunde durch den Laden geht, vor welchen Regalen er stehenbleibt, ob und wo er sein Ziel erreicht und das gesuchte Produkt findet. Ziel ist eine Ladengestaltung, die einerseits eine hohe Zahl von Kontakten zwischen Kunden und Produkten, andererseits aber auch das Finden des gesuchten Produkts sicherstellt.

Der Beobachtende folgt dabei einem Kunden nach dem Betreten des Ladens und zeichnet in einen Grundriss seinen Weg ein. Es handelt sich um eine biotische, teilnehmende und nicht-apparative Form der Beobachtung.

Der Gang durch das Ladenlokal verläuft relativ geradlinig, nur im mittleren Bereich scheint kurzfristig eine gewisse Orientierungslosigkeit eingetreten zu sein. Hier können Änderungen am Layout sinnvoll sein.

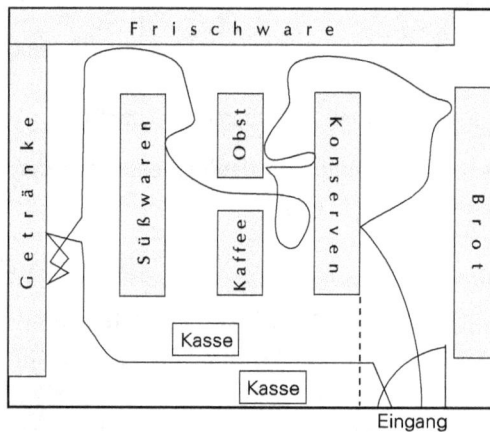

Abbildung 2.13: Kundenlaufanalyse

2.4.2.6 Fernsehforschung

Die Beobachtung des Fernsehverhaltens stellt die Grundlage der Mediaplanung der Werbetreibenden und nicht zuletzt der Preisgestaltung der Fernsehsender für Werbezeiten dar. Das Marktforschungsinstitut GfK hat rund 6.000 repräsentativ ausgewählte Haushalte für ihr Fernsehzuschauerpanel angeworben, die sich zur Erfassung ihres Fernsehverhaltens bereit erklären und das TV-Meter bedienen. Das Gerät zeichnet permanent die Einschaltzeiten des Fernsehgeräts auf. Die Panelteilnehmer melden sich mit Hilfe einer speziellen

Fernbedienung beim TV-Meter an und ab. So wird – korrekte Bedienung vorausgesetzt – erfasst, welche Haushaltsmitglieder jeweils fernsehen. Jede Nacht überträgt dann das TV-Meter eigenständig die aufgezeichneten Daten an die GfK-Zentrale. Am nächsten Tag ist es dann möglich, die Zuschauerzahlen und Sendermarktanteile hochzurechnen.

Die Zuverlässigkeit der Angaben hängt jedoch in starkem Maße von der An- und Abmeldung beim TV-Meter ab (wohlgemerkt auch im Kinderzimmer). Auch kurze Abwesenheiten, vor allem während eines Werbeblocks zum Zwecke der Sichtung des Kühlschrankinhalts, müssen „gemeldet" werden. Gerade bei Mehrpersonenhaushalten ist leicht vorstellbar, dass unzuverlässige Meldungen zu erheblichen Reichweitensteigerungen und -verlusten der Sender führen können. Zudem könnten Anreize bestehen, das Sehen bestimmter Sendungen zu verheimlichen. Was die **Repräsentativität** des Panels angeht, wurden bereits Zweifel daran geäußert, ob auch das fernsehkritische Publikum in repräsentativem Maße beteiligt ist. Möglicherweise werden grundsätzlich zu hohe Zuschauerzahlen ausgewiesen. Das Verfahren ist den apparativen, nicht-teilnehmenden und offenen Beobachtungen zuzuordnen.

2.4.2.7 Werbebeobachtung

Für Entscheidungen im Rahmen der Werbeplanung sind Informationen über Aktivitäten der Wettbewerber von großer Bedeutung. Bspw. hängt die erfolgreiche Positionierung eines neuen Produkts wesentlich davon ab, dass es gelingt, sich in der werblichen Darstellung von den Wettbewerbern deutlich zu unterscheiden. Weiterhin spielt die Höhe der Werbebudgets in der Branche eine Rolle für die eigenen Entscheidungen. Für das einzelne Unternehmen besteht nicht nur das Problem der Datenverfügbarkeit, sondern auch das der ökonomischen Erfassung.

Unternehmen wie Nielsen Media Research oder Thomson Media Control beobachten eine bestimmte Anzahl von Fernseh- und Rundfunksendern sowie Printmedien in Bezug auf Werbespots und Anzeigen. Die Werbung wird für die einzelnen Produkte und Unternehmen erfasst, sodass sich Werbepläne und -budgets rekonstruieren lassen.

Auch in diesem Bereich wurde die Erhebung und Auswertung erheblich durch die DV-technische Entwicklung beeinflusst. Während früher die Erfassung durch „genaues Hinsehen" erfolgte, ist mittlerweile das computergestützte Erfassen und Wiedererkennen von Werbung möglich. Durch Scannen des Fernsehprogramms ist es möglich, Werbung überhaupt zu erkennen und sie einem bestimmten Produkt oder Auftraggeber zuzuordnen.

2.4.2.8 Beobachtung der Internetnutzung

Besucher von Webseiten hinterlassen umfangreich Spuren, die vom Anbieter ausgewertet werden können. So ist es möglich, den Nutzungsverlauf einer Website anhand der aufgezeichneten Daten nachzuvollziehen und somit Verweildauern, Aktivitäten und Abbrüche

zu analysieren. Die Nutzer sind dabei so gut zu beobachten wie in sonst keiner marke-
tingrelevanten Situation.

Grundlage dieser Analyse sind die vom Webserver angelegten **Logdateien**. Sie enthalten
Angaben darüber, von welchem Server aus die Webseite angefordert, wie lange sie betrachtet und an welcher Stelle sie verlassen wurde. Zusammen mit einigen anderen Detailinformationen bieten die Daten Anhaltspunkte für die Gestaltung der Seiten, aber auch
über das Interesse an bestimmten Inhalten, die Wahrnehmungsdauer, Vergleichsprozesse
usw.

Die **Logdateien**, die die Nutzungsvorgänge protokollieren, enthalten folgende Informationen:

- Von welchem Standort aus wird die Seite angefordert? Damit ist der sog. Host gemeint, der
  über eine IP(Internet Protocol)-Adresse identifiziert wird. Nutzer, die sich über einen Zu-
  gangsanbieter wie T-Online oder Freenet einwählen, erhalten in der Regel eine gerade freie
  IP-Adresse, die bei der nächsten Einwahl von einem anderen Nutzer verwendet werden
  kann. Damit sind solche Nutzer für den Website-Betreiber zunächst nicht zu identifizieren.
  Wählen sich die Nutzer über einen eigenen Server ein (etwa wenn sie vom Arbeitsplatz aus
  surfen), dann kann dieser (also auch das jeweilige Unternehmen) identifiziert werden.
- Wann wurde die Anfrage gestartet?
- Welche Seite, welches Bild usw. wurde angefordert?
- In welchem Umfang wurden Daten übertragen?
- Von welcher Webseite aus kam der Nutzer auf diese Seite? Das ist z. B. wichtig, um den
  Einfluss von Werbung, Partnerprogrammen bzw. auch möglichen Partnern zu ermitteln.
- Welche Software setzt der Nutzer ein? Hier wird z. B. übermittelt, mit welchem Browser
  und Betriebssystem gearbeitet wird. Diese Angaben können genutzt werden, um die techni-
  schen Voraussetzungen für die fehlerfreie und vollständige Betrachtung der Webseite si-
  cherzustellen.

Für die Gestaltung der Website bzw. die Steuerung der Nutzungsabläufe kann es erforderlich sein, weitere Informationen zu erheben. Häufig werden dafür **Cookies** eingesetzt,
kleine Identifikationsnotizen, die auf den Rechner des Nutzers überspielt und bei weiteren
Anfragen abgerufen werden. Der Anbieter weiß dann, dass der Nutzer schon einmal auf
der Website war und meist auch, welche Seiten er dort gelesen hat. Auf dieser Basis können unterbrochene Prozesse fortgeführt werden (z. B. Einkauf) oder gezielt Informationen
übertragen werden, die den Nutzer besonders interessieren dürften.

Eine Herausforderung stellen jedoch noch Unterbrechungen dar, etwa, wenn ein Nutzer
zwischendurch auf einer anderen Seite surft oder eine Pause macht. Um diese Problematik
zu umschiffen, werden **Session-IDs** verwendet, das sind Kennzeichnungen, mit denen ein
Nutzer so lange eindeutig identifizierbar ist, bis er die Seite endgültig verlässt. Es wird
dann möglich, einen Nutzungsvorgang komplett nachzuvollziehen, auch wenn er in einzelne Teile zerfällt. Dies entspricht etwa der Kundenlaufanalyse, bei der eine Person von
einem Beobachter im Ladenlokal „verfolgt" wird.

2.4.3 Experiment

2.4.3.1 Methodik des kontrollierten Experiments

Wenn bei gleichzeitiger Kontrolle aller Umweltfaktoren die Wirkung einer Marketing-maßnahme gemessen wird, spricht man von einem **kontrollierten Experiment**. Die Messung kann sowohl durch Befragung als auch durch Beobachtung erfolgen.

Ausgangsfragen können z. B. sein, ob

- eine Veränderung der Packungsgestaltung eine signifikante Umsatzsteigerung verursacht,
- die Durchführung einer Werbemaßnahme zu einer Steigerung der Nachfrage führt,
- durch Einführung eines neuen Produkts ein bereits vorhandenes an Umsatz verliert,
- ein neues Werbemotiv zu besseren Imagewerten führt als ein altes oder
- eine Preissenkung dazu führt, Nachfrage von anderen Produkten anzuziehen.

Diese Fragestellungen setzen voraus, dass ein Vorher-/Nachher-Vergleich durchgeführt wird, nämlich vor der Durchführung des Experiments (hier: der Marketingmaßnahme) und danach. Es sind also Messungen zu zwei unterschiedlichen Zeitpunkten erforderlich. Dabei tritt das Problem auf, dass in dieser Zeit auch noch etwas anderes passieren könnte, was mit dem Experiment nichts zu tun hat. So könnten neue Konkurrenzprodukte auf den Markt kommen, es könnten sich Preise ändern oder Gehälter steigen. Solche Einflüsse müssen separat erfasst werden, um sie aus der Messdifferenz herauszurechnen. Dazu wird ein zweites Paar Messungen durchgeführt, und zwar ohne dass dazwischen das Experiment durchgeführt wird. Dafür sind vergleichbare Objekte (bzw. Personen) für die Beobachtung oder Befragung erforderlich.

Ein weiteres Problem, das mit der Messung zu zwei Zeitpunkten verbunden ist, ist die **Sensibilisierung der Befragten/Beobachteten**. Wer einmal zu einem bestimmten Thema befragt wurde, wird in der Folge verstärkt auf dieses Thema achten und gegebenenfalls sein Verhalten daraufhin kritisch betrachten. Es kommt also zu einer Verfälschung der Ergebnisse.

Unter Berücksichtigung dieser methodischen Probleme und ökonomischer Aspekte sind **vier Grundformen von Experimenten** entstanden. Allgemein üblich ist die Kennzeichnung

- der Experimentgruppe als E,
- der Kontrollgruppe als C,
- der Vorhermessung als B,
- der Nachhermessung als A.

Vier Grundarten des Experiments werden unterschieden (Abbildung 2.14; darüber hinaus sind insbesondere umfangreichere Experimentarten mit weiteren Nachhermessungen möglich).

Experimentdesign	Experimentgruppe		Kontrollgruppe	
	vorher	nachher	vorher	nachher
EBA-CBA	x	x	x	x
EBA	x	x		
EB-CA	x			x
EA-CA		x		x

Abbildung 2.14: Experimentdesigns

2.4.3.2 EBA-CBA-Design

Das EBA-CBA-Design ist das eigentliche, vollständig „kontrollierte Experiment". Die Anlage sieht wie in Abbildung 2.15 gezeigt aus.

Abbildung 2.15: EBA-CBA-Design

In diesem Fall soll die Auswirkung einer Preissenkung durch eine Handelskette auf den Absatz ermittelt werden. Die Absatzmenge muss sich so stark ausweiten lassen, dass die Verringerung der Spanne durch die Mengensteigerung mehr als kompensiert wird. Die Handelskette wählt dazu zwei Gruppen repräsentativer Geschäfte aus, in denen die Absatzmengen beobachtet werden. Diese beiden Gruppen sind in statistischer Hinsicht identisch, das heißt, sie enthalten beide genauso viel große, innerstädtische usw. Geschäfte. Eine Gruppe wird zur Experimentgruppe, die andere zur Kontrollgruppe erklärt.

In beiden Gruppen werden im Monat April die Absatzmengen gemessen. In den Geschäften der Experimentgruppe wird der Preis des betreffenden Produkts am 2. Mai gesenkt. In den Monaten Mai und Juni werden dann wieder parallel die Absatzmengen erfasst. Um den Effekt möglicher Vorratskäufe berücksichtigen zu können, wird in zwei Folgemonaten gemessen. (Bei Produkten wie Waschmittel, Kaffee u. Ä. kommt es bei Preisaktionen regelmäßig zu erheblichen Bevorratungen, sodass die Absatzzahlen zunächst stark steigen, dann aber wieder stark sinken, weil Vorräte aufgebraucht werden). Hier sollte sinnvollerweise ein Durchschnittswert bzw. der Juni-Absatz verwendet werden.

Die Differenz der Absatzmengen der Experimentgruppe ist nun um die Differenz der Absatzmengen der Kontrollgruppe zu korrigieren, sodass sich die Wirkung der Preissenkung ergibt. Oder mit x = Menge, sonst wie oben:

$$\Delta x_{exp} = x_{EA} - x_{EB} - (x_{CA} - x_{CB})$$

Beispiel: In der Experimentgruppe ergibt sich im April eine Absatzmenge von 3.000, im Mai von 4.500 und im Juni von 3.900, in der Kontrollgruppe von 3.000 im April und 3.200 im Mai und Juni. Legt man als Nachhermessung den Mittelwert aus Mai- und Juni-Messung zugrunde, ergibt sich:

Experimentwirkung = 4.200 − 3.000 − (3.200 − 3.000) = 1.000.

Die Preissenkung ist demnach nur für eine Mengensteigerung um 1.000 verantwortlich, ohne diese Maßnahme wäre der Absatz auch in der Experimentgruppe um 200 gestiegen.

Das EBA-CBA-Design hat den Vorteil, den Umwelteinfluss zu extrahieren, jedoch den Nachteil der Beeinflussung durch die Vorhermessung. Im Beispielfall mag dies keine Rolle spielen, da die Käufer eine Beobachtung über die Ladenkasse ohnehin nicht bemerken. Im Fall einer Befragung etwa wäre die Nachhermessung verzerrt gewesen.

2.4.3.3 EBA-Design

Das EBA-Design verzichtet auf eine Kontrollgruppe, sodass ein Umwelteinfluss nicht gemessen werden kann. Dieses Vorgehen ist nur dann unschädlich, wenn es keinen Umwelteinfluss gibt. Dies setzt voraus, dass entweder unter Laborbedingungen gearbeitet wird (die Versuchspersonen sind dabei von der Umwelt abgeschottet), oder dass zwischen Vorher- und Nachhermessung nur ein sehr kurzer Zeitraum vergeht.

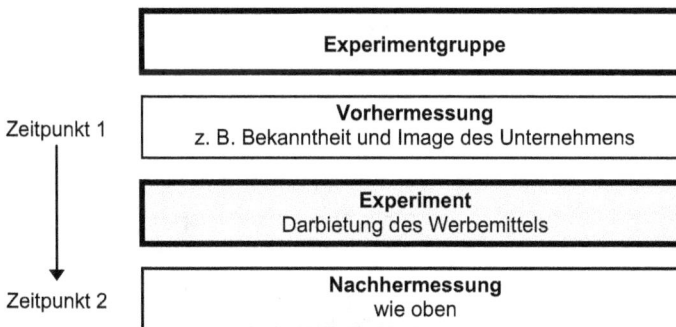

Abbildung 2.16: EBA-Design

Ein solches Vorgehen bietet sich bspw. an, wenn die kurzfristige Wirkung eines Werbemotivs auf ein Firmenimage gemessen werden soll. Mit Hilfe des EBA-Designs lässt sich so-

mit ein Werbemittelpretest durchführen. Wegen des geringen Zeit- und Versuchsperso-
nenbedarfs (keine Kontrollgruppe) lassen sich repräsentative Stichproben realisieren. Der
Ablauf vollzieht sich wie in Abbildung 2.16 gezeigt.

Wird bei diesem Design wenige Minuten nach der Vorhermessung die Nachhermessung
durchgeführt, stehen die Versuchspersonen noch stark unter dem Einfluss der ersten Messung. Die Fragen haben sie sensibilisiert, die Werbemittel wurden intensiv beachtet. Die
Ergebnisse sind praktisch unbrauchbar, sie entsprechen nicht einer realistischen Situation.

Wichtig ist es daher, den **Zweck der Messung** so gut wie möglich zu **verschleiern**. Wenn
das Image eines Unternehmens im Mittelpunkt steht, sollte auch nach mehreren anderen
Unternehmen gefragt werden, sodass die Teilnehmer nicht wissen, um welches Unternehmen es geht. Bei der Darbietung des Werbemittels wissen sie so auch nicht, worauf sie
achten sollen. Die Werbemittel (in der Regel Anzeigenentwürfe) sollten auch in Verbindung mit anderen gezeigt werden. Dazu bietet es sich an, Dummy-Zeitschriften herzustellen, in die die zu testenden Anzeigen eingebunden werden. Sie erscheinen dann in einem
realistischen Umfeld. In einigen Fällen ist es möglich, auch hierbei den wahren Zweck zu
verschleiern, wenn nämlich die Zeitschrift aus Langeweile während des Wartens durchge-
blättert und nicht auf Aufforderung gelesen wird.

2.4.3.4 EB-CA-Design

Die Bezeichnung dieses Experimentdesigns sollte auf den ersten Blick verwundern, es
ergibt nämlich zunächst keinen Sinn, die Experimentgruppe nur vorher zu messen. Diese
Einschätzung ändert sich, wenn man den klassischen Fall des EB-CA-Designs betrachtet,
nämlich die Omnibusbefragung oder eine andere wiederholte Repräsentativbefragung.

In diesen Fällen werden zwei gleichermaßen repräsentative Personengruppen befragt oder
beobachtet, und das Experiment wirkt auf beide Gruppen. Soll nämlich eine Werbemaßnahme nicht vorab getestet, sondern ihre Wirkung bei der Durchführung kontrolliert
werden, müssen die realistischen Darbietungsbedingungen eingehalten werden (Schaltung
des TV-Spots im Werbefernsehen, der Anzeige in der Zeitschrift usw.). Dann ist nicht zu
verhindern, dass die Werbung allgemein bekannt ist und nicht nur einer ausgewählten
Personengruppe.

Wichtig ist hierbei, dass zu unterschiedlichen Zeitpunkten gemessen wird und dazwischen
das Experiment stattfindet. Die Gruppen müssen **statistisch identisch** sein, die einzelnen
Personen sind in der Regel später nicht mehr greifbar, weil nicht bekannt. Vorteilhaft ist
das Fehlen des Einflusses der Vorherbefragung, weil jeder nur einmal befragt wird. Nachteilig ist die fehlende Kontrolle des Umwelteinflusses, der hier aufgrund des wahrscheinlich großen Zeitunterschieds zwischen Vorher- und Nachhermessung eine Rolle spielt.
Den Aufbau des Designs zeigt Abbildung 2.17.

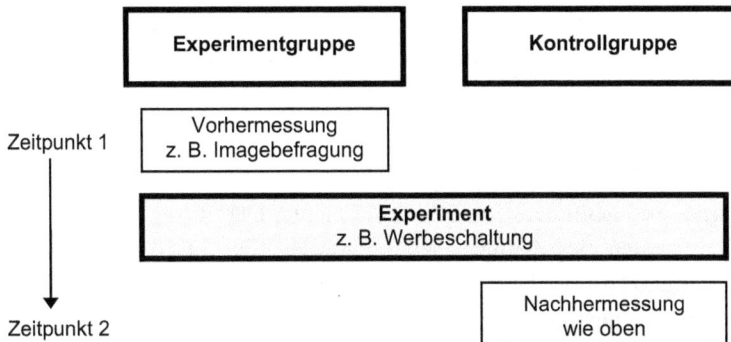

Abbildung 2.17: EB-CA-Design

2.4.3.5 EA-CA-Design

Die vierte Grundform des kontrollierten Experiments, das EA-CA-Design, besteht aus zwei parallelen Messungen zu einem Zeitpunkt. Der Unterschied zwischen beiden Gruppen besteht darin, dass eine vor der Messung dem Experiment ausgesetzt wird, die andere nicht. Beide Gruppen müssen wieder statistisch identisch sein, sodass letztlich die Kontrollgruppe die gleichen Ergebnisse erbringen wird, die bei einer Vorherbefragung der Experimentgruppe ermittelt worden wären. Da aber die Messungen nicht zu unterschiedlichen Zeitpunkten stattfinden, entsteht kein Umwelteinfluss und es existiert auch keine Beeinflussung durch die Vorherbefragung.

In der Praxis wird dieses Design angewandt, wenn im Rahmen einer Zufalls- oder Quotenauswahl Versuchspersonen (z. B. Straßenpassanten) statistisch identisch zwei Gruppen zugeordnet werden. Sie werden gebeten, an einer Befragung teilzunehmen. Eine Gruppe wird dem Experiment ausgesetzt, indem sie z. B. in einem Wartezimmer warten muss und sich dabei Zeitschriften ansehen kann. Diese enthalten Testwerbungen. Die andere Gruppe wird gleich befragt, und zwar nach den gleichen Inhalten wie die erste Gruppe. Die Differenz zwischen beiden Gruppen ist auf die Wirkung des experimentellen Faktors zurückzuführen.

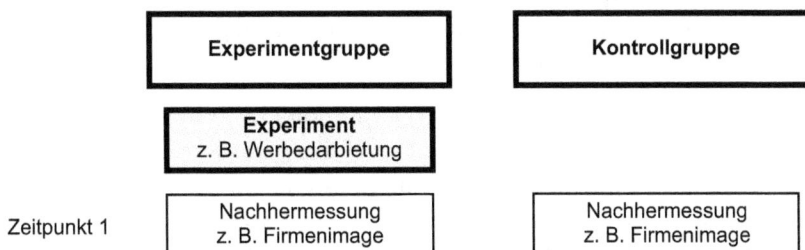

Abbildung 2.18: EA-CA-Design

Dieses ökonomisch günstige Verfahren eignet sich nur zum Test von Maßnahmen, die sofort wirken. Längerfristige Kaufentscheidungen oder Einstellungsbildung können nicht sinnvoll getestet werden. Den Aufbau zeigt Abbildung 2.18.

2.4.3.6 Testmärkte

Testmärkte sind eine besondere Art des Experiments. Der Abverkauf von Produkten soll unter möglichst realen Bedingungen getestet werden. Die Idealform stellt der regionale Testmarkt dar. Aufgrund des hohen Zeit- und Kostenaufwands werden jedoch auch simulierte Testmärkte durchgeführt.

2.4.3.6.1 Regionaler Testmarkt

Ein regionaler Testmarkt dient dazu, eine biotische Beobachtung des Kaufverhaltens durchzuführen. Den Konsumenten ist nicht bekannt, dass sie beobachtet werden. Dabei können sowohl neue Produkte als auch neue Verpackungen, veränderte Preise, neue Werbemaßnahmen usw. getestet werden.

Der regionale Testmarkt ist oft die letzte Stufe vor der Einführung eines Produkts auf dem Gesamtmarkt. Die Begrenzung des Absatzgebiets reduziert das Risiko des Anbieters, falls sich das Produkt als nicht erfolgreich herausstellt. Die erforderliche Produktionsmenge ist geringer als bei der Einführung im Gesamtmarkt, die Schaltkosten für Werbung lassen sich auf die regionalen Werbeträger begrenzen, und nicht zuletzt ist auch der Imageverlust im Falle eines Flops auf einen kleinen Bereich begrenzt.

Regionale Testmärkte sind dann geeignet, wenn sie folgende Bedingungen erfüllen:

- Sie müssen **repräsentativ für den Gesamtmarkt** sein, das heißt, ein im Testmarkt erfolgreiches Produkt soll auch im Gesamtmarkt erfolgreich sein. Sowohl die Bevölkerungs- als auch die Handelsstruktur müssen somit dem Gesamtdurchschnitt entsprechen.
- Sie müssen über **eigene Werbeträger** verfügen, die genau für die Region zu belegen sind. Damit wird verhindert, dass Werbung für das Testprodukt auch in anderen Regionen gesehen wird, in denen es nicht erhältlich ist.
- Es darf **keine Einkaufspendler** sowohl ins Testgebiet hinein als auch aus dem Testgebiet hinaus geben. Nur so können Veränderungen der Bevölkerungsstruktur verhindert und die Repräsentativität erhalten bleiben.

Diese Bedingungen werden von praktisch keiner Region exakt erfüllt. Nichtsdestoweniger haben sich einige Regionen zu klassischen Testmärkten entwickelt. Bis 1989 war Berlin einer der wichtigsten Testmärkte. Es gab keine Ein- und Auspendler, die Stadt verfügte über eigenständige Medien (Fernsehen, Rundfunk und Presse) und nicht zuletzt existierten Berliner Handelsketten, sodass eine organisatorische Abgrenzung von anderen Geschäften problemlos möglich war. Problematisch war jedoch die Überalterung der Bevölkerung mit einem weit überdurchschnittlichen Rentneranteil.

Ebenso beliebt als regionaler Testmarkt war und ist heute noch das Saarland. Hier herrschen für Tests nahezu paradiesische Bedingungen vor. Das Saarland bietet eigene Fernseh- und Radiosender sowie eine eigene Tageszeitung, außerdem umfasst es sowohl Städte als auch kleine Orte. Pendlerströme gibt es nur in Richtung Frankreich, sodass einige wenige Produkte nicht sinnvoll im Saarland getestet werden können. Zudem ist das Land relativ klein und der Testaufwand gering.

Regionale Testmärkte bringen aber auch eine Reihe von **Problemen** mit sich:

- Der Handel muss den regionalen Test unterstützen. Vor allem im Lebensmitteleinzelhandel sind die Ketten fast ausschließlich bundesweit vertreten und verkaufen die Produkte üblicherweise auch bundesweit. Eine Vertriebsbeschränkung erfordert zusätzlichen administrativen Aufwand (beschränkte Vergabe von Regalplätzen, eingeschränkte Dispositionsmöglichkeit), zudem müssen die Abverkäufe regelmäßig berichtet werden.
- Eine Geheimhaltung ist nicht möglich. Wettbewerber wissen auch, wo Tests durchgeführt werden und haben daher die Möglichkeit, sich über neue Produkte zu informieren. Damit besteht auch grundsätzlich die Möglichkeit, zu manipulieren, indem zum Beispiel größere Mengen aufgekauft werden, um die Verkaufszahlen zu verfälschen.
- Regionale Testmärkte verursachen hohe Kosten. So müssen bereits verkaufsfähige Produkte zur Verfügung stehen (Investitionsentscheidungen sind damit im Unternehmen schon gefallen), gegebenenfalls Regalplätze erkauft und Anzeigen sowie mitunter Fernseh- und Hörfunkspots geschaltet werden. Die Gesamtkosten belaufen sich damit immer auf mehrere Hunderttausend bis Millionen Euro.
- Es ist mit einer Mindesttestdauer von mehreren Monaten zu rechnen. Da anfängliche Neugierkäufe das Ergebnis überproportional „schönen", muss auf das Auftreten von Wiederkäufen gewartet werden. Erst wenn sich herausstellt, ob ein Produkt auch ein zweites und weitere Male gekauft wird, kann auf einen Erfolg oder Misserfolg geschlossen werden. Maßgebend ist hier die übliche Kauffrequenz, die von einer Woche bis zu einem halben Jahr und mehr reichen kann. Für langfristige Gebrauchsgüter wie Autos oder Fernseher sind regionale Testmärkte nicht geeignet.

2.4.3.6.2 Simulierter Testmarkt

Simulierte Testmärkte sind in gewisser Weise eine Kompromisslösung. Einerseits vermeiden sie einige Probleme der regionalen Testmärkte und sind vor allem wesentlich preisgünstiger, andererseits sind sie in der Aussagekraft nicht so stark.

Im Gegensatz zum regionalen Testmarkt wird beim simulierten eine künstliche Testsituation geschaffen. Ziel ist es, eine normale Kaufsituation so gut wie möglich nachzustellen. Dies geschieht durch den Aufbau eines simulierten Ladengeschäfts, in dem Versuchspersonen einkaufen gehen sollen. Zusätzlich können Befragungen durchgeführt und Werbemittel gezeigt werden.

Simulierte Testmärkte können mehrere relevante Aspekte des Kaufs und der Verwendung abdecken. Insofern liefern sie mehr Informationen als regionale Testmärkte. Der Aufwand ist geringer, zudem ist eine Geheimhaltung möglich. Aber auch hier entstehen **Probleme**:

- Die Zahl der Versuchspersonen ist beschränkt, weil nicht nur das Testgeschäft, sondern auch die Interviewer begrenzte Kapazitäten haben. Der Zeitaufwand pro Versuchsperson ist sehr hoch.
- Die Kaufsituation kann nie der realen entsprechen, zumal die Tatsache, dass nicht mit dem eigenen Geld eingekauft wird, immer Verzerrungen hervorruft. Die Versuchspersonen dürften in der Laborsituation risikofreudiger sein.
- Durch die Befragungen werden die Versuchspersonen sensibilisiert und werden sich daher bewusster verhalten.

2.4.4 Panels

Ein Panel ist ein gleichbleibender, repräsentativer Kreis von Auskunftspersonen, der über einen längeren Zeitraum hinweg über den gleichen Gegenstand befragt wird

Panels sind nicht nur in der Marktforschung bekannt, sondern ein allgemein in der Sozialforschung eingesetztes Verfahren. Man spricht auch von **Längsschnittanalysen**, weil Entwicklungen über einen längeren Zeitraum beobachtet werden, während Momentaufnahmen (einmalige Befragungen) **Querschnittsanalysen** sind. In Konsumgütermärkten sind sie ein Standardinstrument, um Marktentwicklungen zu beobachten. So decken die Marktforschungsinstitute die meisten Produktbereiche wie Lebensmittel oder Elektrogeräte ab. Zentrales Erhebungsinstrument sind die Scannerkassen im Einzelhandel, die die einzelnen Käufe genau erfassen.

Panels können sowohl nach den Teilnehmern als auch nach der Erhebungstechnik unterschieden werden. Die klassischen Panels basieren auf einer schriftlichen Erfassung von Käufen durch die Konsumenten bzw. von Verkäufen im Handel durch den Außendienst der Institute. Heute spielen sie nur noch in wenigen Situationen eine Rolle, vor allem dort, wo keine Scanner für die Erfassung eingesetzt werden können. Die größte Bedeutung haben die **Scannerpanels**, die im Handel über die fast überall vorhandene Scannerkasse laufen, in den Haushalten über Handscanner, die von den Teilnehmern nach dem Kauf zur Erfassung der Einkäufe eingesetzt werden.

Teilnehmer

		Haushalte	Handel
Erhebung	schriftlich	**klassisches Haushaltspanel** Erfassung durch Haushaltsbuch, monatliche Abholung, auch Befragungen zu Spezialthemen	–
	Scanner	**Scanner-Haushaltspanel** Erfassung aller Einkäufe sofort mit Handscanner, Überspielen über Modem	**Scanner-Handelspanel** Erfassung durch Scannerkassen, Überspielung täglich, Ergänzung durch persönliche Erfassung von Aktionen
	Fernseher	**Fernsehzuschauerpanel** Erfassung des Fernsehverhaltens durch TV-Meter, Überspielung täglich	–
	persönlich	**Branchen-/Themenpanels** z. B. Finanzmarktpanel: monatliche Befragung zu Finanzthemen	**klassisches Handelspanel** nur bei kleinen Geschäften oder speziellen Branchen möglich, Erfassung oft durch Außendienst des Instituts

Abbildung 2.19: Haushalts- und Handelspanels

Beispiel: Für die Finanzdienstleistungsbranche von Bedeutung ist das GfK Finanzmarktpanel, an dem 20.000 Haushalte teilnehmen. Diese werden im Monatsrhythmus zur Nutzung von Finanzdienstleistungen befragt. Dadurch sollen Marktanteile und -potenziale für einzelne Finanzprodukte, das Wechselverhalten zwischen Anbietern und Präferenzen für Anbieter ermittelt werden.

Die Anwerbung von Geschäften als Panelteilnehmer stellt ein erhebliches Problem dar. Aus Gründen der Geheimhaltung verweigern einige Einzelhändler die Teilnahme, andere Kanäle wie Kioske oder der Direktverkauf können aus technischen Gründen nicht erfasst werden. Zudem führt der Verlust eines bedeutenden Panelteilnehmers (Handelskette) zu einer Lücke, die nicht mehr geschlossen werden kann. Um die Unterschiede zwischen großen und kleinen Geschäften auszugleichen, wird eine **disproportionale Stichprobe** gebildet, bei der größere Geschäfte zahlenmäßig stärker berücksichtigt werden.

Eine wichtige Größe ist der **Distributionsgrad**. Er gibt Auskunft darüber, inwieweit es dem Hersteller gelungen ist, das Potenzial an Vertriebsstellen auszuschöpfen. Kann das Produkt bspw. aufgrund der Branchenzugehörigkeit in 1.000 Geschäften geführt werden und wird es tatsächlich in 800 geführt, dann beträgt der **numerische Distributionsgrad** 80 %. Dabei werden aber alle Geschäfte gleich behandelt, große wie kleine. Stellt sich nun heraus, dass die Geschäfte, die das Produkt führen, größer sind als die, die das Produkt nicht führen, dann liegt der **gewichtete Distributionsgrad** über 80 %. Sind sie z. B. für 90 % des Branchenumsatzes (nicht alleine des Produktumsatzes) verantwortlich, dann liegt der gewichtete Distributionsgrad bei 90 %.

Abbildung 2.20 zeigt, welche Daten üblicherweise in den Handels- und Haushaltspanels erfasst werden.

Daten eines Handelspanels	Daten eines Haushaltspanels
Verkaufsmengen eines Artikels	Soziodemografie der Käufer eines Artikels
Einkaufsmengen des Handels	Markentreue und -wechsel
Bestandsmengen im Handel	Parallelverwendung von Artikeln
Bevorratungsdauer	Einkaufsstätten
Marktanteil	Reaktion auf Aktionen und Werbung
durchschnittlicher Verkaufspreis	Warenkorb/gekaufte Produkte insgesamt
Distributionsgrad numerisch/gewichtet	
Distributionslücken (out of stock)	
Aktionen im Handel	
Veränderungen der Handelsstruktur	
Bedeutung der Handelstypen	

Abbildung 2.20: Daten eines Haushalts- und Handelspanels

Handelspanels konzentrieren sich letztlich auf die Steuerung der Vertriebsarbeit. Sie zeigen, inwieweit es gelungen ist, die Vertriebsmöglichkeiten auszuschöpfen und ob die Umsätze auf die eingesetzten Maßnahmen wie Verkaufsförderung, Aktionspreise oder Werbung reagieren. Insofern handelt es sich auch um ein Instrument der Werbeerfolgskontrolle. Hersteller erkennen auch, welche Bedeutung einzelne Handelstypen (z. B. Discounter/Warenhäuser/Verbrauchermärkte) haben und ob sich strukturelle Veränderungen ergeben.

Um die Zielgruppenstruktur eines Produktes zu erkennen, wird ein **Haushalts**- oder besser **Individualpanel** benötigt. In deren Rahmen werden Haushalte angeworben, die mit Hilfe eines Handscanners ihre Einkäufe registrieren. Vorausgesetzt, sie tun dies zuverlässig, werden die Daten dann über Nacht per Modem an das Marktforschungsinstitut geschickt und dort ausgewertet. Verglichen mit der früher praktizierten Haushaltsbuchführung, bei der das Eintragen der Produkte nicht weniger Zeit in Anspruch nahm als deren Einkauf, ist dieses Vorgehen deutlich zuverlässiger. Allerdings werden einzelne Personengruppen wie etwa Ausländer- oder Rentnerhaushalte nicht erfasst.

In den achtziger Jahren des letzten Jahrhunderts waren die sog. **Single Source Panels** (z. B. BehaviourScan von der GfK) eines der vorherrschenden Themen in diesem Umfeld. Durch spezielle Anordnungen ist es dabei möglich, sowohl die Mediennutzung als auch das Kaufverhalten einzelner Personen zu beobachten. Grundlage ist die Adressierung einzelner Haushalte mit experimenteller Fernsehwerbung (Spots in der Testphase) und der Einkauf dieser Haushalte mit einer Identitätskarte, die eine direkte Verbindung zur Mediennutzung herstellt. Zusätzlich wird nämlich ähnlich dem Fernsehzuschauerpanel die Fernsehnutzung erfasst. So kann sowohl der Einfluss der Werbung auf das Kaufverhalten als auch der Erfolg neuer Produkte oder veränderter Marketingparameter getestet werden.

Der Aufwand für diese Maßnahmen ist allerdings sehr hoch, sodass nur äußerst wenige Neueinführungen auf diesem Weg getestet werden.

Die Nutzung von Panels erscheint zwar aufgrund der umfangreich zu ermittelnden Daten verlockend, doch sind spezifische Fehlerquellen, so genannte **Paneleffekte**, zu berücksichtigen. Sie beeinflussen die Aussagefähigkeit der Paneldaten und müssen über geeignete Maßnahmen kontrolliert werden.

- Grundlegendes Problem ist die **Panelsterblichkeit**. Darunter wird der Ausfall von Panelmitgliedern im Zeitablauf verstanden. Ursache sind tatsächliche Sterbefälle sowie Wegzug, nachlassende Bereitschaft zur Mitarbeit oder Veränderungen bei den soziodemografischen Merkmalen (Alter, Familienstand, Einkommensklasse usw.). Um nicht die Aussagefähigkeit des Panels zu gefährden, werden die Mitglieder meist turnusmäßig ausgetauscht (Panelrotation). Dadurch kommt es zu einem regelmäßigen Mitgliederaustausch.
- In schriftlichen Haushaltspanels kommt es oft zu **Manipulationen** durch Angabe zu hoher oder zu niedriger Mengen (Over-/Underreporting). Die Teilnehmer versuchen dabei, einen unerwünschten Konsum zu verheimlichen (z. B. Alkohol) oder erwünschten Konsum vorzutäuschen (z. B. Bio-Produkte).
- Panels beeinflussen regelmäßig das Kaufverhalten. Den Teilnehmern wird ihr Verhalten durch die Erfassung bewusst und es findet eine rationale Kontrolle statt. So wird z. B. häufiger auf Preise und Konditionen geachtet oder es werden überflüssige Käufe unterlassen.
- **Erfassungsfehler** stellen eine weitere Fehlerquelle dar. Im Falle der Scannerkassen passiert dies relativ selten, in Haushalten kommt es aber beim Einsatz des Handscanners oft zu Anwendungsfehlern. Zudem stellt vor allem die sofortige Erfassung eine Herausforderung für Privatleute dar, oft geschieht dies erst zur Abholung der Haushaltsbücher.
- Die Erfassung von Daten im Handel ermöglicht es nicht, die **Identität des Käufers** festzustellen. Dies kann nur über ein Haushaltspanel erfolgen, wobei aber auch oft unklar bleibt, welche Person konkret die Ware verbraucht hat. Ein Ausweg sind Individualpanels, die sich auf Einpersonenhaushalte beziehen.
- Die **Marktabdeckung** von Panels bleibt immer unvollständig, weil einzelne Personengruppen nicht mitwirken wollen oder können. Dazu gehören z. B. Ausländerhaushalte oder alte Menschen.

2.5 Datenanalyse

Bisher wurden die verschiedenen Methoden vorgestellt, mit deren Hilfe Daten erhoben werden können. Nun geht es darum, sie auszuwerten und Schlüsse daraus zu ziehen. Die Analyseverfahren werden üblicherweise danach unterschieden, wie viel Variablen untersucht werden, und wie diese zueinander stehen (siehe Abbildung 2.21).

```
                    ┌─────────────────┐
                    │    Verfahren    │
                    │ der Datenanalyse│
                    └─────────────────┘
```

univariate Verfahren (= eine Variable)	bivariate Verfahren (= zwei Variablen)	multivariate Verfahren (= mehrere Variablen)

vor allem: vor allem:
Mittelwerte,   Kreuztabellierung,
Streuungsmaße   Korrelationsanalyse

Analyse von Abhängigkeiten	Analyse wechselsei- tiger Beziehungen

Regressionsanalyse   Clusteranalyse
Varianzanalyse   Faktorenanalyse
Diskriminanzanalyse   Mehrdimensionale
Conjoint Measurement   Skalierung

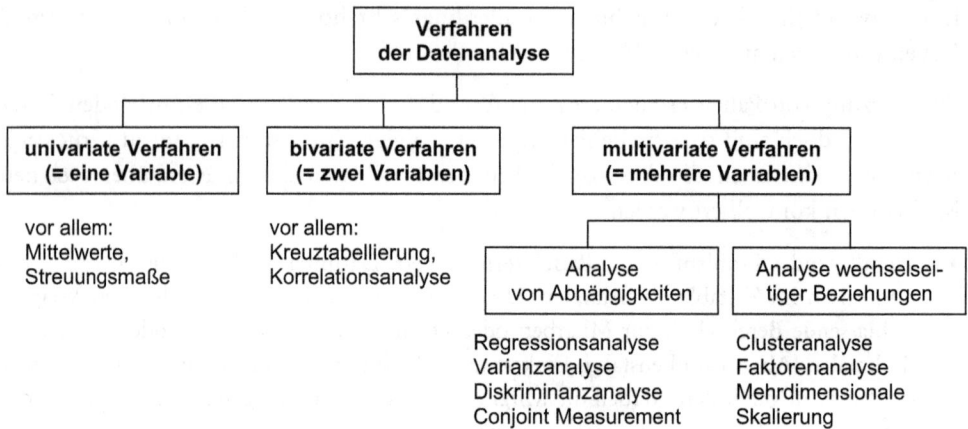

Abbildung 2.21: Verfahren der Datenanalyse

2.5.1 Qualität von Daten und Verfahren

Zur Analyse von Daten gehört auch die Betrachtung der Qualität der Daten und der Verfahren, das heißt die Frage, ob aus den Daten überhaupt ein Schluss gezogen werden kann. Dazu stehen die folgenden Kriterien zur Verfügung: Signifikanz, Validität, Reliabilität und Objektivität.

2.5.1.1 Signifikanzniveau und Hypothesentest

Wie bereits oben dargestellt, sind die Aussagen der Statistik in gewissem Umfang unsicher, es besteht immer die Gefahr eines Irrtums. Diese Irrtumswahrscheinlichkeit ist unterschiedlich hoch und kann „unter Kontrolle gehalten" werden.

Im Rahmen statistischer Untersuchungen werden daher oft Hypothesen aufgestellt, die empirisch geprüft werden. Dabei wird angegeben, wie „sicher" das Ergebnis ist. Dieses Maß an Sicherheit ist wichtig, wenn es darum geht, das Ergebnis in eine konkrete Entscheidung umzusetzen. Wenn auf der Basis eines Experiments bspw. über die Einführung einer neuen Verpackung entschieden werden soll, möchte man schon gerne wissen, wie sehr man sich auf die Untersuchungsergebnisse verlassen kann. Je nach Wichtigkeit werden auch unterschiedliche Signifikanzniveaus vorausgesetzt.

So kann z. B. die Hypothese getestet werden, dass

- der Einsatz der neuen Verpackungsvariante zu einem signifikant höheren Absatzniveau führt als die alte Version,
- das neue Werbemotiv zu einer signifikant besseren Imagebewertung des Unternehmens führt als das alte oder

- Studienabsolventen mit Wahlfach Marketing signifikant höhere Einstiegsgehälter erzielen als Absolventen ohne dieses Wahlfach usw.

Zusätzlich zur Hypothese ist anzugeben, unter welchen Bedingungen sie gestützt wird und wann sie als widerlegt gilt. Dazu gehört die Angabe der Prüfgröße und der Testverteilung. Die **Prüfgröße** wird so aus den Beobachtungswerten berechnet, dass sich eine möglichst gute Annäherung an eine theoretische Verteilung, die **Testverteilung** (z. B. die Normalverteilung), ergibt. Es lässt sich dann ermitteln, ob der in der Stichprobe ermittelte Wert in den Vertrauensbereich der Nullhypothese fällt oder nicht.

Zunächst wird die **Arbeits- oder Nullhypothese H_0** formuliert. Sie ist so zu wählen, dass bei ihrer Gültigkeit die Verteilung der Prüfgröße bekannt ist. Dann wird die **Gegenhypothese H_1** formuliert, die unter Berücksichtigung des vorgegebenen Signifikanzniveaus (= Irrtumswahrscheinlichkeit; häufig: 5 %) bestätigt werden soll. Sie stellt das Gegenteil zur Nullhypothese dar. Wenn dann die Nullhypothese widerlegt wird, wird gleichzeitig die Gegenhypothese bestätigt.

Bei zwei Hypothesen und zwei möglichen Ergebnissen (wahr oder falsch) entstehen vier mögliche Entscheidungen:

- Die Nullhypothese wird nicht abgelehnt und ist wahr → richtige Entscheidung.
- Die Nullhypothese wird abgelehnt, ist aber wahr → Fehler 1. Art (**α-Fehler**).
- Die Nullhypothese wird nicht abgelehnt, ist aber falsch → Fehler 2. Art (**β-Fehler**).
- Die Nullhypothese wird abgelehnt und ist falsch → richtige Entscheidung.

Es ist logischerweise darauf zu achten, dass die Fehlerwahrscheinlichkeit so gering wie möglich ist. Die Wahrscheinlichkeit eines Fehlers 1. Art kann durch die Wahl des Signifikanzniveaus von vornherein bestimmt werden. Je kleiner dieser jedoch gewählt wird, desto größer ist der mögliche Fehler 2. Art. Die Wahrscheinlichkeit des Fehlers 2. Art bestimmt die Power oder Macht: $1 - \beta$, das heißt die Wahrscheinlichkeit, eine wahre Gegenhypothese als wahr zu erkennen.

Beispiel: Eine Bildungseinrichtung möchte ermitteln, ob die Absolventen eines Aufbaustudiums signifikant höhere Gehälter erhalten. Sie befragt dazu Absolventen mit und ohne Aufbaustudium nach ihren Gehältern. Die Nullhypothese H_0 lautet: „Es besteht kein signifikanter Unterschied zwischen den Gehältern beider Gruppen". Die zulässige Wahrscheinlichkeit, diese Hypothese abzulehnen, obwohl sie zutrifft, beträgt 5 % (damit ist $\alpha = 0{,}05$).

Beobachtungswerte:

Gehälter in Tausend Euro ohne Aufbaustudium	Gehälter in Tausend Euro mit Aufbaustudium
70, 64, 57, 68, 49, 63, 70, 74, 56, 81, 69, 73, 66, 72, 65, 92, 73, 56, 53, 78, 72, 71, 63, 83, 59, 48, 74, 54, 53, 68	73, 67, 85, 67, 73, 92, 58, 73, 83, 68, 60, 74, 74, 78, 81, 84, 58, 78, 50, 84, 66, 72, 84, 49, 78, 50, 61, 74, 66, 49
$\bar{x} = 66{,}5$	$\bar{x} = 70{,}3$
$s = 11{,}13$	

Da der Stichprobenumfang bei n = 60 liegt, soll von einer Normalverteilung ausgegangen werden. Die Frage ist nun, ob das Einkommen der Absolventen des Aufbaustudiengangs um soviel höher liegt, dass eine nur zufällige Abweichung ausgeschlossen werden kann. Grafisch sieht dies etwa wie in Abbildung 2.22 dargestellt aus.

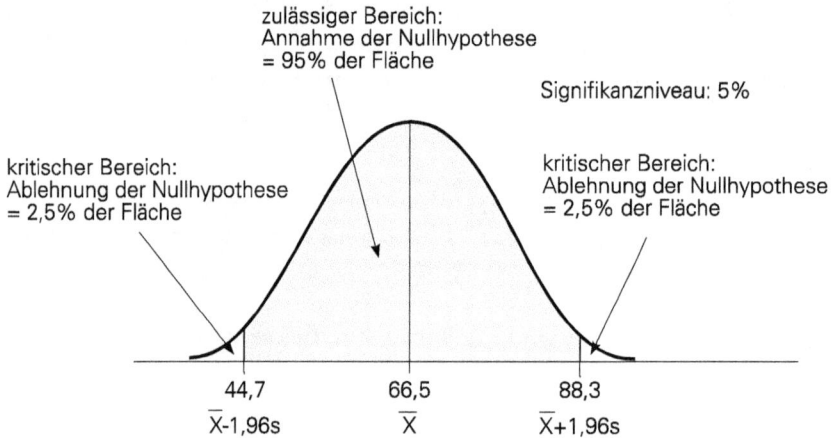

zulässiger Bereich:
Annahme der Nullhypothese
= 95% der Fläche

Signifikanzniveau: 5%

kritischer Bereich:
Ablehnung der Nullhypothese
= 2,5% der Fläche

kritischer Bereich:
Ablehnung der Nullhypothese
= 2,5% der Fläche

| 44,7 | 66,5 | 88,3 |
| $\overline{X}$-1,96s | $\overline{X}$ | $\overline{X}$+1,96s |

Abbildung 2.22: Normalverteilung

Damit ein signifikanter Unterschied zwischen beiden Teilstichproben nachgewiesen werden könnte, müssten die Mittelwerte um mindestens 1,96s differieren. Die Absolventen mit Aufbaustudium müssten im Mittel mindestens 88,3 Tausend Euro verdienen. Der ermittelte Unterschied liegt bei der vorgegebenen Irrtumswahrscheinlichkeit im Bereich der zufälligen Schwankungen. Dieses Ergebnis kann man sich verdeutlichen, indem man die einzelnen Beobachtungswerte betrachtet. Nicht wenige der Absolventen des Aufbaustudiums verdienen weniger als Absolventen ohne Aufbaustudium. Dies spiegelt sich in der hohen Standardabweichung. Wäre mehr „Ordnung" in der Stichprobe, das heißt die Standardabweichung geringer, wäre ein geringerer Unterschied der Mittelwerte erforderlich, um eine kausale Aussage zu machen. Angenommen, die Standardabweichung läge bei 2, dann müssten sich die beiden Mittelwerte um mehr als 3,92 unterscheiden, um auf der Grundlage eines Signifikanzniveaus von 5 % einen Einkommensunterschied nachzuweisen.

Ändert man das Signifikanzniveau, also den Anspruch an die Verlässlichkeit der Aussage, sind größere bzw. geringere Unterschiede erforderlich. Wird das Signifikanzniveau auf 1 % erhöht, ist bei einer Standardabweichung von 11,13 eine Differenz der Mittelwerte der Teilstichproben von 28,72 (= 2,58 · s) erforderlich.

Bei der Arbeit mit empirischen Erhebungen sollte darauf geachtet werden, dass das jeweilige Signifikanzniveau angegeben ist. Ein nachgewiesener Unterschied (bspw. der Werbewirkung) hat auf einem Signifikanzniveau von 5 % eine andere, nämlich geringere, Bedeutung als auf einem von 1 %.

Die Durchführung eines **Signifikanztests** vollzieht sich nach folgendem Schema:

1. Aufstellung der Hypothesen: Nullhypothese ist in der Regel die, bei deren Bestätigung nichts passiert.
2. Wahl des Testverfahrens: Je nach Skalenniveau und Zahl der Stichproben wird ein Testverfahren ausgewählt. Im obigen Beispiel handelte es sich um einen t-Test (zwei Stichproben, intervallskalierte Daten).
3. Bestimmung des Signifikanzniveaus: Je nach Anforderung in der Regel 5 %, bei hohem Sicherheitsinteresse auch 1 %.
4. Berechnung der Prüfgröße: Je nach gewähltem Testverfahren ist der kritische Wert zu berechnen, der das Maß der Signifikanz ist. In unserem Fall war es die erforderliche Differenz von 1,96 (= t) · s.
5. Gegenüberstellung von empirisch ermitteltem Wert und Prüfgröße und Entscheidung.

2.5.1.2 Validität

Die Validität einer empirischen Untersuchung beschreibt ihre Gültigkeit, das heißt ihre Eignung, das zu messen, was gemessen werden soll. Validität ist je nach Untersuchungsgegenstand unterschiedlich schwer herzustellen. Handelt es sich um die Erfassung objektiver, leicht beobachtbarer Merkmale, lassen sich entsprechend leicht valide Messinstrumente finden. So lässt sich etwa die Körpergröße von Personen einer Stichprobe ohne weiteres mit Hilfe eines Maßstabs erfassen. Die Messung mit dem Maßstab (Zollstock usw.) ist valide.

Problematisch wird es bei subjektiven Merkmalen, die sich einer objektiven Beobachtung entziehen. Dazu gehören etwa Image- oder Einstellungsuntersuchungen, die Erhebung von Kaufabsichten usw. Hier stellt sich zunächst die Frage, was ein Indikator dafür sein kann. Diese müssen geeignet sein, Aufschluss über das tatsächlich interessierende Thema zu geben, und vollständig sein, also keine wichtigen Teilaspekte auslassen. Schließlich muss es möglich sein, die Messung eindeutig und fehlerfrei durchzuführen. Das Kriterium (der Indikator) muss somit zuverlässig beobachtbar sein.

Üblicherweise wird eine Unterscheidung in interne und externe Validität vorgenommen, und zwar in Anlehnung an die Beurteilung der Validität von Experimenten. **Interne Validität** liegt dann vor, wenn das Ergebnis der Messung einzig auf den experimentellen Faktor zurückzuführen ist und keine Störeinflüsse vorhanden sind. **Externe Validität** liegt vor, wenn die ermittelten Ergebnisse allgemein übertragbar und nicht nur auf die experimentelle Stichprobe beschränkt sind.

Die interne Validität eines Experiments kann dadurch erhöht werden, dass die Versuchspersonen von anderen Einflüssen als dem experimentellen Faktor abgeschirmt werden. Dies ist insbesondere bei Laborexperimenten der Fall, wenn von Umweltfaktoren abgeschirmt getestet wird. Simulierte Testmärkte weisen in der Regel eine höhere interne Validität auf als regionale.

Die externe Validität kann dagegen erhöht werden, wenn die empirische Basis vergrößert, das heißt vor allem die Stichprobe ausgeweitet wird. Je mehr Einflussfaktoren (zum Beispiel soziodemografische Merkmale) berücksichtigt werden, desto besser sind die Ergebnisse übertrag- und verallgemeinerbar. Hierbei haben regionale Testmärkte einen Vorteil gegenüber simulierten.

2.5.1.3 Reliabilität

Die Reliabilität einer empirischen Untersuchung beschreibt ihre Zuverlässigkeit, das heißt ihre Stabilität und Präzision. Eine reliable Messung führt bei Wiederholung zu dem gleichen Ergebnis.

Die Reliabilität kann erhöht werden, indem mögliche Fehlerquellen, die bei empirischen Untersuchungen grundsätzlich existieren, beschränkt werden. Zu diesen Fehlerquellen gehören insbesondere wechselnde äußere Bedingungen der Erhebung, Schwankungen bei der Erfassung von Merkmalen, subjektive Einflüsse durch Interviewer, Ungenauigkeiten bei Berechnungen usw.

Reliabilität und Validität veranschaulicht folgende Abbildung 2.23. Dargestellt sind vier Verteilungen unterschiedlicher Validität, die den wahren Wert schätzen sollen:

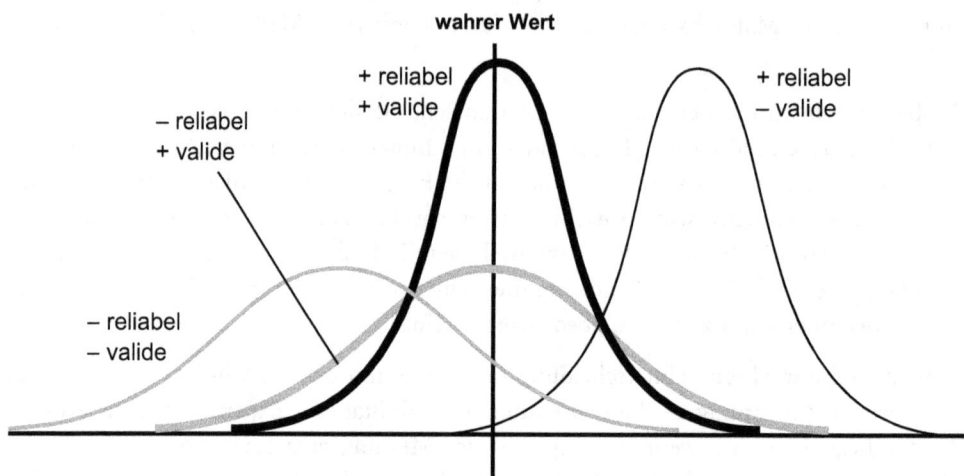

Abbildung 2.23: Reliabilität und Validität

2.5.1.4 Objektivität

Die Objektivität einer Messung beschreibt ihre Unabhängigkeit von subjektiven Einflussfaktoren. Objektive Messungen unterliegen nicht Einflüssen, die mit einzelnen Personen verbunden sind. Dies betrifft sowohl das Auftreten als Interviewer, die Interpretation und

Codierung von Antworten und nicht zuletzt die Interpretation des Ergebnisses der Untersuchung.

2.5.2 Univariate Analyseverfahren

Univariate Verfahren der Datenanalyse beziehen sich ausschließlich auf eine Variable. Das Ergebnis der Datenerhebung ist eine Häufigkeitsverteilung, die anhand von vier Kriterien beschrieben werden kann (siehe Abbildung 2.24). Die Beschreibung dieser Verteilung ist der Ausgangspunkt für die inhaltliche Interpretation.

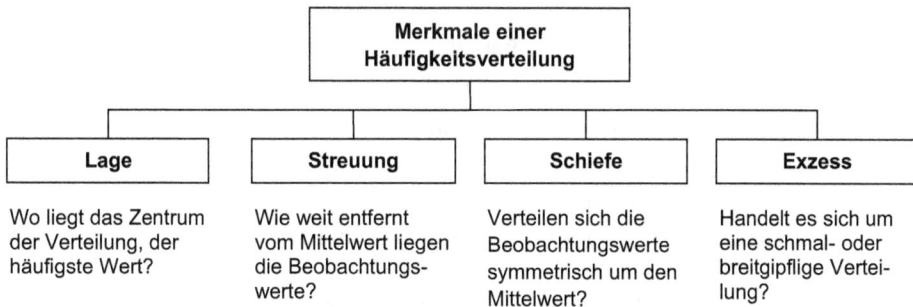

Merkmale einer Häufigkeitsverteilung			
Lage	**Streuung**	**Schiefe**	**Exzess**
Wo liegt das Zentrum der Verteilung, der häufigste Wert?	Wie weit entfernt vom Mittelwert liegen die Beobachtungswerte?	Verteilen sich die Beobachtungswerte symmetrisch um den Mittelwert?	Handelt es sich um eine schmal- oder breitgipflige Verteilung?

Abbildung 2.24: Merkmale einer Häufigkeitsverteilung

Bezüglich der Lage- und Streuparameter sei auf die Darstellung unter „2.4.1.1 Skalenarten" verwiesen. Dort wurde bereits darauf hingewiesen, dass die Skalenart entscheidend für die Verwendung eines Lage- und Streuparameters ist. Betrachten wir dazu als Beispiel noch einmal die Erhebung der Gehälter der Absolventen mit und ohne Aufbaustudium. Da es sich bei der Messgröße „Geld" um ein verhältnisskaliertes Merkmal handelt, ist die Berechnung des arithmetischen Mittels als Lageparameter zulässig. Für die gesamte Stichprobe liegt dieses bei 68,4.

2.5.3 Bivariate Analyseverfahren

Bivariate Analyseverfahren betrachten die Abhängigkeit zweier Variablen. Welches Verfahren zum Einsatz kommen kann, hängt wieder vom Skalenniveau ab. Die Kreuztabellierung ist für jede Skalenart geeignet, während die Regressionsanalyse (und die Korrelationsanalyse) metrisches Skalenniveau (verhältnis- oder intervallskaliert) vorschreiben.

2.5.3.1 Kreuztabellierung

Wenn auch grundsätzlich metrisch skalierte Variablen mit Hilfe der Kreuztabellierung untersucht werden können, ist in der Regel mindestens eine Variable nur nominal skaliert. In einer Kreuztabelle werden die möglichen Ausprägungen der Variablen einander gegenübergestellt, um durch den Vergleich der empirisch ermittelten mit den theoretischen Häufigkeiten einen Zusammenhang zwischen den Variablen zu ermitteln.

Eine Kreuztabelle hat folgendes Aussehen:

Werbekontakt

		ja	nein	Σ
Produkt-	ja	120 (84,44)	70 (105,55)	190
käufer	nein	40 (75,55)	130 (94,44)	170
	Σ	160	200	360

Abbildung 2.25: Beispiel einer Kreuztabelle

Diese Tabelle stellt die Ergebnisse einer Stichprobe von 360 Personen gegenüber. Sie wurden daraufhin untersucht, ob sie Kontakt mit einer Werbung hatten und ob sie das beworbene Produkt kaufen. Ziel der Analyse ist es, einen möglichen Zusammenhang zwischen Werbekontakt und Produktkauf zu ermitteln. In Klammern sind die **erwarteten Häufigkeiten** der Werbekontakte bei Käufern und Nicht-Käufern angegeben. Diese werden berechnet, indem die Zeilensummen durch die Gesamtsumme geteilt und mit der jeweiligen Spaltensumme multipliziert werden. Wäre der Werbekontakt ohne Bedeutung für den Produktkauf, ergäben sich die in Klammern angegebenen Häufigkeiten.

Die relativen Häufigkeiten deuten auf eine Abhängigkeit des Produktkaufs vom Werbekontakt hin. Ob diese Abhängigkeit signifikant ist, lässt sich mit Hilfe des **Chiquadrat-Unabhängigkeitstests** prüfen. Dazu ist der Chiquadrat-Wert der Beobachtungsdaten zu ermitteln und mit einem theoretischen zu vergleichen.

Der empirische Chiquadrat-Wert ist ein Maß für die Abweichung der beobachteten von den erwarteten Häufigkeiten. Für jedes Feld der Tabelle (oben: 4) wird die quadrierte Differenz von beobachteter und erwarteter durch die erwartete Häufigkeit geteilt, diese Werte werden dann addiert. Je stärker die beobachteten von den erwarteten Häufigkeiten abweichen, desto größer ist Chiquadrat und damit die Wahrscheinlichkeit, dass ein signifikanter Unterschied zwischen den beiden Gruppen besteht.

Für diese Berechnung wird eine Tabelle benötigt, die die theoretischen Chiquadrat-Werte enthält. Einfacher ist es, sie mit Hilfe eines Tabellenkalkulationsprogramms durchzuführen. Mit MS Excel wurden die in Abbildung 2.26 gezeigten Berechnungen durchgeführt.

Insgesamt wurden für einen Vergleich drei Berechnungen durchgeführt. Links oben stark umrandet finden sich die beobachteten Häufigkeiten, rechts und unten jeweils die Summenwerte. Die erwarteten Häufigkeiten würden sich im Falle der Unabhängigkeit der Variablen voneinander ergeben. Sie werden für die Rechnung benötigt. In der rechten Spalte ist die Wahrscheinlichkeit für die Unabhängigkeit angegeben, das heißt die Gültigkeit der Null-Hypothese. Sie wird von der Funktion CHITEST ausgegeben. Je nach Sicherheitsinteresse, das heißt gefordertem Signifikanzniveau, ist über die Annahme der Unabhängigkeit zu entscheiden. Im ersten Fall ist die Entscheidung klar zugunsten der Abhängigkeit des Produkt-kaufs vom Werbekontakt. Im zweiten Fall kann diese Aussage auf der Basis eines Signifi-kanzniveaus von 2,5 % gemacht werden. Der letzte Fall zeigt deutlich, dass mit großer Wahr-scheinlichkeit Unabhängigkeit vorliegt.

beobachtete Häufigkeiten		Zeilensumme	erwartete Häufigkeiten		Wahrscheinlichkeit Unabhängigkeit
120	70	190	84,44	105,56	4,22E-14
40	130	170	75,55	94,44	
160	200	360			
95	95	190	84,44	105,56	0,02492
65	105	170	75,55	94,44	
160	200	360			
85	105	190	84,44	105,56	0,906041
75	95	170	75,55	94,44	
160	200	360			

Abbildung 2.26: Auswertung eines Chiquadrat-Unabhängigkeitstests

Beispiele für Fragestellungen, die mit Hilfe der Kreuztabellierung beantwortet werden können:

- Führt der Kontakt mit Werbung signifikant häufiger zum Kauf eines Produkts?
- Besteht ein Zusammenhang zwischen Reklamationsbereitschaft und Geschlecht?
- Wird in ländlichen Regionen eher Version A oder Version B gekauft?

2.5.3.2 Lineare Regressionsanalyse

Ziel der linearen Regressionsanalyse ist es, einen linearen Zusammenhang zwischen zwei Variablen zu ermitteln. Dabei kann eine Variable mit Hilfe der anderen prognostiziert oder die Stärke des Zusammenhangs zwischen beiden Variablen ermittelt werden. Bei der mehrfachen (multiplen) Regression werden mehr als zwei Variablen berücksichtigt.

Mathematisch gesehen wird bei der linearen Regressionsanalyse eine Gerade in eine Punktwolke gelegt mit der Maßgabe, die Summe der quadrierten Abweichungen zwischen Punktwerten und Gerade zu minimieren. Die Gerade soll also „in der Mitte" liegen und zeigen, ob und in welcher Richtung ein Zusammenhang zwischen beiden Variablen be-steht. Konkret können dies z. B. Werbeausgaben und Umsatz sein. Ist ein Zusammenhang nachzuweisen, kann, ausgehend von einem vorgegebenen Werbebudget, der zu erwartende Umsatz prognostiziert werden.

Die Grundform einer linearen Regressionsgerade ist: $\hat{y} = c + b \cdot x$ oder:

„geschätzter Y-Wert = Schnittpunkt mit der Y-Achse + Steigung der Geraden multipliziert mit dem unabhängigen X-Wert".

X steht stets für die unabhängige Variable, also den Einflussfaktor, y für die abhängige, zu prognostizierende Variable.

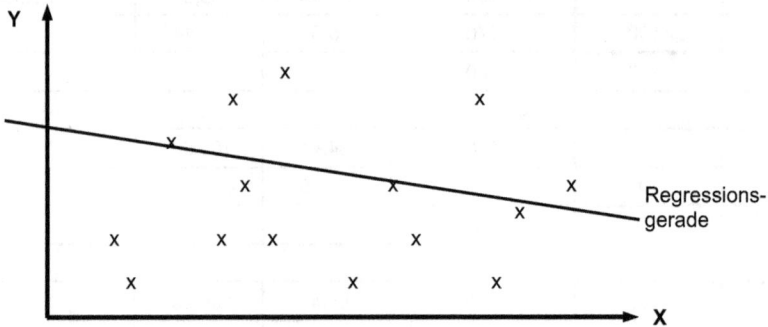

Abbildung 2.27: Regressionsanalyse

Das Ziel der Minimierung der Summe der quadrierten Abweichungen wird formuliert durch:

$$\sum_{i=1}^{m}(y_i - \hat{y}_i)^2 \rightarrow \text{Min!} \quad \text{mit } y_i = \text{Beobachtungswert, } \hat{y}_i = \text{Schätzwert}$$

Daher auch der Name „Methode der kleinsten Quadrate". Die Parameter b und c werden durch folgende Formeln bestimmt:

$$b = \frac{\sum(y_i - \overline{y})(x_i - \overline{x})}{\sum(x_i - \overline{x})^2} \quad \text{oder} \quad \frac{\frac{1}{m}\sum x_i y_i - \overline{xy}}{\frac{1}{m}\sum x_i^2 - \overline{x}^2}, \quad c = \overline{y} - b\overline{x}$$

mit: m = Anzahl der Beobachtungswerte; $\overline{y}$, $\overline{x}$ = Mittelwerte; x_i, y_i = Beobachtungswerte.

Die Qualität einer Regression und damit der Prognose kann mit Hilfe des **Korrelations-koeffizienten** r bestimmt werden. Er liegt stets zwischen –1 und +1 (einschließlich). –1 bedeutet dabei eine stark negative, +1 eine stark positive und 0 keine Korrelation zwischen den Variablen. Die Formel lautet:

$$r = \frac{\sum(x - \overline{x})(y - \overline{y})}{\sqrt{\sum(x - \overline{x})^2 \sum(y - \overline{y})^2}} \quad \text{oder} \quad r^2 = \frac{\sum(\hat{y} - \overline{y})^2}{\sum(y - \overline{y})^2} = \frac{\text{erklärte Streuung}}{\text{Gesamtstreuung}}$$

mit r = Korrelationskoeffizient oder r^2 = Bestimmtheitsmaß.

Die zweite Definition entspricht dem Quotienten aus der durch die Regression erklärten Variation und der gesamten Variation von y.

Beispiel: $r^2 = 0,5 \rightarrow$ schlechte Prognoseeignung, $r^2 = 0,95 \rightarrow$ gute Eignung.

Beispiele für Fragestellungen, die mit Hilfe der linearen Einfachregression beantwortet werden können:

- Welche Umsatzsteigerung kann erzielt werden, wenn die Werbeausgaben um 10 % erhöht werden?
- Welcher Zusammenhang besteht zwischen der Höhe der Verkaufsprovision und der Zahl der stornierten Aufträge?
- Gibt es einen dauerhaften Anstieg der Preise für ein bestimmtes Produkt?
- Mit welchem Marktvolumen ist im nächsten Jahr zu rechnen?

Beispiele für Fragestellungen, die *nicht* mit Hilfe der linearen Einfachregression beantwortet werden können:

- Wie wird sich der Umsatz ändern, wenn ein zusätzlicher Wettbewerber auf den Markt kommt?
- Wie wird sich der Umsatz ändern, wenn das Sortiment um ein Produkt verkleinert wird?

2.5.3.3 Nichtlineare Regressionsanalyse

Zwischen zwei Variablen muss nicht unbedingt ein linearer Zusammenhang bestehen. So ist es bspw. leicht vorstellbar, dass es bei vielen Entwicklungen Sättigungsgrenzen gibt, denen sich die Variable mit sinkenden Wachstumsraten nähert. Diese Zusammenhänge können mit Hilfe der nichtlinearen Regressionsanalyse ermittelt werden. Auch hier kann die unabhängige Variable wieder die Zeit sein, sodass die Regressionsanalyse eine Trendanalyse ist.

Die wichtigste Frage bei einer nichtlinearen Regression ist die Bestimmung der Art des Zusammenhangs zwischen den Variablen. Hierzu ist es erforderlich, sich Gedanken über die logischen Grundlagen zu machen. Stellt sich nämlich die Wahl des Funktionstyps als logisch falsch heraus, kommt es zu fehlerhaften Prognosen und damit zu falschen Entscheidungen.

Angenommen, es geht um den Zusammenhang zwischen Werbeausgaben und Verkaufszahlen. Hier kann man sich leicht vorstellen, dass die erste Werbeschaltung den größten Erfolg bringt, weil sie mit einer gewissen Wahrscheinlichkeit von den tatsächlich interessierten Personen gesehen wird. Die folgenden Werbeschaltungen bringen vermutlich kontinuierlich weniger Erfolg, weil es immer schwieriger wird, neue Käufer anzusprechen. Schließlich dürfte irgendwann ein Zustand erreicht sein, in dem eine zusätzliche Schaltung keinen zusätzlichen Erfolg bringt, weil alle potenziellen Käufer die Werbung bereits kennen und sich auch bereits für oder gegen einen Kauf entschieden haben. Der Zusammenhang zwischen beiden Variablen kann demnach logisch durch eine Funktion beschrieben werden, die den abnehmenden zusätzlichen Erfolg der Werbeschaltungen berücksichtigt. Andere Situationen führen zu anderen geeigneten Funktionen.

2.5.4 Multivariate Analyseverfahren

Die Auswahl eines multivariaten Analyseverfahrens ist nicht nur davon abhängig, welche Frage beantwortet werden soll, sondern auch davon, welche Daten zur Verfügung stehen. Damit ist insbesondere das Skalenniveau gemeint. Die Verfahren können zusätzlich danach unterschieden werden, ob sie auf Variablen oder Elemente gerichtet sind. Variablenorientierte Verfahren beschäftigen sich mit den Marketinginstrumenten und Beurteilungsdimensionen, elementenorientierte stellen Produkte oder Personen in den Mittelpunkt (siehe Abbildung 2.28).

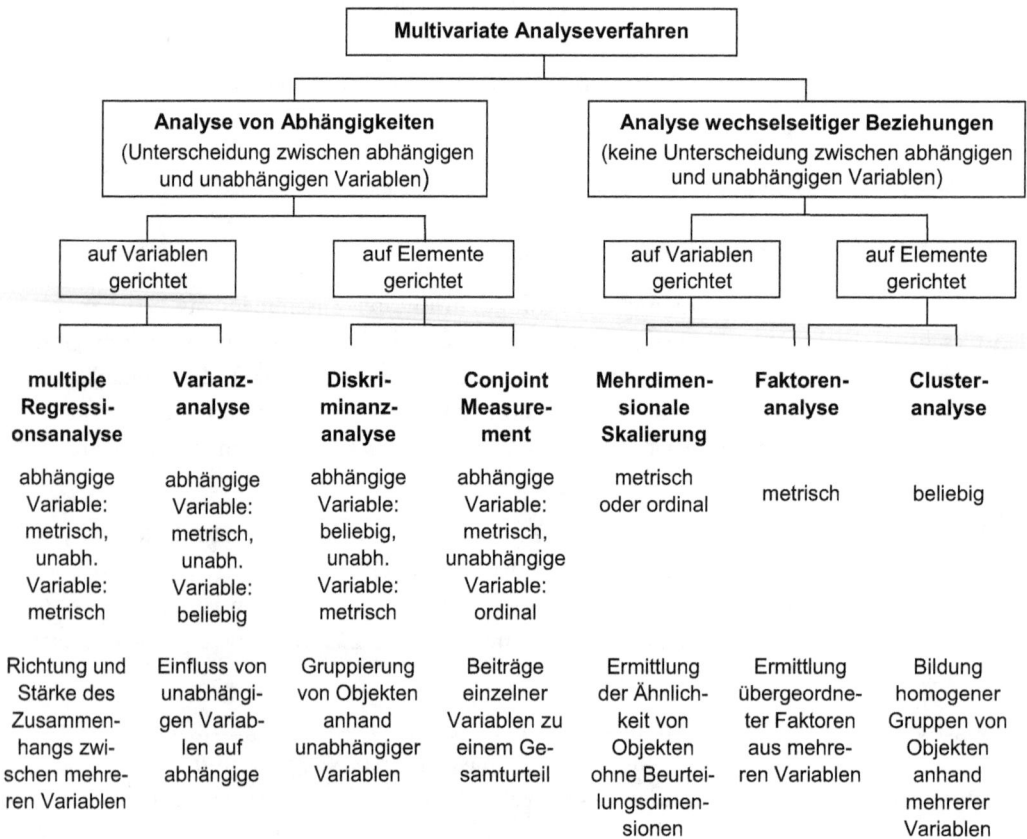

Abbildung 2.28: Multivariate Analyseverfahren

2.5.4.1 Analyse von Abhängigkeiten

2.5.4.1.1 Multiple Regressionsanalyse

Die multiple Regressionsanalyse ist eine Erweiterung der einfachen Regressionsanalyse und ermöglicht es, weitere unabhängige Variablen einzubeziehen. Gerade im Marketing hängt eine Wirkung in der Regel von einer ganzen Reihe unterschiedlicher Faktoren ab, sodass die Einfachregression zu stark vereinfacht. So kann sicher der Umsatz eines Produktes durch den Werbeeinsatz erklärt werden, doch werden dabei viele andere Faktoren außer Acht gelassen. So spielen auch Verkaufsförderungsaufwendungen, der Distributionsgrad u. v. a. eine Rolle.

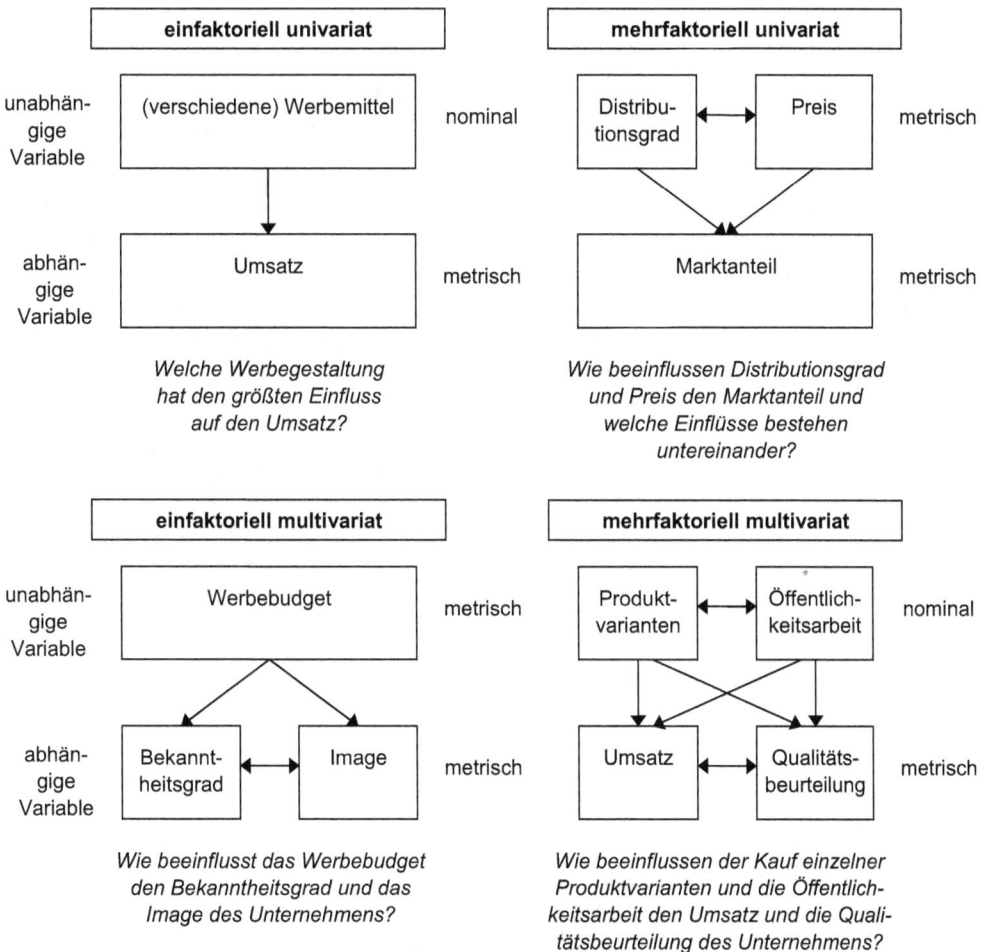

einfaktoriell univariat		**mehrfaktoriell univariat**	
unabhängige Variable	(verschiedene) Werbemittel → nominal	Distributionsgrad ↔ Preis → metrisch	
abhängige Variable	Umsatz → metrisch	Marktanteil → metrisch	

Welche Werbegestaltung hat den größten Einfluss auf den Umsatz?

Wie beeinflussen Distributionsgrad und Preis den Marktanteil und welche Einflüsse bestehen untereinander?

einfaktoriell multivariat		**mehrfaktoriell multivariat**	
unabhängige Variable	Werbebudget → metrisch	Produktvarianten ↔ Öffentlichkeitsarbeit → nominal	
abhängige Variable	Bekanntheitsgrad ↔ Image → metrisch	Umsatz ↔ Qualitätsbeurteilung → metrisch	

Wie beeinflusst das Werbebudget den Bekanntheitsgrad und das Image des Unternehmens?

Wie beeinflussen der Kauf einzelner Produktvarianten und die Öffentlichkeitsarbeit den Umsatz und die Qualitätsbeurteilung des Unternehmens?

Abbildung 2.29: Typen der Varianzanalyse

2.5.4.1.2 Varianzanalyse

Die Varianzanalyse unterscheidet sich insofern von der Regressionsanalyse, als sie für die unabhängige(n) Variable(n) nur nominales Skalenniveau vorschreibt (vorhanden/nicht vorhanden; Variante 1/Variante 2 usw.) und bezüglich der Zahl der unabhängigen und abhängigen Variablen flexibel ist. Es kann sowohl der Einfluss einer als auch mehrerer unabhängiger Variablen auf eine oder mehrere abhängige getestet werden. Je nach Konstellation lassen sich somit vier Typen der Varianzanalyse unterscheiden (siehe Abbildung 2.29, dort ist jeweils eine beispielhafte Fragestellung angegeben).

Je nach Fragestellung besteht die Varianzanalyse aus einer unterschiedlichen Zahl von Stichproben, bei denen Messungen durchgeführt werden. Soll zum Beispiel der Einfluss von drei unterschiedlichen Verpackungen eines Produkts auf den Absatz gemessen werden, ist eine Stichprobe mit jeder Verpackung zu ziehen.

Die Varianzanalyse prüft nun, ob sich die Mittelwerte der einzelnen Stichproben so stark voneinander unterscheiden, dass von einem signifikanten Einfluss der Verpackungsgestaltung auf den Absatz ausgegangen werden kann. Wenn auch der Name nahelegt, dass die Varianz im Mittelpunkt der Betrachtung steht, ist es doch eigentlich der Mittelwert. Ein signifikanter Unterschied beim Mittelwertsvergleich ist jedoch auch abhängig davon, wie stark die Beobachtungswerte innerhalb der Stichproben vom Stichprobenmittelwert abweichen. Je größer die Streuung innerhalb der Stichproben, desto größer muss der Unterschied der Stichprobenmittelwerte sein, um nicht zufällig zu sein. Die Varianz innerhalb der Stichproben ist auf den Zufall zurückzuführen, die zwischen den Stichproben auf die unabhängige Variable.

An dieser Stelle wird schon die Verbindung zu den kontrollierten Experimenten deutlich. Die Varianzanalyse ist das wichtigste Auswertungsinstrument für Experimente. Insbesondere mehrfaktorielle Analysen setzen auch den Einsatz teils umfangreicher Experimentdesigns voraus.

Die **Durchführung einer Varianzanalyse** orientiert sich am Hypothesentest:

1. Zu Beginn wird die Nullhypothese formuliert:
   H_0 = Zwischen den Stichprobenmittelwerten bestehen keine signifikanten Unterschiede.
   H_1 = Zwischen den Stichprobenmittelwerten bestehen signifikante Unterschiede.

2. Dann wird das Signifikanzniveau festgelegt (in der Regel 0,01 oder 0,05).

3. Teststatistik ist die F-Verteilung. Um die Nullhypothese widerlegen zu können, muss der empirisch ermittelte F-Wert (F_{emp}) größer sein als der theoretische F-Wert (F_{theor}). Es gilt:

$$F_{emp} = \frac{Varianz\ zwischen\ den\ Gruppen}{durchschnittliche\ Varianz\ innerhalb\ der\ Gruppen}$$

Der empirische F-Wert kann mit Hilfe der gemessenen Daten errechnet werden, der theoretische F-Wert kann aus einer Tabelle (z. B. in Statistikbüchern enthalten) abgelesen werden. Einfacher ist der Einsatz eines Tabellenkalkulationsprogramms.

Beispiele für Fragen, die mit Hilfe der Varianzanalyse beantwortet werden können:

Siehe Abbildung 2.29.

2.5.4.1.3 Diskriminanzanalyse

Mit Hilfe der Diskriminanzanalyse wird eine heterogene Gruppe von Objekten oder Personen in mehrere homogene getrennt. Sie ist darauf ausgerichtet, die Unterschiede zwischen den Objekten zu erklären und Prognosen über die Zugehörigkeit zu einer Gruppe zu ermöglichen.

Für die Durchführung einer Diskriminanzanalyse werden metrische Daten über die zu untersuchenden Objekte benötigt. Dabei kann es sich um Angaben wie Alter oder Einkommen von Käufern, Merkmale von Produkten oder Unternehmen usw. handeln. Sämtliche Objekte werden anhand der ausgewählten Variablen definiert. Die Diskriminanzanalyse ermittelt eine Funktion, auf der die Unterschiede zwischen den Objekten am besten abgebildet werden. Der Fall einer Zwei-Gruppen-zwei-Variablen-Diskriminanzanalyse kann grafisch wie in Abbildung 2.30 dargestellt werden.

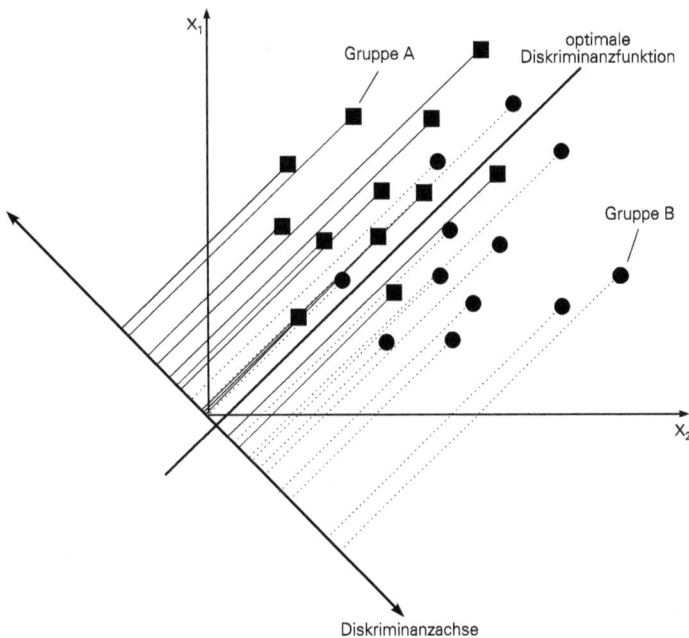

Abbildung 2.30: Diskriminanzanalyse

In einem Koordinatensystem, das durch zwei Variablen, x_1 und x_2 gebildet wird, werden Objekte zweier Gruppen dargestellt (■ = Gruppe A, ● = Gruppe B). Die Koordinaten werden durch die Ausprägungen der Variablen x_1 und x_2 bestimmt. Es entsteht eine Punktwolke, bei der erkennbar ist, dass auf der einen Seite eher Objekte der Gruppe A, auf der anderen Seite eher Objekte der Gruppe B zu finden sind. In diese Punktwolke wird eine Gerade gelegt (die optimale Diskriminanzfunktion), die die Punktwolke bestmöglich in zwei homogene Gruppen teilt. Das heißt auf der einen Seite sollten möglichst nur Objekte der einen Gruppe liegen, auf der anderen Seite die der anderen Gruppe.

Die Senkrechte zur optimalen Diskriminanzfunktion ist die **Diskriminanzachse**. Projiziert man die einzelnen Objekte auf die Diskriminanzachse, so befinden sich die meisten Objekte der Gruppe A auf der linken Seite, die meisten Objekte der Gruppe B auf der rechten. Die Diskriminanzachse hat die optimale Lage, wenn so wenige Objekte wie möglich auf die „falsche" Seite projiziert werden. Die Diskriminanzanalyse berechnet die Gleichung der Diskriminanzachse. Sie hat die allgemeine Form:

$$y_i = b_1 x_{1i} + b_2 x_{2i} + \dots + b_n x_{ni}$$

mit y_i = Diskriminanzwert für das Objekt/die Person i
      b_j = Diskriminanzkoeffizient (Gewichtungsfaktor) für die Variablen 1 bis n
      x_{ji} = Ausprägung der Variablen x_j bei Objekt/Person i

Für jedes Objekt kann ein Diskriminanzwert errechnet werden. Dann kann für die einzelnen Gruppen der Mittelwert der Diskriminanzwerte bestimmt werden. Der Mittelwert der Mittelwerte ist dann der kritische Diskriminanzwert. Soll nun für ein neues Objekt, dessen Zugehörigkeit zu einer Gruppe unbekannt ist, zugeordnet werden, wird sein Diskriminanzwert berechnet. Je nachdem, auf welcher Seite des kritischen Diskriminanzwerts dieser Wert liegt, wird das Objekt einer Gruppe zugeordnet.

Beispiele für Fragen, die mit Hilfe der Diskriminanzanalyse beantwortet werden können:

- Besteht ein signifikanter Unterschied zwischen zwei oder mehr Personengruppen bezüglich einzelner Merkmale?
- Zu welcher Gruppe von Personen gehört eine Person, die sich durch bestimmte Merkmale kennzeichnen lässt?
- Welches ist das Hauptunterscheidungsmerkmal zwischen einer Reihe von Produkten?

2.5.4.1.4 Conjoint Measurement

Mit zunehmender Orientierung des Marketing und insbesondere der Produktpolitik an den Kundenwünschen ist in den letzten Jahren das Conjoint Measurement (oder: Konjunkte Analyse) in den Mittelpunkt der multivariaten Verfahren gerückt. Es wird eingesetzt, um herauszufinden, welchen Beitrag einzelne Produktmerkmale für die Gesamtbeurteilung leisten. Grundlage des Verfahrens ist die Annahme, dass sich ein Urteil über ein Produkt (eine Wertschätzung, Nutzenbeurteilung usw.) aus Teilurteilen über einzelne Elemente zusammensetzt. So wird bspw. unterstellt, dass die Beurteilung eines Kraftfahrzeugs zusammengesetzt ist aus Urteilen über die Karosserieform, den Preis, die Motorenleistung, Ausstattungsmerkmale u. a.

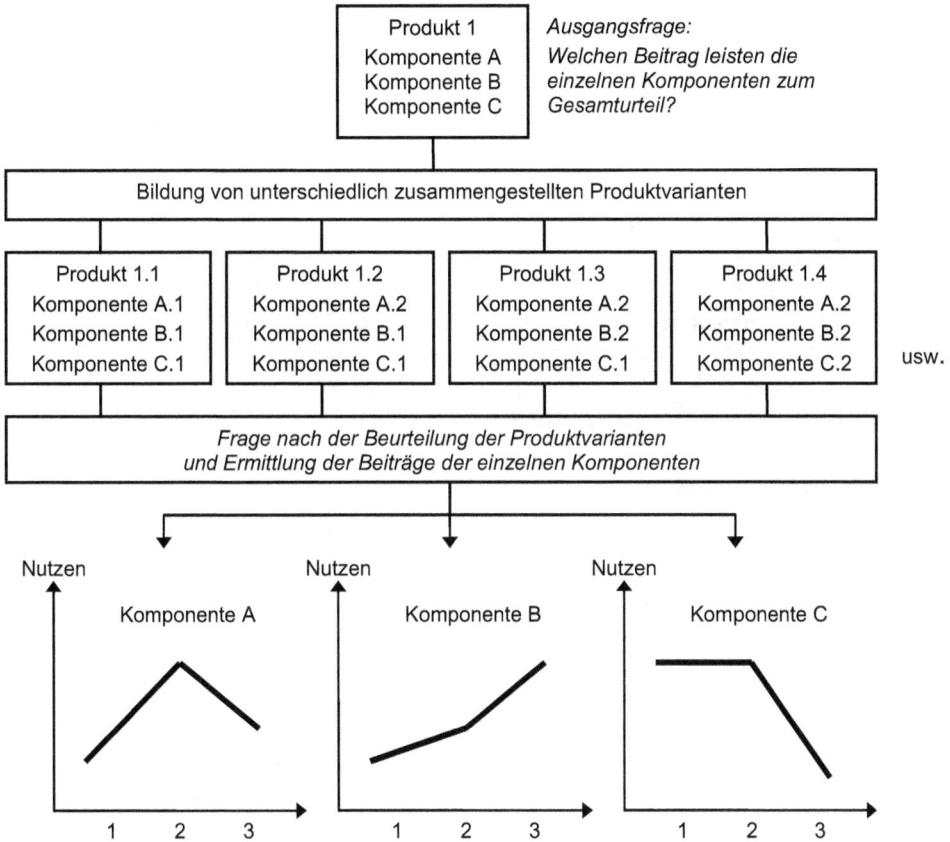

Abbildung 2.31: Ablaufschema Conjoint Measurement

Die Beurteilung eines Computers ist bspw. abhängig von der Rechengeschwindigkeit, von Serviceleistungen des Herstellers, mitgelieferter Software, Speicherkapazität usw. Fraglich ist nur, in welchem Maße die einzelnen Komponenten in die Bewertung eingehen. Ist die Bedeutung der einzelnen Bestandteile bekannt, kann leichter entschieden werden, welche Produktmerkmale erforderlich oder vielleicht auch verzichtbar sind, aus welchen Elementen Produktvarianten gebildet werden können und natürlich auch, welcher Preis jeweils verlangt werden kann.

Hieraus ergeben sich jedoch auch wichtige Einschränkungen des Einsatzes des Conjoint Measurement. Es setzt voraus, dass eine vergleichsweise rationale Kaufentscheidung gefällt wird und dass vor allem, mehr oder weniger unbewusst, eine Unterscheidung von Produktbestandteilen vorgenommen wird. In Produktbereichen, in denen Kaufentscheidungen eher emotional und spontan gefällt werden, führt das Verfahren zu keinen brauchbaren Ergebnissen.

Das Conjoint Measurement ist ein so genanntes **dekompositionelles Verfahren**. Das heißt ein Gesamturteil über ein Produkt wird zerlegt in Teilurteile über seine Bestandteile. Um dies zu erreichen, wird von den Befragten nicht nur ein Urteil über ein Produkt erfragt, sondern eine Reihe von Urteilen über unterschiedlich zusammengesetzte Produktvarianten.

Beispiele für Fragestellungen, bei denen Conjoint Measurement eingesetzt werden kann:

- Welche Gestaltungsmerkmale sollte ein bestimmtes Produkt aufweisen?
- Welche Produktvarianten eignen sich am besten für welche Anwendungsgebiete?
- Welche Servicemerkmale sollte ein Dienstleistungsangebot aufweisen?
- Auf welches Produktmerkmal legen die Konsumenten am meisten Wert?

2.5.4.2 Analyse wechselseitiger Beziehungen

2.5.4.2.1 Clusteranalyse

Aufgabe der Clusteranalyse ist es, innerhalb einer Menge von Objekten (Personen, Produkte) Gruppen zu identifizieren, die intern homogen und extern heterogen sind. Die Gruppen (oder: Klumpen, Cluster) sind so zu bilden, dass die Elemente einer Gruppe jeweils möglichst ähnlich sind, sich aber von den Elementen der anderen Gruppen möglichst stark unterscheiden. Die Clusteranalyse bringt somit „Übersicht" in unübersichtliche Mengen.

Im Marketing werden überwiegend Mengen von Konsumenten bzw. Zielgruppenmitgliedern einer Clusterung unterzogen, um Typen zu bilden. Werden z. B. 50 Millionen potenzielle Konsumenten in 10 verschiedene Typen mit durchschnittlich 5 Millionen Personen mit ähnlichen Kaufverhaltens- oder soziodemografischen Merkmalen gegliedert, lassen sich wesentlich leichter Marketingkonzepte entwickeln, die auf die einzelnen Typen abgestimmt sind. Damit verbunden ist die Frage zu klären, nach welchem Kriterium die Ähnlichkeit bestimmt wird. Eine zweite grundlegende Verfahrensfrage ist die nach der Zuordnung der Objekte zu Clustern.

Das klassische Verfahren der Clusterung ist das **Dendrogramm**, ein hierarchisches Verfahren. Dabei werden jeweils aus der Objektmenge die beiden ähnlichsten zusammengefasst zu einem Cluster, dann weiter auf der nächsten Ebene, bis letztlich alle Cluster einen Gesamtcluster ergeben. Dieses Verfahren sieht wie in Abbildung 2.32 gezeigt aus.

In das Dendrogramm wurden drei Distanzmaßniveaus eingezeichnet, die für die Clusterbildung herangezogen werden können. Wird als Ähnlichkeitsmaßstab das Niveau c (geringe Distanzen) verlangt, ergeben sich neun Cluster, wobei sechs aus einzelnen Objekten bestehen, was sicher nicht sehr sinnvoll ist. Das Niveau b führt zu fünf Clustern und a (große Distanzen sind erlaubt) zu drei.

Distanzmaß
(d, T, S...)

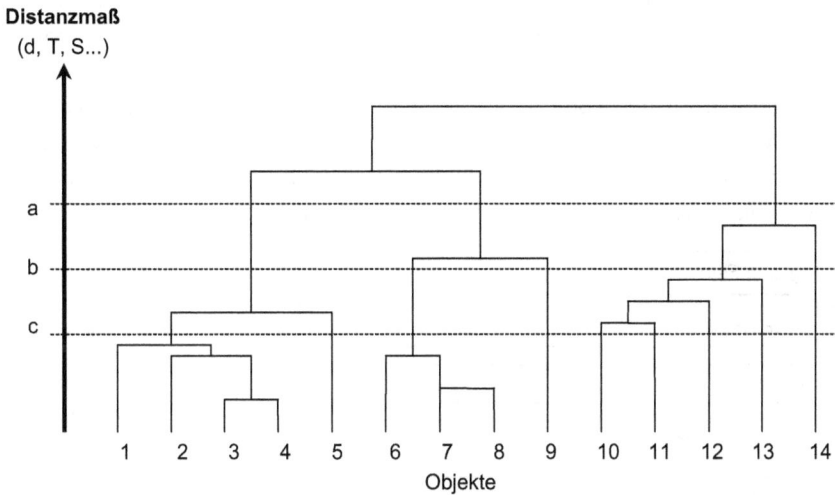

Abbildung 2.32: Dendrogramm

Beispiele für Fragestellungen, bei denen die Clusteranalyse eingesetzt werden kann:

- Wie lassen sich Marktsegmente hinsichtlich ihrer sozio- oder psychografischen Zusammensetzung definieren?
- Wie lassen sich Gruppen von Personen anhand allgemeiner Merkmale beschreiben?
- Welche Gemeinsamkeiten lassen sich zwischen einzelnen Produkt- und Unternehmensgruppen finden?

2.5.4.2.2 Faktorenanalyse

Die Faktorenanalyse ist nicht ein bestimmtes Verfahren der Datenanalyse, sondern ein Sammelbegriff für eine Reihe von Verfahren. Sie verfolgen das Ziel, eine zunächst unüberschaubare Datenmenge zu strukturieren, das heißt zu reduzieren.

Im Rahmen von empirischen Erhebungen werden immer wieder „Item-Batterien", das heißt große Mengen von Kriterien, Meinungen usw. abgefragt. In der Regel hängen jeweils mehrere Kriterien zusammen, es gibt also eine kleinere Zahl von Grunddimensionen (Faktoren), die der Beurteilung zugrunde liegen. Sind diese Faktoren bekannt, ist das Ergebnis überschaubarer und leichter interpretierbar. Die Faktorenanalyse ermittelt diese Grunddimensionen.

Es zeigte sich, dass die Ergebnisse bei einigen Fragen stark mit denen bei anderen Fragen korrelieren. Wurde zum Beispiel Aussage 10 zugestimmt, war dies auch oft bei 11 der Fall und umgekehrt. Aus diesen Korrelationen ergibt sich, dass den Antworten drei Dimensionen zugrunde liegen, die Ergebnisse somit auch durch Untersuchung nur dieser drei Faktoren gefunden worden wären. Vorher waren diese Zusammenhänge jedoch noch nicht bekannt.

Was letztlich mit Hilfe der Faktorenanalyse passiert, ist die Konstruktion des Variablensystems, das optimal die gewonnenen Ergebnisse erklärt. Üblicherweise werden empirische Ergebnisse (von Messungen, Befragungen usw.) beschrieben, indem die Objekte z. B. in ein meist zweidimensionales Koordinatensystem eingezeichnet werden. In einem solchen Fall war vorher bekannt, welches die Variablen bzw. Dimensionen sind. Nun ist es genau umgekehrt. Die Faktorenanalyse legt, bildlich gesprochen, ein Koordinatensystem so in eine „Objekt-Wolke", dass diese Objekte am besten beschrieben werden.

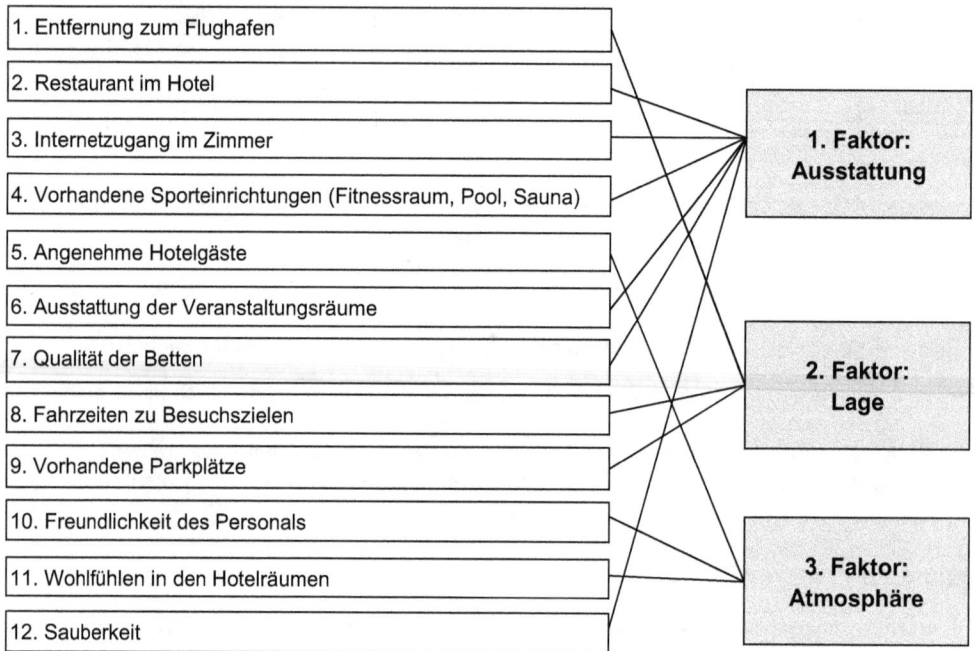

Abbildung 2.33: Beispiel einer Faktorenstruktur

Bei der Durchführung einer Faktorenanalyse entsteht eine Reihe von Problemen, auf die wieder mit einer Reihe statistischer Verfahren eingegangen werden kann. Hierzu sei auf die Literatur speziell zur multivariaten Datenanalyse verwiesen.

Das Problem der Interpretation der extrahierten Faktoren bleibt jedoch immer bestehen. Das Verfahren kann nur nachweisen, dass es diese Faktoren gibt und wie viele es sind. Was sich inhaltlich dahinter verbirgt, kann nur im Einzelfall von denjenigen entschieden werden, die die Untersuchung durchführen. Es liegt auf der Hand, dass dieser subjektive Einfluss eine Fehlerquelle darstellt. Es nutzt nichts, den Faktor gefunden zu haben, wenn man nicht zweifelsfrei seinen Inhalt bestimmen kann.

Beispiele für Fragestellungen, bei denen die Faktorenanalyse eingesetzt werden kann:

- Anhand welcher grundlegenden Dimensionen wird die Beurteilung eines Unternehmens vorgenommen?

- Wie kann ein umfangreicher Datenbestand auf wenige relevante Dimensionen reduziert werden?
- Welche latenten Faktoren stecken hinter einer Reihe von Urteilen?

2.5.4.2.3 Mehrdimensionale Skalierung

Die Mehr-(oder: Multi-)dimensionale Skalierung (MDS) ist ebenso wie die Faktorenanalyse ein Sammelbegriff für eine Reihe von Verfahren, die zum Teil Ähnlichkeiten mit denen der Faktorenanalyse aufweisen, sich aber grundsätzlich von allen anderen Verfahren unterscheiden. Die Mehrdimensionale Skalierung arbeitet nämlich „variablenlos" oder auch „inhaltslos". Im Mittelpunkt stehen Ähnlichkeitsurteile über Objekte (in der Regel Produkte), die anhand einer möglichst geringen Zahl von Dimensionen grafisch dargestellt werden sollen.

Das Verfahren kann einfach anhand des Landkartenbeispiels erläutert werden. Die Ähnlichkeit zwischen Orten kann durch das Maß „Entfernung" dargestellt werden. Je geringer die Entfernung zwischen zwei Orten ist, desto näher liegen sie in der grafischen Darstellung und umgekehrt. Verfügt man nun über eine Tabelle mit den Entfernungsangaben zwischen allen Orten oder Städten, so kann eine vollständige Landkarte gezeichnet werden, ohne dass die genaue Position der Orte oder Städte bekannt ist. Diese ergibt sich alleine aus den Entfernungsangaben.

Nehmen wir der Einfachheit halber an, ein Land bestehe aus vier Städten. Dann lässt sich etwa folgende Tabelle der Entfernungen aufstellen (die Entfernungen mögen darauf hindeuten, dass der Gründer des Landes früher in der Marketingforschung tätig war und sich mit der mehrdimensionalen Skalierung beschäftigt hat):

Entfernung	Varianz-Stadt	Regression-Stadt	Cluster-Stadt	Faktor-Stadt
Varianz-Stadt	–	400	350	150
Regression-Stadt		–	300	300
Cluster-Stadt			–	380
Faktor-Stadt				–

Mit diesen Angaben kann nun die (zweidimensionale) Landkarte (Abbildung 2.32) gezeichnet werden:

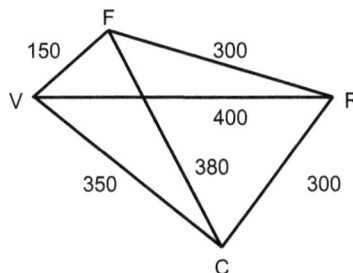

Abbildung 2.32: Beispiel Mehrdimensionale Skalierung

Die Position der einzelnen Objekte zueinander ist nun festgelegt. Was die MDS nicht ermittelt, sind die Dimensionen, die den Raum aufspannen. In diesem Fall kommen nur die Himmelsrichtungen in Frage, das heißt, ein Koordinatensystem mit den Achsen Ost-West und Nord-Süd wird so auf die Landkarte gelegt, dass die realen Gegebenheiten gespiegelt werden. In diesem Fall kann es bspw. auch sein, dass C im Norden liegt. Diese „Richtungsangabe" geht nicht aus den Entfernungsangaben hervor, es ist mehr oder weniger Zufall, das C hier unten eingezeichnet wurde.

In der Praxis werden die Ähnlichkeitsurteile ohne Maßzahl abgegeben. Die Angabe ist praktisch dimensionslos. Daher müssen die zugrundeliegenden Beurteilungsdimensionen im nachhinein interpretiert werden. So können bspw. Urlaubsländer nach ihrer Ähnlichkeit beurteilt werden. Anhand der erstellten Grafik könnte festgestellt werden, dass die Befragten aufgrund des Klimas und der Preise geurteilt haben.

Ergebnis jeder Art der MDS ist eine Datenmatrix, die die Koordinaten der einzelnen Objekte enthält. In den meisten Fällen wird aus Gründen der Darstellung mit zwei Dimensionen gearbeitet, gelegentlich auch mit drei. Solche Darstellungen werden oft verwendet, um die aktuelle Positionierung der eigenen Produkte im Markt sowie Zielpositionierungen für neue Produkte zu ermitteln.

Beispiele für Fragestellungen, bei denen die Mehrdimensionale Skalierung eingesetzt werden kann:

- Wie unterscheidet sich die Wahrnehmung von Produkt A von der der Konkurrenz?
- In welchen Imageregionen bestehen Marktlücken?
- Wie wird der Markt von den Nachfragern wahrgenommen?

3 Konsumverhalten

3.1 Psychische Faktoren der Kaufentscheidung

Psychische Entscheidungsfaktoren sind solche, die bei jedem einzelnen Menschen in mehr oder weniger veränderter Form wirken, unabhängig von einer bestimmten Situation oder Umgebung. Sie können unterschieden werden in **aktivierende Prozesse**, die eine Verarbeitung von Informationen und Reizen erst anregen (Emotionen, Motive und Einstellungen), und **kognitive Prozesse**, die diese Verarbeitung vornehmen und eine Entscheidung herbeiführen (Wahrnehmung, Entscheidung, Lernen).

In einer konkreten Situation wirken alle Prozesse zusammen, sodass alle Faktoren gleichzeitig berücksichtigt werden müssen. Kaufentscheidungen sind abhängig von Gefühlslagen, Motiven, Einstellungen zu Produkten und Leistungen, wahrgenommenen Informationen, Entscheidungsmustern und Erfahrungen. Dazu kommen soziale, kulturelle und wirtschaftliche Faktoren.

3.1.1 Aktivierung

Aktivierung ist die Voraussetzung dafür, dass Konsumenten Informationen verarbeiten und Kaufentscheidungen fällen. Aufgabe des Marketing und insbesondere der Kommunikation ist es daher, auf ein optimales Aktivierungsniveau hinzuarbeiten. Im Schlafzustand beispielsweise liegt kaum Aktivierung vor, die Leistungsfähigkeit des Menschen ist gering. Die Gegenseite der Aktivierung ist die Panik. Der Mensch ist hochgradig aktiviert, allerdings ist er nicht mehr leistungsfähig.

In Paniksituationen werden kaum noch vernünftige Entscheidungen gefällt, was man nicht nur bei Autofahrern auf Glatteis, sondern auch an der Börse und manchmal bei Auktionen im Internet beobachten kann. Man spricht dann von **Überaktivierung**. Dazwischen gibt es ein „optimales" Aktivierungsniveau, das eine angemessene Aufnahme und Verarbeitung von Informationen zulässt.

Zahlreiche Marketingmaßnahmen sind auf Aktivierung ausgerichtet, teils auch nur als Teilaspekt. Bspw. enthält Werbung meist eine aktivierende Komponente, die möglichst **optimale Wirkungsbedingungen** für die eigentliche Botschaft herstellen soll. Sie kann sehr unterschiedlich gestaltet sein, etwa

- als emotionaler Reiz, der eine emotionale Neugier hervorruft,
- als scheinbarer Widerspruch, der zur gedanklichen (kognitiven) Auseinandersetzung und Informationsaufnahme anregt oder
- als Sinnesreiz, der eine spontane Aufmerksamkeitsreaktion auslöst (z. B. Änderung der Blickrichtung, „Lauschen").

Solche Aktivierungsstrategien können offensichtlich (als Klassiker: Kombination des zu bewerbenden Produkts mit einem erotischen Reiz) oder eher subtil sein (gezielter Einsatz von Düften im Einzelhandel wie etwa Bäckereien). Wenn Aktivierung vorhanden ist, können beim Konsumenten Emotionen entstehen. Sie enthalten zusätzlich eine inhaltliche/qualitative Komponente.

3.1.2 Emotionen

Emotionen sind die grundlegenden psychischen Faktoren, am einfachsten als Gefühle zu bezeichnen. Es handelt sich um **innere Erregungszustände**, die unterschiedliche Qualitäten haben können. Beispiele sind Erotik, Wohlbefinden, Glück, Furcht usw.

Unter dem Schlagwort des „Erlebnismarketing" sind in den letzten Jahren zahlreiche Konzepte zur Emotionalisierung des Marketing entwickelt worden. Die (potenziellen) Konsumenten sollen in Erlebniswelten eintauchen, der Kauf soll damit stärker emotional als rational getätigt werden.

Erlebnisse werden durch bestimmte Sinnesreizungen konkretisiert. Ein Erlebnis setzt sich zusammen aus einer bestimmten

- visuellen (Seh-),
- akustischen (Hör-),
- haptischen (Gefühls-),
- olfaktorischen (Geruchs-) und
- gustatorischen (Geschmacks-) Wahrnehmung.

Emotionen werden sowohl durch Produkte und ihre Verpackung als auch durch Kommunikation und den Verkaufsort hervorgerufen. Einige Beispiele:

- Die Reinigungskraft eines Haushaltsreinigers wird durch eine blaugrüne Verpackung unterstrichen.
- No-Name-Marken vermitteln ihre Preiswürdigkeit durch eine spartanische Verpackung (Produktbezeichnung auf weißem Hintergrund).
- Banken und Versicherungen zeigen in ihrer Werbung verliebte Paare, glückliche Familien, lachende Kinder, um positive Emotionen hervorzurufen.

Emotionen sind um so wirkungsvoller, je mehr Sinnesorgane widerspruchsfrei angesprochen werden. Der Reiniger wirkt am kräftigsten, wenn er nach Sauberkeit aussieht und riecht, und sich die Packung möglichst „rein" anfühlt. In der Fernsehwerbung herrschen klare, hohe Töne vor; gezeigte Oberflächen sind glatt und glänzen.

3.1.3 Motive

Motive sind auf bestimmte Ziele ausgerichtete Gefühle. Hunger ist ein Beispiel dafür. Es besteht ein Gefühl, das sich z. B. in Magenknurren äußert und auf eine bestimmte Tätigkeit zielt (Essen). Dieses Gefühl ist jedoch nicht auf ein konkretes Produkt zur Zielerreichung (zum Beispiel ein bestimmtes Gericht) ausgerichtet.

Der Begriff „Motiv" wirft erhebliche Probleme der Ermittlung auf. Motive sind nicht beobachtbar und kaum einheitlich zu systematisieren. Motive sind deshalb von besonderer Bedeutung, weil hier der Antrieb zu einer Kaufentscheidung entsteht, aber noch keine Entscheidung für ein bestimmtes Produkt gefallen ist. Auf der Motivationsebene setzt daher sozusagen der Wettbewerb der Produkte um die konkrete Kaufentscheidung ein.

Eine grundlegende Klassifikation unterscheidet primäre und sekundäre Motive. **Primäre Motive** sind biologische, angeborene Motive oder anders gesagt: Triebe. Ihre Aufgabe ist die Aufrechterhaltung eines biologischen Gleichgewichts. Konkret handelt es sich um die homöostatischen Motive Hunger, Durst, Schlaf (durch innere Reize ausgelöst) und das nicht-homöostatische Motiv Sexualität (durch externe Reize ausgelöst). **Sekundäre Motive** sind soziale, aus den Grundtrieben abgeleitete Motive. Sie werden erlernt oder erworben und durch äußere Reize ausgelöst.

Vier **Motivtheorien** haben größere Bedeutung erlangt:

- **Hedonismus**: Alles Verhalten ist auf die Erzielung eines größtmöglichen Lustgewinns ausgerichtet.
- **Homöostase**: Das Verhalten ist auf die Wiederherstellung des physiologischen Gleichgewichts ausgerichtet. Im Vordergrund stehen Ziele wie gesunde Ernährung, körperlicher Ausgleich zur Arbeitsbelastung usw.
- **Kognitivismus**: Grundlage des Kognitivismus ist das Motiv, Unsicherheit und Ungewissheit abzuwehren. Daraus leiten sich die Motive Leistung, Macht, Abhängigkeit, Pflege, Unterwerfung u. a. ab.
- **Existenzialismus**: Im Mittelpunkt der existenzialistischen Motivtheorie steht die Bedürfnishierarchie von Maslow (Abbildung 3.1; 1989, S. 62ff.). Danach lassen sich die menschlichen Bedürfnisse in fünf Ebenen gliedern, wobei Bedürfnisse einer höheren Ebene immer erst dann befriedigt werden, wenn die Bedürfnisse auf den darunter hegenden Ebenen befriedigt sind. Selbstverwirklichung bspw. wird demnach erst dann angestrebt, wenn alle biologischen, Sicherheits-, Zuneigungs- und Geltungsbedürfnisse befriedigt sind.

Wohl nicht zuletzt wegen ihres prägnanten Aufbaus (die Hierarchie wird üblicherweise plastisch als Pyramide bezeichnet) ist Maslows Theorie die am meisten zitierte. Es ist aber auch in erheblichem Maße Kritik geübt worden. So ist die unterstellte Linearität nicht haltbar, da z. B. Zuneigung auch in unsicheren Zeiten als Bedürfnis geäußert wird. Außerdem spiegelt die Hierarchie eine bestimmte kulturelle Grundeinstellung, die in anderen Kulturen nicht zu finden ist. Weiterhin hatte Maslow in der zugrundeliegenden Studie, die er unter Insassen einer psychiatrischen Klinik durchführte, angedeutet, dass es wohl auch die Kategorie der ästhetischen Bedürfnisse gibt, sie jedoch nicht in die Hierarchie integriert.

Abbildung 3.1: Maslows Bedürfnishierarchie

Während Motive kaufauslösend wirken (können), handelt es sich bei der **kognitiven Dissonanz** um ein Phänomen, das nach einer in der Regel bedeutsamen Entscheidung auftritt. Die Kaufentscheidung wird nämlich nach dem Vollzug einer kritischen Betrachtung unterzogen. Der Käufer fragt sich, ob er das richtige Produkt zum richtigen Preis gekauft hat. Die Dissonanz kann sowohl durch eigene Zweifel als auch durch zusätzliche Informationen, etwa Werbung für ein Konkurrenzprodukt oder Testergebnisse, ausgelöst werden. Für Unternehmen sind kognitive Dissonanzen deswegen von Bedeutung, weil sie unter Umständen zur Rückgängigmachung des Kaufs oder Reklamation führen können.

3.1.4 Einstellung

Einstellung ist im Gegensatz zur Motivation immer **produkt- oder produktartenorientiert**, das heißt auf einen Meinungsgegenstand bezogen. Zur Zielorientierung der Motive kommt hier noch eine **Gegenstandsbeurteilung** hinzu.

Soll im Rahmen der Marktforschung die Wahrnehmung einer Marke gemessen werden, um ihre Position auf dem Markt zu beurteilen, werden dazu die Einstellungen innerhalb der Zielgruppe betrachtet. Diese umfassen neben einem subjektiven Gefühl dieser Marke gegenüber auch Wissen über die Produkteigenschaften und Leistungen sowie eine Verhaltensabsicht (Kaufbereitschaft).

Einstellungen sind somit relativ komplex. Ihnen liegen mehrere Beurteilungsdimensionen zugrunde. Bei der empirischen Ermittlung müssen diese möglichst vollständig berücksichtigt werden. Dazu kommt in der Regel ein **Semantisches Differenzial** zur Anwendung, mit dessen Hilfe Produktbeurteilungen auf mehreren Dimensionen erfragt werden. Diese Dimensionen werden durch gegensätzliche Eigenschaftspaare vorgegeben. Die Befragten geben dann je nach ihrer Einschätzung an, ob sie das Produkt eher dem einen oder dem anderen Extrem zuordnen. Mit diesem Verfahren können sowohl Einzelbewertungen vorgenommen (zum Beispiel um Anhaltspunkte für die Werbegestaltung oder emotionale Positionierung zu erhalten) als auch reale Produkte mit einem Idealprodukt verglichen werden (zum Beispiel um Anhaltspunkte für die Kaufwahrscheinlichkeit zu erhalten).

3.1.5 Wahrnehmung

Wahrnehmung ist der Prozess der Aufnahme, Selektion, Weiterleitung und Verarbeitung von Reizen aus der Umwelt durch einen oder mehrere Wahrnehmungsapparate.

Im Zusammenhang mit der Wahrnehmung lassen sich einige besondere Effekte charakterisieren:

Der **halo-Effekt** (halo = Heiligenschein, auch Markenartikeleffekt) beschreibt die Wirkung eines allgemeinen Eindrucks auf einen speziellen. Ist zum Beispiel ein Markenname eingeführt und mit einer hohen Qualitätswahrnehmung verbunden, wird diese Einschätzung auf ein neues, unter der gleichen Marke eingeführtes Produkt übertragen. Dieser Effekt wird bspw. bei Erweiterungen des Produktprogramms unter gleichem Namen (Nivea, Milka usw.) genutzt (Markentransfer).

Attributdominanz liegt vor, wenn von einer Produkteigenschaft auf die Gesamtproduktqualität geschlossen wird. Ein einzelnes Kriterium erhält dann so große Bedeutung, dass es den Gesamteindruck bestimmt. Der Effekt wird oftmals genutzt, wenn ein Produkt bei einem Test besonders gut abgeschnitten hat. Auch aus der positiven Bewertung nur eines Kriteriums wird regelmäßig auf eine hohe Gesamtqualität des Produkts geschlossen.

Von **Irradiation** wird gesprochen, wenn von einer Eigenschaft auf eine andere geschlossen wird. Dieser Effekt tritt häufig bei der Geschmacksbeurteilung von Lebensmitteln auf, wenn von der Farbgebung auf den Geschmack geschlossen wird.

Für die Wahrnehmung von Werbeanzeigen lassen sich **Faustregeln für die gewohnheitsmäßige Informationsaufnahme** aufstellen (Kroeber-Riel/Weinberg 1999, S. 253ff.):

- Texte werden häufiger fixiert, wenn sie unter oder rechts neben dem Bild stehen
- oben wird mehr fixiert als unten
- oben links wird am meisten fixiert
- unten links wird am wenigsten fixiert
- Bilder einer Anzeige werden gewohnheitsmäßig als erstes fixiert
- durchschnittliche Betrachtungszeiten für Anzeigen: 1 Seite: 1,5-3 sec.; 2 Seiten: 3-4 sec.; bis 1/2 Seite: 0,6 sec.

- Reihenfolgeeffekt: Zuerst fixierte Anzeigenelemente werden besser behalten als später fixierte.

Eine Durchbrechung der Blickgewohnheiten ist durch Auslösung einer Orientierungsreaktion mittels starker Aktivierung möglich und führt zur Steigerung der Informationsaufnahme. Es besteht aber das Risiko, dass die Informationsaufnahme aufgrund der höheren Anforderungen an die Wahrnehmung abgebrochen wird.

3.1.6 Entscheidung

Aufgrund der wahrgenommenen Informationen wird die Kauf- bzw. Nichtkaufentscheidung vorgenommen. Je nach Situation und Interesse lassen sich unterschiedliche Arten von **Entscheidungsprozessen** identifizieren.

Impulsverhalten ist ein unmittelbar reizgesteuertes Auswahlverhalten mit starker emotionaler Aufladung, bei dem keine gedankliche Steuerung durch den Konsumenten stattfindet. Kaufauslösend ist hier jeweils ein äußerer Anlass, zum Beispiel ein besonders günstiges Angebot, das man wegen der großen Preisersparnis mitnimmt, ohne dass konkreter Bedarf besteht, oder auch der Einfluss des Verkaufspersonals. Es ist aber durchaus möglich, dass Impulsverhalten bewusst stattfindet, nämlich beim geplanten Impulskauf. Dem liegt der Wunsch zugrunde, sich zum Kauf „verführen zu lassen".

Habitualisierte Kaufentscheidungen unterliegen einer geringen kognitiven Kontrolle. Es handelt sich um Wiederholungskäufe, bei denen kein vollständiger Entscheidungsprozess in Gang gesetzt wird. Ziel dieses Entscheidungsverhaltens ist es vielmehr, den Aufwand zu minimieren und eine einmal erfolgreiche Entscheidung zu wiederholen. Dadurch entsteht **Markentreue**. Markentreues Verhalten ist besonders stark zu beobachten bei älteren Menschen und Konsumenten mit geringerem sozialen Status, bei hohem Kaufrisiko und hohem Prestigewert des Produkts.

Bei **vereinfachten bzw. limitierten Entscheidungen** ist die kognitive Kontrolle stärker als bei habitualisierten. Auch hier wird versucht, den Aufwand für die Kaufentscheidung zu beschränken. Dabei kann aber nicht wie beim Wiederholungskauf auf konkrete Kauferfahrungen zurückgegriffen werden, sondern es wird bewusst eine Auswahl unter den zur Verfügung stehenden Informationen vorgenommen. Diese bewusst selektierten Informationen sind die Schlüsselinformationen, z. B. Designmerkmale, Preis, Ausstattung. Grundsätzlich ist eine gewisse Kenntnis des Marktes und der angebotenen Produkte erforderlich.

Extensive Entscheidungen schließlich sind die umfassendsten. Es handelt sich um eine „High-Involvement-Situation", bei der bewusst Informationen und Entscheidungskriterien gesucht werden. Ziel ist es, alle Kriterien möglichst vollständig zu berücksichtigen. Produkt- und Marktkenntnisse sind in der Regel noch nicht vorhanden. Extensive Entscheidungen finden sich vor allem bei langfristigen Gebrauchsgütern, hohem Kaufengagement, geringen Präferenzen, hohem wahrgenommenem Risiko und bei Konsumenten aus einer gehobenen sozialen Schicht.

3.1.7 Lernen

Die Erkenntnisse über das Lernen setzen sich aus zahlreichen einzelnen Effekten zusammen. Daher sollen hier nur einzelne für das Marketing relevante Prinzipien mit Beispielen für ihre Anwendung bzw. ihr Auftreten im Bereich des Konsumverhaltens angeführt werden.

Prinzip der Verstärkung: Die Wahrscheinlichkeit eines Verhaltens erhöht sich, wenn es belohnt wurde (Effektgesetz). Dieser Effekt macht sich zum Beispiel beim Entstehen von Markentreue bemerkbar. Ist ein Käufer mit einem Produkt zufrieden, wird er es bei Bedarf wieder kaufen, weil seine vorhergehende Kaufentscheidung mit einer guten Leistung des Produkts belohnt wurde. Vor dem Vollzug der Entscheidung findet Verstärkung im Rahmen eines Verkaufsgesprächs statt, wenn der Verkäufer dem Kunden z. B. bestätigt, dass ihm der neue Anzug „wirklich ganz hervorragend steht".

Extinktion: Wird ein Konsumverhalten jedoch weder belohnt noch bestraft, wird es vermutlich gelöscht. Dies kann vorkommen, wenn das Produkt nach dem Kauf nicht verwendet wird. Aufgabe des Marketing sollte es daher auch sein, die Verwendung des Produkts nach dem Kauf zu fördern.

Vermeidungslernen: Das Auftreten eines Strafreizes mindert die Auftretenswahrscheinlichkeit für ein Verhalten, z. B. die Wahrscheinlichkeit eines Wiederkaufs (Beseitigung eines aversiven Stimulus). Solche Strafreize können in schlechten Produkteigenschaften, sozialen Sanktionen und **kognitiven Dissonanzen** bestehen. Dagegen werden Handlungen wahrscheinlich, die das Auftreten dieses Strafreizes verhindern. Ein Beispiel sind gesundheitsfördernde Produkte. In der Werbung dafür werden häufig die Strafreize dargestellt, die durch den Kauf des beworbenen Produktes vermieden werden können (zum Beispiel Krankheiten).

Klassische Konditionierung: Ein Reiz übernimmt die Verstärkerfunktion, wenn er über einen längeren Zeitraum gleichzeitig mit dem Verstärker dargeboten wird. Werden zwei Reize, einer mit positiver Wirkung (zum Beispiel erotisch, fröhlich, erfolgreich, harmonisch), ein anderer mit neutraler Wirkung, regelmäßig parallel dargeboten, überträgt sich die positive Wirkung. In der Werbung wird von der Konditionierung regelmäßig Gebrauch gemacht, indem eine Verbindung von Produkt und angenehmem Reiz hergestellt wird. Werbung für Versicherungen etwa konditioniert durch die Darstellung glücklicher Situationen (junge Familie mit Baby, Einzug in die neue Wohnung, Genesung im Krankenhaus usw.). Werbung für dekorative Kosmetik, Parfüms u. a. konditioniert über die Darstellung erotischer Körper und Situationen.

Prinzip der Generalisierung: Konsumenten neigen dazu, bisherige Erfahrungen auf neue zu übertragen (Stimulus-Generalisierung). Dieses Prinzip taucht zum Beispiel auch als halo-Effekt (siehe oben) auf. Wer mit einem Produkt einer Marke zufrieden war, wird tendenziell auch ein anderes Produkt unter dem gleichen Markennamen präferieren. Wer einmal in einem Geschäft gut bedient wurde, wird den nächsten Einkauf wieder dort tätigen, sofern es möglich ist.

Prinzip der Diskriminierung: Bestimmte Konsequenzen treten nur in bestimmten Situationen ein (Situationsdiskriminierung). Es wird bewusst zwischen verschiedenen Situationen unterschieden, die z. B. eine Darstellung glaubhaft oder übertrieben erscheinen lassen. In der Werbung ist es daher notwendig, das Produkt in einer angemessenen, glaubhaften Situation darzustellen; Produkt und Situation müssen zueinander passen. Daraus ergibt sich auch die Basis der psychologischen Produktdifferenzierung.

Prinzip der Habitualisierung: Verhaltensweisen werden beibehalten, auch wenn sie nicht mehr belohnt werden. Das Verhalten muss sich bewährt haben. Ein Wechsel zu einer anderen Entscheidung wird als risikobehaftet angesehen. Dieses Prinzip ist eine der Grundlagen für die Erklärung der Markentreue.

Beobachtungslernen: Menschen neigen dazu, andere Menschen nachzuahmen. Bedingungen dafür sind Aufmerksamkeit, Ähnlichkeit zu den wahrgenommenen Personen, belohntes Verhalten und die Erwartung ähnlicher Belohnungen. In der Werbung wird dieses Prinzip durch Darstellung erfolgreicher Personen, glücklicher Familien usw. angewandt. Es können aber auch reale Personen aus der jeweiligen Bezugsgruppe nachgeahmt werden.

Vergleichslernen: Der Erfolg oder Misserfolg einer Verhaltenskonsequenz ist abhängig von Anspruchsniveau, sozialem Vergleichsniveau (Erfolg von Bezugspersonen) und dem Vergleichsniveau für Alternativen. Ein Erfolg wird für eine Person z. B. dadurch relativiert, dass eine Vergleichsperson einen gleichartigen oder sogar höheren Erfolg hat. Die umgekehrte Wirkung entsteht im Falle eines Misserfolgs. Ist der Misserfolg bei anderen noch größer, kann sich die betreffende Person durchaus belohnt fühlen. Für die Produktpolitik ist es daher wichtig, die relative Leistung und Qualität zu berücksichtigen. Ein absolut funktions- und leistungsfähiges Produkt, das den Käufer an sich zufriedenstellt, führt nicht zu einer Verstärkung des Verhaltens, wenn andere Produkte noch leistungsfähiger sind. Ein Funktionsmangel führt im Gegenzug nicht zu einer Verweigerung des Wiederkaufs, wenn auch bei anderen Produkten Mängel auftreten.

Konsistenzlernen: Individuen versuchen, Dissonanzen mit ihrem kulturellen Umfeld von vornherein zu vermeiden (Prinzip der antizipierten Dissonanz). Es wird versucht, eine gewisse Harmonie mit der Umgebung zu erreichen, soziale Sanktionen zu vermeiden. Dies führt zu tendenziell angepasstem Verhalten und zur Orientierung an Bezugsgruppen.

3.1.8 Zusammenwirken der Prozesse: Werbewirkungshierarchien

Wie die einzelnen Prozesse der Informationsaufnahme und -verarbeitung zusammenwirken, kann anhand der Hierarchien der Werbewirkung erklärt werden. Es handelt sich dabei um Vorstellungen, in welchen Schritten es vom ersten werblichen Kontakt zur Kaufentscheidung kommt. Während vor allem in den fünfziger und sechziger Jahren des letzten Jahrhunderts versucht wurde, eine allgemeingültige Abfolge aufzustellen (z. B. AIDA: Attention – Interest – Desire – Action), wurden später Alternativtypen entwickelt, die jeweils unter bestimmten definierten Bedingungen Gültigkeit haben (Abbildung 3.2; Ray 1982, S. 184ff.).

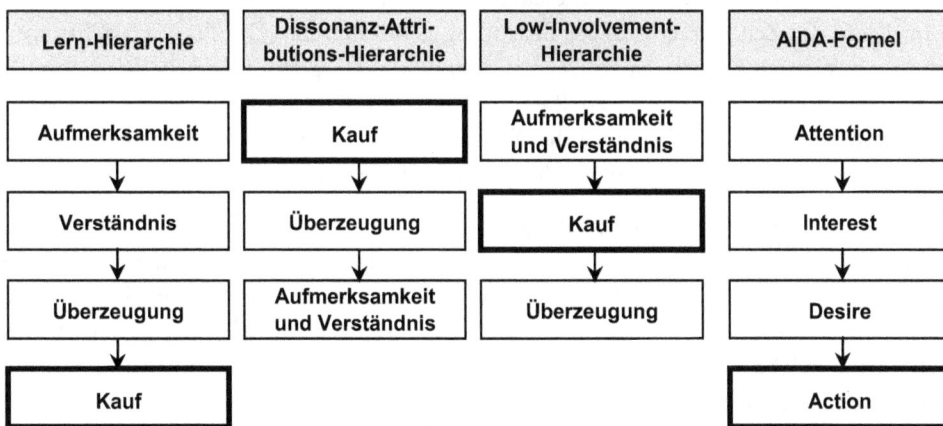

Lern-Hierarchie	Dissonanz-Attri-butions-Hierarchie	Low-Involvement-Hierarchie	AIDA-Formel
Aufmerksamkeit	**Kauf**	Aufmerksamkeit und Verständnis	Attention
Verständnis	Überzeugung	**Kauf**	Interest
Überzeugung	Aufmerksamkeit und Verständnis	Überzeugung	Desire
Kauf			Action

Abbildung 3.2: Werbewirkungshierarchien

Lern-Hierarchie:

Der Wirkungsverlauf erfolgt klassisch: Die Aufmerksamkeit des Betrachters wird durch einen Stimulus (Werbung) geweckt. Der Betrachter beschäftigt sich damit und entwickelt ein Verständnis für den Inhalt der Botschaft. Wird er dadurch im Sinne des Werbetreibenden überzeugt, kommt es zum Kauf.

Diese Abfolge ist zumindest dann wahrscheinlich, wenn

- beim Konsumenten Involvement vorliegt (das heißt Interesse am Produkt und Bereitschaft zur Verarbeitung von Informationen),
- die Produkte des jeweiligen Marktes differenziert sind,
- Massenmedien in der Kommunikation überragende Bedeutung haben und
- die Produkte sich eher in einem frühen Lebenszyklusstadium befinden.

Dissonanz-Attributions-Hierarchie:

Hierbei handelt es sich um den gegenteiligen Verlauf zur Lernhierarchie. Er kann ermittelt werden, wenn folgende Voraussetzungen vorliegen:

- Konsumenten sind involviert
- Produkte sind nur in geringem Maße differenziert
- geringe Bedeutung von Massenmedien, statt dessen eher persönliche Kommunikation relevant
- die Produkte befinden sich eher in einem späteren Lebenszyklusstadium, sind also schon längere Zeit auf dem Markt

Die Dissonanz-Attributions-Hierarchie kann als moderne Version bezeichnet werden, weil sie im Laufe der Zeit immer größere Bedeutung gewonnen hat. Die Produkterfahrungen sind in den meisten Kategorien gewachsen, sodass spontan gekauft und die Werbung für die Entscheidungsfindung nicht zu Rate gezogen wird. Erst nachdem Erfahrungen mit dem Produkt gemacht wurden, wird die Werbung beachtet. Hier setzt also erst nach dem Kauf eine Auseinandersetzung mit der Kaufentscheidung ein.

Der Kauf führt zu Dissonanzen („Habe ich mich für das richtige Produkt entschieden?"), die im Fall der Zufriedenheit eine positive Überzeugung auslösen, sonst eine negative. In Abhängigkeit davon werden durch kognitive Auseinandersetzung mit der Situation die Gründe dieser Entscheidung zugeschrieben (Attribution). Der Konsument untersucht im Nachhinein, welche Gründe zu seiner Entscheidung geführt haben. Auf diesem Wege entstehen dann Aufmerksamkeit und Verständnis.

Low-Involvement-Hierarchie:

Auf der Basis der Wirkungsforschung zur Fernsehwerbung wurde die Low-Involvement-Hierarchie entwickelt. Hierunter werden die Prozesse erfasst, bei denen kein Interesse an einer Informationsverarbeitung vorliegt. Voraussetzungen sind:

- geringes Involvement der Konsumenten
- geringer Differenzierungsgrad der Produkte
- hohe Bedeutung der Massenmedien
- die Produkte befinden sich eher in späteren Lebenszyklusstadien

AIDA-Formel:

Die AIDA-Formel entspricht weitgehend der Lernhierarchie, wobei auf den einzelnen Stufen eher die emotionalen Aspekte im Vordergrund stehen. Sie setzt ebenfalls eine intensive Auseinandersetzung mit der Kommunikation voraus, was Ausgangspunkt für die Kritik an ihr ist.

3.2 Soziale Faktoren der Kaufentscheidung

3.2.1 Familie

Die Familie ist in Deutschland gekennzeichnet durch **drei Entwicklungslinien**. Erstens gibt es einen dauerhaften Trend zur Kernfamilie. Während früher drei oder sogar vier Generationen unter einem Dach lebten, sind es heute nur noch eine oder zwei. Durch den Rückgang der durchschnittlichen Kinderzahl besteht diese Familie selten aus mehr als vier Personen. Zweitens ist der Anteil der berufstätigen Frauen angestiegen. Immer weniger Frauen sind nur Hausfrau. Dadurch sinkt die Identifikation mit der Rolle „Hausfrau", steigt das verfügbare Haushaltseinkommen und wird weniger Eigenarbeit im Haushalt geleistet. Drittens steigt durch zunehmende gesellschaftliche Aktivitäten der Einfluss von Bezugsgruppen außerhalb der Familie. Die Familie verliert damit ihren maßgebenden Einfluss auf die Mitglieder.

Daraus ergeben sich erhebliche Konsequenzen für das Konsumverhalten. Die Verkleinerung der Familien, auch die Zunahme der Ein-Personen-Haushalte, hat zunächst Einfluss auf die Nachfrage nach Wohnungen (erhebliche Steigerung insgesamt, Verschiebung in Richtung kleinerer Wohnungen), aber auch auf die Nachfrage nach Lebensmitteln (kleinere Packungsgrößen, mehr Fertiggerichte). Die steigende Frauenerwerbstätigkeit zieht eine Nachfrage nach den Leistungen nach sich, die diese Frauen sonst im Haushalt verrichtet hätten. Hierzu gehören Fertiggerichte, aber auch verschiedene Dienstleistungen wie Wäscherei, Schneiderei usw.

Die Kaufentscheidungen innerhalb der Familie unterliegen in gewissen Grenzen einer Rollenverteilung. Die klassische Aufgabenverteilung zwischen Mann und Frau hat zugunsten gemeinschaftlicher Entscheidungen abgenommen, doch wird gerade in der letzten Zeit ein zunehmender Einfluss der Kinder diskutiert.

3.2.2 Bezugsgruppen

Bezugsgruppen sind zum Beispiel die Kollegen in einer Abteilung, die Mitglieder in einem Verein oder die Nachbarschaft. Sie liefern Maßstäbe, an denen die eigenen Einstellungen gemessen werden können, sozusagen den Bezugsrahmen, und stellen Verhaltensnormen auf, deren Einhaltung über den Einsatz von Sanktionen und Belohnungen kontrolliert wird. Im Berufsleben existieren teilweise ungeschriebene Kleidernormen, denen sich die Mitarbeiter anzupassen haben.

Innerhalb der Gruppen gibt es in der Regel eine oder mehrere Personen, die besonders kontaktstark und überdurchschnittlich einflussreich sind. Diese Personen werden als **Meinungsführer** bezeichnet. Sie stellen für die anderen Gruppenmitglieder einen Orientierungspunkt dar und geben Informationen und Meinungen an die Mitglieder weiter.

Für das Marketing sind sie von erheblicher Bedeutung, weil sie einerseits innovationsbe-
reit sind, andererseits auch **Multiplikatorfunktion** übernehmen. Eine Information, die
den Meinungsführer erreicht, wird über diesen an die Gruppenmitglieder weitergeleitet.
Die Identifikation der Meinungsführer stellt allerdings ein erhebliches Problem dar. Sie
gezielt anzusprechen, ist auch nur dann wirtschaftlich vorteilhaft, wenn dadurch die Mas-
senumwerbung zumindest reduziert werden kann. Deshalb wird die Identifikation auch
regelmäßig über die Berufstätigkeit vorgenommen. So kann man etwa bei Ärzten, Rechts-
anwälten, Architekten usw. von einer Meinungsführerrolle ausgehen, da sie aufgrund ihres
Berufes häufig in fachlichen Dingen um Rat gefragt werden.

3.2.3 Soziale Milieus

Alle Menschen leben in einem größeren sozialen Umfeld, das u. a. von wirtschaftlichen
Rahmenbedingungen und Lebens- und gesellschaftlichen Einstellungen geprägt wird. In
diesem Zusammenhang werden vor allem schichtspezifische Analysen durchgeführt, die
sich einseitig an Einkommen und Beruf orientieren. Wirtschaftliche Faktoren vermögen
aber nicht mehr alleine das Verhalten von Konsumenten zu bestimmen, sodass eine Ausweitung sozialer Konzepte in Richtung auf qualitative Faktoren notwendig schien.

Große Aufmerksamkeit hat das Lebensweltmodell des Marktforschungsinstituts Sinus
Sociovision erfahren. Es führt regelmäßig Befragungen mit einem sozialwissenschaftlichen
Ansatz durch, die zur Erforschung der Lebenswelten der Deutschen führen. Danach lassen
sich die Menschen anhand zweier Dimensionen (soziale Lage und Grundorientierung)
einzelnen Milieus (Lebenswelten) zuordnen. Diese sind nicht scharf voneinander abzu-
grenzen, sondern überschneiden sich leicht und sind auch eher als grundlegende Veror-
tung, weniger als mathematische Positionierung zu verstehen. Daher auch die Bezeichnung „Kartoffelmodell".

Die Zuordnung von Personen und Zielgruppen zu Milieus soll es erleichtern, Marketing-
programme zu entwickeln, z. B. Werbemaßnahmen und Produkte zu gestalten, die auf die
Interessen der Zielgruppen ausgerichtet sind. Zudem lässt sich erkennen, wie sich die
materiellen Verhältnisse und die Werthaltungen in Deutschland im Zeitablauf verändern.
Bspw. zeigt sich, dass einzelne Zielgruppen wachsen, während andere schrumpfen oder
irgendwann ganz verschwinden. Das Modell wird daher stark von Parteien, der Kirche
und den Medien eingesetzt. Folgende Milieus wurden 2007 unterschieden (Quelle: Sinus
Sociovision 2008):

Gesellschaftliche Leitmilieus
Sinus B1 (Etablierte) 10 % – Das selbstbewusste Establishment: Erfolgs-Ethik, Machbarkeits-
denken und ausgeprägte Exklusivitätsansprüche
Sinus B12 (Postmaterielle) 10 % – Das aufgeklärte Nach-68er-Milieu: Liberale Grundhaltung,
postmaterielle Werte und intellektuelle Interessen

Sinus C12 (Moderne Performer) 10 % – Die junge, unkonventionelle Leistungselite: intensives Leben – beruflich und privat, Multi-Optionalität, Flexibilität und Multimedia-Begeisterung

Traditionelle Milieus

Sinus A12 (Konservative) 5 % – Das alte deutsche Bildungsbürgertum: konservative Kulturkritik, humanistisch geprägte Pflichtauffassung und gepflegte Umgangsformen

Sinus A23 (Traditionsverwurzelte) 14 % – Die Sicherheit und Ordnung liebende Kriegsgeneration: verwurzelt in der kleinbürgerlichen Welt bzw. in der traditionellen Arbeiterkultur

Sinus AB2 (DDR-Nostalgische) 5 % – Die resignierten Wende-Verlierer: Festhalten an preußischen Tugenden und altsozialistischen Vorstellungen von Gerechtigkeit und Solidarität

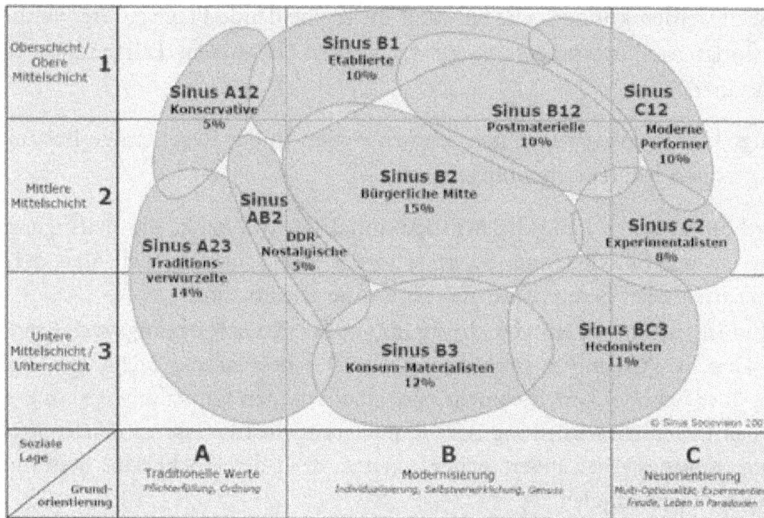

Abbildung 3.3: Sinus-Milieus (Quelle: Sinus Sociovision 2008)

Mainstream-Milieus

Sinus B2 (Bürgerliche Mitte) 15 % – Der statusorientierte moderne Mainstream: Streben nach beruflicher und sozialer Etablierung, nach gesicherten und harmonischen Verhältnissen

Sinus B3 (Konsum-Materialisten) 12 % – Die stark materialistisch geprägte Unterschicht: Anschluss halten an die Konsum-Standards der breiten Mitte als Kompensationsversuch sozialer Benachteiligungen

Hedonistische Milieus

Sinus C2 (Experimentalisten) 8 % – Die extrem individualistische neue Bohème: Ungehinderte Spontaneität, Leben in Widersprüchen, Selbstverständnis als Lifestyle-Avantgarde

Sinus BC3 (Hedonisten) 11 % – Die Spaß-orientierte moderne Unterschicht/untere Mittelschicht: Verweigerung von Konventionen und Verhaltenserwartungen der Leistungsgesellschaft

3.3 Kaufverhalten in Organisationen

Kaufentscheidungen finden auch in Unternehmen statt, jedoch unterscheidet sich die Vorgehensweise von der der Privatkonsumenten. Für den Hersteller von Investitionsgütern, also solchen Produkten, die im Rahmen einer unternehmerischen Tätigkeit verwendet werden, ist es genauso wichtig, auf das Verhalten der Abnehmer einzugehen, wie für den Konsumgüterhersteller. Bei **Investitionsgütern** kann es sich sowohl um Produktionsanlagen und -güter als auch um Produkte handeln, die gleichzeitig Konsumgüter sein könnten, etwa Schreibmaschinen, die vom Sekretär im Büro ebenso wie von Privatpersonen eingesetzt werden können. Die ent- und unterscheidende Frage ist die, ob die Güter in einem Leistungserstellungsprozess eingesetzt werden. In diesem Fall handelt es sich um Investitionsgüter.

Beschaffungsentscheidungen in Unternehmen weisen in der Regel einige **Besonderheiten** gegenüber privaten Kaufentscheidungen auf:

- Dazu gehört in erster Linie die **Multipersonalität**, das heißt, die Beteiligung mehrerer Personen an der Entscheidung. So ist es in der Regel auch der Fall, dass der Einkäufer nicht gleichzeitig der Benutzer ist, also für andere gekauft wird.
- Weiterhin ist regelmäßig ein **Genehmigungs- oder Rechtfertigungsverfahren** zu durchlaufen. Dies hängt damit zusammen, dass bei der Beschaffung nicht über eigenes Geld, sondern über Geld des Unternehmens oder eines externen Kapitalgebers verfügt wird. Insofern haben Unternehmensleitung oder Kapitalgeber ein Interesse an der Kontrolle des Beschaffungsvorgangs. Dies äußert sich konkret z. B. in der Pflicht, eine bestimmte Anzahl von Angeboten einzuholen.
- Mit diesen zwei Faktoren verbunden ist eine in der Regel wesentlich längere **Dauer des Entscheidungsverfahrens** als bei privaten Käufen. Angebotserstellung, -prüfung, Genehmigungen, Absprachen, Klärung der Finanzierungsfrage usw. lassen z. B. keine spontanen Entscheidungen zu.
- Über Preis und Leistung hinaus werden zudem weitere Elemente einer **Vertragsbeziehung** wichtig. So wird wesentlich häufiger die Frage der Akzeptanz von Liefer- oder Bestellbedingungen, der Gewährung von Zahlungszielen, des Transports und der Versicherung zu untersuchen sein.
- Nicht zuletzt ist der Faktor der **wirtschaftlichen Bedeutung** der Kaufentscheidung zu berücksichtigen. Industrielle Beschaffung kann die Ausgabe von Beträgen in Millionenhöhe bedeuten und im Falle einer Fehlentscheidung Existenzkrisen auslösen. Auch bei der Ausgabe kleinerer Beträge, etwa für Büromaterial, sind größere Konsequenzen zu berücksichtigen, da die Kaufentscheidung regelmäßig im Rahmen einer langfristig angelegten Geschäftsbeziehung (Stammlieferant, Mindestabnahmeverpflichtung. Bonusregelung usw.) erfolgt.

Wie bereits oben erwähnt, handelt es sich beim Beschaffungsprozess in der Regel um einen Vorgang, an dem mehrere Personen beteiligt sind. Diese Gruppe wird als **Buying**

Center bezeichnet. Nach Webster und Wind (1972, S. 78ff.) werden folgende fünf Rollen unterschieden: Einkäufer, Benutzer, Beeinflusser, Entscheider und Informationsselektierer (gatekeeper).

Der **Einkäufer** besitzt die formale Macht, die Kaufentscheidung umzusetzen. Er ist zuständig für alle formalen, mit der Entscheidung verbundenen Aktivitäten. Dazu gehören die Auftragserteilung, Prüfung der Zahlungs- und Lieferbedingungen und die Auswahl des oder einer Reihe möglicher Lieferanten. In größeren Unternehmen ist er Mitglied einer eigenständigen Einkaufsabteilung, die ansonsten mit der Produktverwendung nichts zu tun hat.

Benutzer sind zumindest theoretisch die wichtigsten Personen des Buying Centers, weil sie das zu beschaffende Produkt verwenden müssen und häufig auch über einschlägige Produktkenntnisse verfügen und kritische Merkmale kennen. Werden die Benutzer jedoch nicht ihrer eigentlichen Rolle entsprechend am Entscheidungsprozess beteiligt, entsteht ein erhebliches Konfliktpotenzial. So kann es einerseits zu psychischer Frustration kommen, wenn sich das Produkt als nicht geeignet herausstellt, andererseits auch zu vollständiger Ablehnung, wenn Alternativen zur Verfügung stehen. Diese Gefahr ist besonders beim Einsatz von EDV (zum Beispiel Textverarbeitungsprogrammen) zu sehen, weil sowohl gewisse Hemmschwellen als auch Gewöhnungs- und Einarbeitungszeiten zu berücksichtigen sind.

Als **Beeinflusser** wird die Person/-engruppe bezeichnet, die ohne konkrete formale Funktion auf den Entscheidungsprozess einwirkt. Darunter werden zum Beispiel Fachleute erfasst, die mitunter in anderen Zusammenhängen Produkterfahrungen gesammelt haben.

Wer letztlich **Entscheider** ist, ist häufig von der Größenordnung des Geschäfts abhängig. Während finanziell relativ unbedeutende Käufe in der Regel von einzelnen Abteilungsleitern oder Einkäufern genehmigt werden können, ist dafür bei größeren Investitionen häufig die Entscheidung des Geschäftsführers oder Vorstands erforderlich.

Informationsselektierer übernehmen eine Filterfunktion, indem sie in den Informationsfluss eingreifen. Ihre Aufgabe ist es, wichtige Informationen (Werbung, Angebote usw.) von unwichtigen zu trennen und nur erstere weiterzuleiten. Diese Funktion können zum Beispiel Assistenten der Geschäftsleitung oder Sekretärinnen übernehmen.

Diese Rollenverteilung setzt nicht voraus, dass jeweils genau oder mindestens eine Person für die einzelnen Aktivitäten zuständig ist. Es können auch mehrere Funktionen von einer Person wahrgenommen werden.

Das Zusammenwirken der einzelnen Faktoren soll anhand des **Webster/Wind-Modells** erläutert werden. Folgende Gruppen von Einflussfaktoren werden unterschieden:

Umweltbedingte Determinanten: Dazu gehören sowohl Subsysteme der Umwelt als auch einzelne Interessengruppen und Marktteilnehmer.

Organisationsbedingte Determinanten: Hier werden die unternehmensspezifischen Rahmenbedingungen der Kaufentscheidung erfasst.

Interpersonale Prozesse im Buying Center: Wie bereits oben dargestellt, gehören hierzu die Beteiligten des Entscheidungsprozesses. Sie agieren in Abhängigkeit von ihren Rollen im Entscheidungsprozess.

Intrapersonale Determinanten: Hierzu gehören die Faktoren, die personenspezifisch und relativ unabhängig von der organisationalen Umgebung sind. Hier gelten zum Beispiel auch im wesentlichen die Erkenntnisse über das Kaufverhalten bei Privatpersonen.

Abbildung 3.4 stellt vereinfacht das Webster/Wind-Modell (vgl. 1972, S. 15) dar.

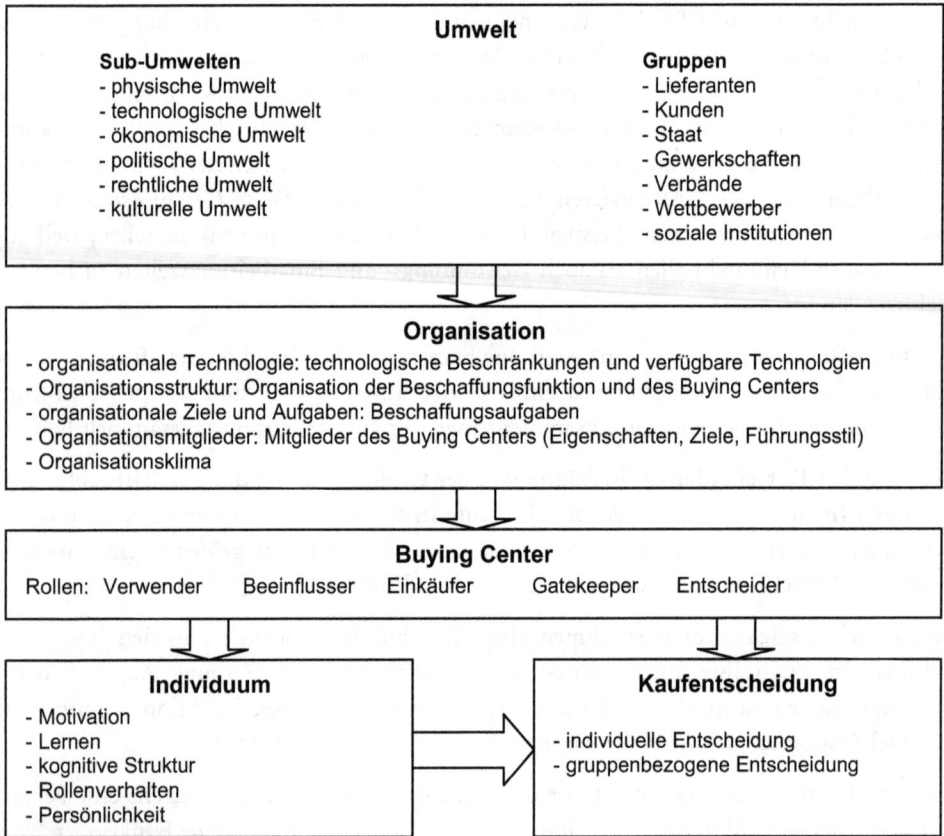

Umwelt

Sub-Umwelten	**Gruppen**
- physische Umwelt	- Lieferanten
- technologische Umwelt	- Kunden
- ökonomische Umwelt	- Staat
- politische Umwelt	- Gewerkschaften
- rechtliche Umwelt	- Verbände
- kulturelle Umwelt	- Wettbewerber
	- soziale Institutionen

Organisation

- organisationale Technologie: technologische Beschränkungen und verfügbare Technologien
- Organisationsstruktur: Organisation der Beschaffungsfunktion und des Buying Centers
- organisationale Ziele und Aufgaben: Beschaffungsaufgaben
- Organisationsmitglieder: Mitglieder des Buying Centers (Eigenschaften, Ziele, Führungsstil)
- Organisationsklima

Buying Center

Rollen: Verwender   Beeinflusser   Einkäufer   Gatekeeper   Entscheider

Individuum	**Kaufentscheidung**
- Motivation	
- Lernen	- individuelle Entscheidung
- kognitive Struktur	- gruppenbezogene Entscheidung
- Rollenverhalten	
- Persönlichkeit	

Abbildung 3.4: Webster/Wind-Modell des organisationalen Beschaffungsverhaltens

4 Strategisches Marketing

4.1 Der Planungsprozess im Unternehmen

Die Planung des Marketing ist wie die aller Funktionsbereiche in den übergreifenden unternehmensweiten Planungsprozess integriert. Dies betrifft sowohl die strategische als auch die operative Ebene. Auf der strategischen Ebene spielt das Marketing eine herausragende Rolle, weil seine Aufgaben mit denen der strategischen Unternehmensplanung weitgehend übereinstimmen. Zudem werden für die strategische Marketingplanung umfangreich Informationen über das Umfeld benötigt, die auch im Rahmen einer umfassenden Situationsanalyse erhoben werden.

Planungsprozesse in Unternehmen folgen immer wieder der gleichen **Logik**: Zunächst werden Informationen gesammelt, die die Situation und Perspektiven für die Zukunft beschreiben. Dann erfolgt die Definition von Zielen, der allerdings in der Theorie eine weit größere Bedeutung beigemessen wird als in der Praxis. Die daraus entwickelten Strategien stellen die längerfristig gültigen Leitlinien für die Planung dar. Sie sind eher qualitativ als quantitativ, insofern weniger konkret und nachprüfbar, sollen dafür auch für einen längeren Zeitraum Gültigkeit besitzen.

Der nächste Schritt ist dann die strategische Planung. Sie wird in der Regel konkretisiert für die Funktionsbereiche, Regionen oder Geschäftsfelder des Unternehmens. Maßgebend dafür sind die Tätigkeitsfelder des Unternehmens und seine organisatorische Struktur. So gibt es in einigen Unternehmen Funktionsbereichsstrategien, in anderen Geschäftsbereichsstrategien, mitunter aber auch beides zusammen.

Strategisch wird zwar oft mit langfristig gleichgesetzt, heißt aber eigentlich mehr (vgl. zum Beispiel Hofer/Schendel 1978, S. 23ff.):

- **Langfristigkeit** (zumindest in der Theorie: mindestens fünf Jahre)
- **Synergieorientierung** (Nutzung von Kooperationsmöglichkeiten und Abstimmung der Instrumente, einerseits um Rationalisierungspotenziale zu nutzen, andererseits die Leistung zu steigern)
- **Ressourcenorientierung** (Nutzung besonderer Stärken und Potenziale des Unternehmens, nicht nur auf Rohstoffe und den Beschaffungsbereich bezogen)
- **Kräftekonzentration** (Beschränkung der unternehmerischen Tätigkeit auf Kernbereiche, Verzicht auf Engagements in Bereichen, in denen keine Kompetenz vorhanden ist)

- **Risikoausgleich** (Ausgleich des Angebotsprogramms in Bezug auf Nachfrage-, Markt-, Rechts- und andere Risiken)
- **konzeptionelle Gesamtsicht** (Sicherung des Überblicks über die Unternehmensaktivitä-ten, Verfolgung gemeinsamer, sich nicht widersprechender Ziele)
- **Wettbewerbsorientierung** (Abgrenzung gegenüber dem Angebot von Wettbewerbern, Positionierung des eigenen Unternehmens in Bezug auf Wettbewerber)

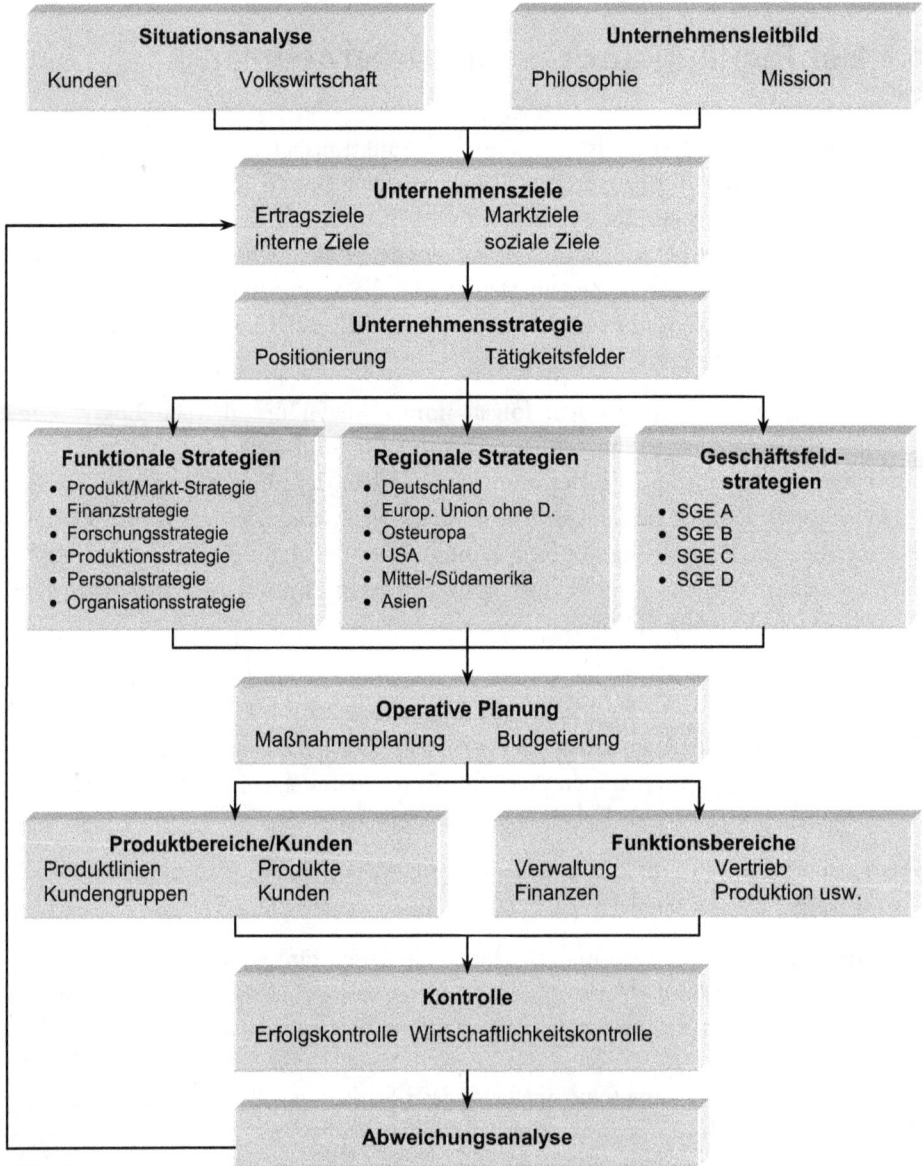

Situationsanalyse

Kunden   Volkswirtschaft

Unternehmensleitbild

Philosophie   Mission

Unternehmensziele

Ertragsziele   Marktziele
interne Ziele   soziale Ziele

Unternehmensstrategie

Positionierung   Tätigkeitsfelder

Funktionale Strategien
- Produkt/Markt-Strategie
- Finanzstrategie
- Forschungsstrategie
- Produktionsstrategie
- Personalstrategie
- Organisationsstrategie

Regionale Strategien
- Deutschland
- Europ. Union ohne D.
- Osteuropa
- USA
- Mittel-/Südamerika
- Asien

Geschäftsfeld-strategien
- SGE A
- SGE B
- SGE C
- SGE D

Operative Planung

Maßnahmenplanung   Budgetierung

Produktbereiche/Kunden
Produktlinien   Produkte
Kundengruppen   Kunden

Funktionsbereiche
Verwaltung   Vertrieb
Finanzen   Produktion usw.

Kontrolle
Erfolgskontrolle Wirtschaftlichkeitskontrolle

Abweichungsanalyse

Abbildung 4.1: Planungsprozess im Unternehmen

Die strategische Planung bezieht sich oft auf strategische Geschäftseinheiten, weniger auf einzelne Produkte oder Dienstleistungen.

Eine solche **strategische Geschäftseinheit (SGE)** ist ein gedanklich oder organisatorisch zusammengefasstes Tätigkeitsfeld eines Unternehmens, für das eine einheitliche Strategie entwickelt wird. Sie kann durchaus Produkte aus unterschiedlichen Organisationseinheiten enthalten, wenn sie z. B. an die gleiche Zielgruppe oder über die gleichen Vertriebswege verkauft werden.

Zu den bekanntesten Beispielen gehören die SGE von Melitta. Das Unternehmen hat sich nicht an den Produkten oder Technologien orientiert (z. B. Papierprodukte, Elektrogeräte usw.), sondern am Verwendungszusammenhang und der Markierung. So bezieht sich eine SGE auf Kaffeeprodukte (Marke: Melitta) und umfasst Kaffeefilter, Kaffee, Kaffeemaschinen, während eine andere (Marke: Swirl) Zellstoffprodukte und Papiere wie etwa Brillenputztücher und Staubsaugerbeutel umfasst.

Aus der strategischen Planung leitet sich die **operative** ab. Sie ist zum einen auf Funktionen wie Marketing, Produktion, Verwaltung ausgerichtet, zum anderen auf die einzelnen Produkte oder Kunden, wobei wiederum der Marketingbezug besonders relevant sein kann. Neben der inhaltlichen Planung, was zu tun ist und vor allem wie die einzelnen Aktivitäten zu koordinieren sind, spielen formale Fragen eine besondere Rolle, etwa die Verfügbarkeit finanzieller Mittel für die Umsetzung.

Im Anschluss an die Umsetzung der Pläne wird der Erfolg, vor allem im Hinblick auf die Zielerreichung, kontrolliert. Neben der reinen, eher quantitativen Leistungskontrolle, werden auch die Verfahren einer Analyse unterzogen. So sollen für die Zukunft Prozesse optimiert werden. Die ermittelten Abweichungen gehen dann in die nächste Zielplanung ein. Abbildung 4.1 stellt einen solchen Planungsprozess dar.

4.2 Situationsanalyse

Abbildung 4.2 zeigt, welche Instrumente der Situationsanalyse mit dem Fokus intern/extern sowie gegenwärtigem oder zukünftigem Zeitbezug eingesetzt werden können.

		Zeitbezug	
		aktuell	zukünftig
Fokus	intern	Stärken/Schwächen-Analyse	Potenzialanalyse (Know-how, Finanzen, Kapazitäten)
	extern	Marktanalyse (Kunden und ihre Anforderungen, Wettbewerb, Volkswirtschaft)	Chancen/Risiken-Analyse

Abbildung 4.2: Instrumente der Situationsanalyse

4.2.1 SWOT-Analyse

Ein zentrales Instrument ist die SWOT-Analyse (Strenths, Weaknesses, Opportunities, Threats), das heißt eine kombinierte Stärken/Schwächen- und Chancen/Risiken-Analyse. Sie schließt die Analyse der Umwelt ebenso wie die des Unternehmens selbst ein:

Strengths – Stärken des Unternehmens (technologisches Potenzial, Qualifikation der Mitarbeiter, Image usw.),

Weaknesses – Schwächen des Unternehmens (Kostensituation, Alter der Produkte und Produktionsanlagen, mangelnde Bekanntheit usw.),

Opportunities – Chancen für das Unternehmen (neue Märkte, neue Anwendungsmöglichkeiten für die Produkte usw.),

Threats – Bedrohungen für das Unternehmen (neue Wettbewerber, nachlassende Kaufkraft, rechtliche Reglementierungen usw.).

4.2.2 Marktanalyse

Ziel der Marktanalyse ist es, die Struktur des aktuellen und ggf. potenziellen Absatzmarktes zu erfassen und vor allem auf zu erwartende Änderungen aufmerksam zu machen. Im Mittelpunkt stehen das Konsumentenverhalten sowie die darauf einwirkenden Faktoren.

Sämtliche relevanten Faktoren zu erfassen, die das Konsumverhalten bestimmen, dürfte unmöglich sein. Zumindest ökonomische und demografische Faktoren sollten jedoch beobachtet werden. Dazu gehören z. B.:

- Einwohnerzahl in den Absatzgebieten, Verteilung auf die Altersgruppen, Verteilung auf Stadt- und Landbevölkerung, Haushaltsgrößen, Ausgabenstruktur (Quelle: z. B. Statistisches Jahrbuch des Statistischen Bundesamtes),
- verfügbares Einkommen, Kaufkraft in den einzelnen Kreisen (Quelle: Kaufkraftkarten, die von einigen Marktforschungsinstituten wie Macrom und GfK erstellt werden),
- grundlegende Kaufverhaltensmuster (Wahl der Einkaufsstätten, Preissensibilität, Reklamationsverhalten; Quellen z. B.: Marktforschungsinstitute, Dialoge-Studien von Gruner+Jahr, Markt- und Branchenstudien von Focus).

Da diese Faktoren einem stetigen Wandel unterliegen und somit nur für einen kurzen Zeitraum gültig sind, sollten gleichzeitig auch die Faktoren untersucht werden, die dieses Verhalten beeinflussen und verursachen. Dabei ist z. B. zu denken an:

- langfristige Entwicklung der Einkommen auf Grund von Steuerpolitik, wirtschaftlicher Entwicklung der Branche, Vermögensbildungspolitik usw.,
- Entwicklung der Betriebstypen im Handel (z. B. Fachmärkte, Convenience Stores, Factory Outlets, Einkaufszentren „auf der grünen Wiese"),
- Entwicklung der Rechtsprechung und Gesetzgebung (z. B. Wettbewerbsrecht, Produkthaftung, Werberecht),

- Marketingmaßnahmen der Wettbewerber (z. B. Produkteinführungen, Änderungen des Werbestils, Neupositionierungen),
- Machtverhältnisse auf dem Absatzmarkt (z. B. Zusammenschlüsse, Allianzen, Kooperationen).

Diese Analyse ist produkt- und leistungsbezogen um eine Anforderungsanalyse zu ergänzen, die Aussagen darüber macht, welche konkreten Forderungen Konsumenten und gewerbliche Abnehmer an die Produkte und Leistungen stellen. Hierzu gehören z. B. Anforderungen an Sicherheit, Umweltfreundlichkeit, Leistungsfähigkeit, Haltbarkeit, Preis, Unterhalts- und Reparaturkosten, Verfügbarkeit (zeit- und raumbezogen), Ästhetik/Design und Status/Image.

Darüber hinaus gehört zur Marktanalyse die Beobachtung der globalen Marktgrößen wie Marktvolumen und Marktpotenzial (Quellen jeweils: Paneldaten von Marktforschungsinstituten, Verbandsinformationen).

4.2.3 Unternehmens-/Potenzialanalyse

Im Rahmen der Unternehmensanalyse ist festzustellen, welche Merkmale des Unternehmens sich als förderlich oder hinderlich für die Umsetzung einer Strategie erweisen. Es geht um die Ermittlung spezifischer Stärken und Schwächen, die von strategischer Bedeutung sind. Bei der Erläuterung des Strategiebegriffs wurde bspw. auf die Ressourcenorientierung hingewiesen. Dabei handelt es sich um Stärken des Unternehmens, die bei Wettbewerbern nicht oder nicht in dem Maße vorhanden sind, und sich so als Basis für die Erzielung von Differenzierungsvorteilen eignen.

Als Raster der Unternehmensanalyse kann die Gliederung in Funktionsbereiche herangezogen werden. So kann eine weitgehende Vollständigkeit erreicht werden. Einige Beispiele für zu analysierende Punkte im Marketing:

- vorhandenes Image/Positionierung
- Intensität der Beziehungen zu Kunden/Händlern (Kundenbindungssysteme)
- Wert bestehender Marken
- Kundenzufriedenheit
- durchgesetzte Preisprämien
- Bekanntheitsgrad

4.3 Wettbewerbsintensitätsanalyse

Die Wettbewerbsintensitätsanalyse bezieht die Interaktionen zwischen den Unternehmen, Lieferanten und Abnehmern sowie die Marktdynamik ein. Sie ist eine vollständige Analyse der Machtverhältnisse auf dem Markt und hilft, zukünftige Entwicklungen und Handlungspotenziale abzuschätzen.

Porter (1999, S. 27ff.) unterscheidet fünf **Faktoren der Wettbewerbsintensität** (Abbildung 4.3): Markteintritte, Rivalität unter den bestehenden Wettbewerbern, Gefahr durch Ersatzprodukte, Verhandlungsstärke von Lieferanten und Verhandlungsstärke von Kunden.

Je geringer die Wettbewerbsintensität ist, desto attraktiver ist der Markt für die Anbieter. Hohe Intensität kann zu der Entscheidung führen, nicht in den Markt zu gehen oder einen Markt zu verlassen. Weiterhin entsteht in der Regel ein erheblicher Preisdruck sowie der Zwang zu kontinuierlicher Innovation.

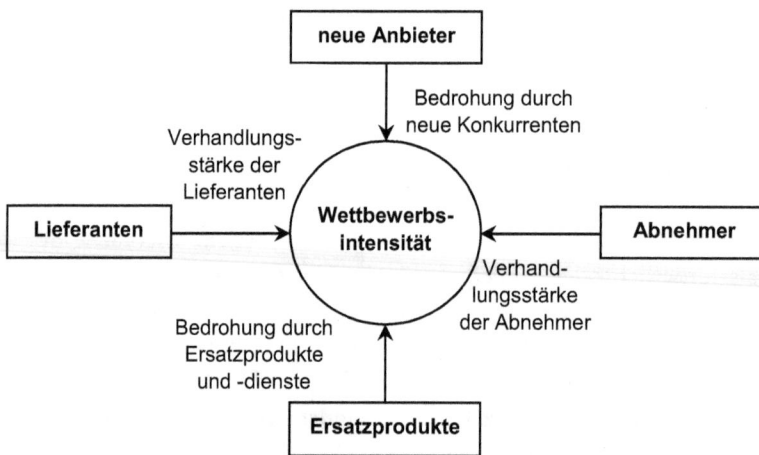

Abbildung 4.3: Faktoren der Wettbewerbsintensität (nach Porter)

Die **Gefahr neuer Markteintritte** hängt zunächst von der Existenz und Höhe von Eintrittsbarrieren ab. Diese sind z. B. in folgenden Situationen hoch:

- bei hohen Kostendegressionseffekten der bestehenden Hersteller
- bei einem hohen Maß an Produktdifferenzierung und damit enger Bindung an die Zielgruppe
- bei hohem erforderlichem Kapitalbedarf
- bei hohen Kosten für den Lieferantenwechsel eines Abnehmers
- bei schwierigem Zugang zu bestehenden Vertriebskanälen
- bei starken zu erwartenden Reaktionen seitens der etablierten Anbieter

Beispiele: Branchen mit hohen Eintrittsbarrieren sind etwa Luftverkehr, Mineralöl oder Taxibetriebe. Geringe Eintrittsbarrieren gibt es bei Anwendungssoftware, Unternehmensberatungen oder im Handel.

Die **Rivalität unter den bestehenden Wettbewerbern** ist typischerweise in folgenden Situationen besonders intensiv:

- bei zahlreichen oder gleich gut ausgestatteten Wettbewerbern
- bei geringem Branchenwachstum
- bei hohen Fixkostenanteilen
- bei geringer Produktdifferenzierung
- bei hohen Marktaustrittsbarrieren

Beispiele für Märkte mit hoher Rivalität sind: Mobiltelefone, Personenkraftwagen, Zeitungen/ Zeitschriften, Versicherungen. Geringe Rivalität findet man inzwischen immer seltener, teilweise bei Energieversorgern, bei Luxusherstellern und bei den staatlichen Bildungseinrichtungen. Meist handelt es sich um ehemalige oder aktuelle Monopolmärkte.

Der **Druck durch Substitutionsprodukte** ist ein weiterer Wettbewerbsfaktor. Hier spielen einerseits mögliche preisliche Vorteile eine Rolle, wenn etwa ein Ersatzprodukt kostengünstiger hergestellt werden kann, andererseits mögliche neue Leistungsmerkmale, die mit den bestehenden Produkten nicht erreicht werden können.

Beispiele für solche Substitutionsprozesse:

- Substitution der Typenhebelschreibmaschine durch die Kugelkopf-, dann Typenradschreibmaschine, schließlich durch Textsysteme und Personal Computer
- Substitution Umwelt schädigender durch umweltschonende Produktionsprozesse z. B. in der chemischen Industrie
- Substitution von Schallplatten durch Compact Discs, diese durch die DVD und weiter durch Blu-ray
- partielle Substitution von Naturfasertextilien durch atmungsaktive Kunstfasertextilien (z. B. Sympatex, Gore tex)

Die **Verhandlungsstärke der Abnehmer** ist dann besonders groß, wenn

- es nur wenige marktstarke Abnehmer gibt,
- die Produkte für den Anbieter eine hohe Bedeutung haben,
- der Standardisierungsgrad der Produkte hoch ist und
- vollständige Information der Käufer vorliegt.

Beispiele: Lebensmittel-Einzelhandel und Automobilhersteller (als Abnehmer von Produkten/ Handelsware)

Für die Verhandlungsstärke von Lieferanten gelten diese Kriterien spiegelbildlich.

4.4 Portfoliotechniken

Der Begriff **Portfolio** stammt von (Wertpapier-)Portefeuille, und spielt damit auf den Gedanken der Risikostreuung an. So soll sich das Unternehmen Gedanken über das Risiko und die Erfolgssituation ihrer Geschäftseinheiten machen. Portfoliotechniken sind als unternehmensbezogene Analyseinstrumente konzipiert, die einen Überblick über die Unternehmenssituation verschaffen sollen, anstatt sich mit Detailproblemen einzelner Produkte auseinanderzusetzen. Sie haben ursprünglich einen finanziellen Hintergrund (Zuweisung bzw. Abschöpfung finanzieller Mittel), werden heute aber oft marktstrategisch oder auch auf den Kundenstamm bezogen eingesetzt.

Aus dem für ein Unternehmen erstellten Portfolio lassen sich Empfehlungen für die Verfolgung so genannter **generischer Strategien** ableiten. Sie zeigen allerdings nicht, wie diese inhaltlich auszufüllen sind (Abbildung 4.4).

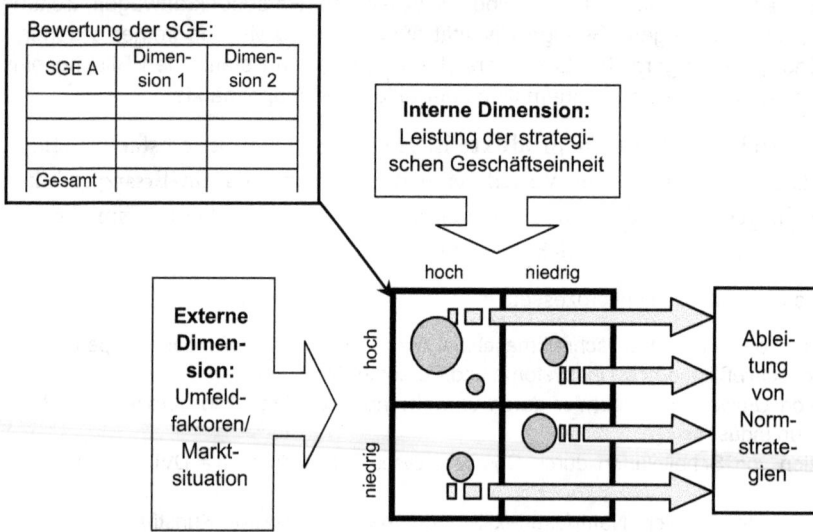

Abbildung 4.4: Portfolio-Konstruktion

Marktwachstum/Marktanteil-Portfolio

Dieses Portfolio wurde von der Boston Consulting Group in den sechziger Jahren des letzten Jahrhunderts entwickelt. Es verwendet als unternehmensinterne Größe den relativen Marktanteil (Marktanteil der eigenen SGE : Marktanteil der SGE des stärksten Konkurrenten) und als unternehmensexterne Größe das Marktwachstum.

Das Marktwachstum ist aus zwei Gründen bedeutsam:

- Stark wachsende Märkte bieten Chancen für neue Produkte. Stagnierende Märkte sind regelmäßig durch hohen Verdrängungswettbewerb gekennzeichnet, sodass neue Anbieter nur geringe Chancen für die erfolgreiche Einführung ihrer Produkte haben. Neue Produkte in wachsenden Märkten stellen daher ein Erfolgspotenzial für ein Unternehmen dar.
- Wachsende Märkte erfordern aber auch einen hohen Mitteleinsatz. Die Attraktivität des Marktes führt zu einer permanenten Bedrohung durch Markteintritte von Wettbewerbern. Stagnierende Märkte dagegen sind kostengünstiger, weil die Bedrohung durch neue Konkurrenten geringer ist.

Die Betrachtung dieser beiden Größen ergibt für ein Unternehmen folgende Zielsetzung:

1. Schaffung eines Ausgleichs zwischen SGE in wachsenden und stagnierenden Märkten,
2. Förderung der Geschäftseinheiten im Hinblick auf eine Steigerung des Marktanteils.

Das Marktanteil/Marktwachstum-Portfolio sieht wie in Abbildung 4.5 gezeigt aus.

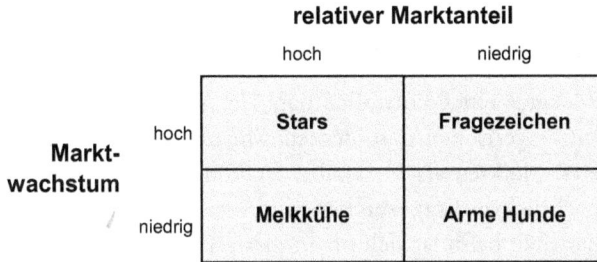

relativer Marktanteil

	hoch	niedrig
hoch	Stars	Fragezeichen
niedrig	Melkkühe	Arme Hunde

Marktwachstum

Abbildung 4.5: Marktanteil/Marktwachstum-Portfolio

Die Matrix wird in vier Felder unterteilt, denen bestimmte Charakteristika und Konsequenzen für die Unternehmensstrategie zugeordnet werden. Die Abgrenzung bereitet jedoch gewisse Schwierigkeiten. Ursprünglich lag die Grenze zwischen hohem und niedrigem Wachstum bei zehn Prozent und zwischen hohem und niedrigem relativem Marktanteil bei 1,5. Dies ist heute nicht mehr vertretbar, sodass die Grenze daher eher im Bereich von ein bis drei Prozent Marktwachstum und 0,8 relativer Marktanteil gezogen wird. Der relative Marktanteil ist definiert als: eigener Marktanteil : Marktanteil des stärksten Konkurrenten.

Feld	Definition	Charakteristika
Fragezeichen	niedriger Marktanteil, hohes Marktwachstum	meist neue SGE, hoher Finanzbedarf zur Unterstützung der Etablierung auf dem Markt, hohes Risiko des Scheiterns (Marktaustritt), schlechte Ertragssituation, nicht als dauerhafte Position geeignet, negativer Cash-flow – ggf. Desinvestitionsentscheidung notwendig
Stern	hoher Marktanteil, hohes Marktwachstum	etablierte SGE in attraktivem Markt, hoher Finanzbedarf, aber verbesserte Ertragssituation durch hohen Marktanteil, negativer/ausgeglichener Cash-flow, Stärkung der Wettbewerbsvorteile zum Ausbau der Marktposition erforderlich
Melkkuh	hoher Marktanteil, niedriges Marktwachstum	etablierte SGE in unattraktiv gewordenem Markt, geringer Finanzbedarf aufgrund geringer Konkurrenzbedrohung, sehr gute Ertragssituation, hoher Cash-flow, Halten der Marktposition erforderlich, Abschöpfen der Überschüsse
Armer Hund	niedriger Marktanteil, niedriges Marktwachstum	unattraktive SGE in unattraktivem Markt, schlechte Zukunftsaussichten, kein Finanzbedarf, keine Investitionen sinnvoll, Ertragssituation/Cash-flow kann sowohl gut als auch schlecht sein, daher keine unbedingte Desinvestition

Abbildung 4.6: Charakteristika der Portfoliofelder

Die vier Felder wurden mit prägnanten Titeln überschrieben, was sicher zur Verbreitung des Konzeptes beigetragen hat. Es lassen sich die in Abbildung 4.6 gezeigten Standardcharakteristika erkennen.

Aufgrund dieser Charakteristika kann eine optimale Portfoliostruktur entwickelt werden. Dabei ist aber zu berücksichtigen, dass das Portfolio keine Aussage zur Gewinnsituation macht. Eine Melkkuh kann aufgrund unternehmerischer Fehlentscheidungen defizitär sein, ein Armer Hund kann Gewinn erwirtschaften.

Melkkühe stellen das Rückgrat eines Portfolios dar. Sie finanzieren das Unternehmen und auch den Aufbau von Fragezeichen und Sternen. **Sterne** sind attraktiv und befinden sich in zukunftsträchtigeren Märkten als Melkkühe. Sie können im Laufe der Zeit in die Position der Melkkühe nachrücken. **Fragezeichen** sind meist Nachwuchs für Sterne. Ein gerade aufgebautes Geschäftsfeld befindet sich oft in dieser Position. Auch sie werden von den Melkkühen finanziert. Insgesamt muss also für Nachwuchs in der Fragezeichenkategorie gesorgt werden, um langfristig Ersatz für ausfallende Melkkühe und Sterne zu haben. **Arme Hunde** schließlich befinden sich in einer schlechten Position und weisen auch kein Potenzial auf. Hier sollten Cash-flows abgeschöpft bzw. sollten sie eliminiert werden. In der Regel bietet es sich auch an, zwischen den oberen und den unteren Feldern einen Ausgleich herzustellen.

Marktattraktivität/Wettbewerbsposition-Portfolio

Dieses Portfolio wurde von der Unternehmensberatung McKinsey entwickelt. Es verwendet im Gegensatz zur ersten Matrix nicht mehr nur zwei harte, das heißt quantitative, objektiv überprüfbare Kriterien, sondern weiche, das heißt teils subjektiv geprägte, auf Einschätzungen beruhende.

Beim **Marktattraktivität/Wettbewerbsposition-Portfolio** werden zahlreiche Kriterien zur Beurteilung strategischer Geschäftseinheiten verwendet. Mithilfe entsprechender Kriterienkataloge werden die Attraktivität des Marktes (externe Größe) und die Wettbewerbsposition der Geschäftseinheit (interne Größe) bewertet.

Auf der Basis dieser Beurteilungen sollen dann Entscheidungshilfen bezüglich der **Grundstrategien Investition** (kontinuierliche Unterstützung einer strategischen Geschäftseinheit), **Desinvestition** (Rückzug aus einer strategischen Geschäftseinheit) und **Selektion** (nach eingehender Prüfung entweder Investition oder Desinvestition) gegeben werden. Das Portfolio ist wie in Abbildung 4.7 gezeigt aufgebaut.

Die Chance, die Beurteilung auf eine breitere Basis zu stellen, wird jedoch mit der Gefahr subjektiver Verfälschungen erkauft. So ist es auch vom Analysierenden abhängig, welche Beurteilung eine SGE erhält. Diese Subjektivität wird in der Praxis dadurch einzudämmen versucht, dass Mittelwerte der Urteile mehrerer Personen verwendet werden.

Wettbewerbsposition

| | stark | mittel | schwach |

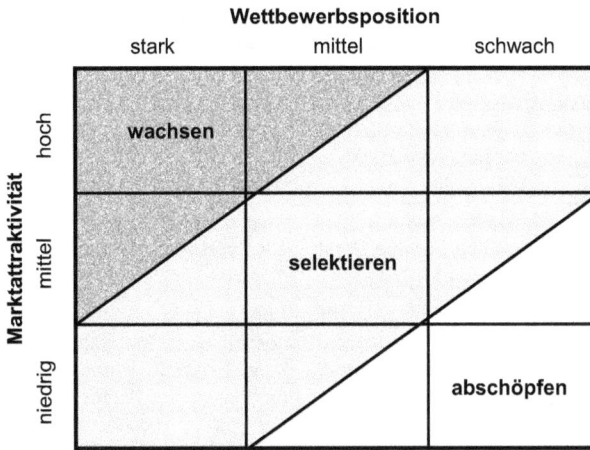

Abbildung 4.7: Marktattraktivität/Wettbewerbsposition-Portfolio

Zur **Beurteilung der SGE** sind folgende Schritte erforderlich:

1. Bestimmung der relevanten Kriterien: Da die verwendeten Dimensionen aus vielen Einzelkriterien bestehen, stellt die Operationalisierung das größte Problem dar. Vor allem ist auch eine Auswahl erforderlich. Abbildung 4.8 stellt eine beispielhafte Zusammenstellung von Kriterien der Bewertung dar.
2. Die Summe der mit dem Gewichtungsfaktor multiplizierten Beurteilungen geteilt durch die Summe der Gewichte ergibt den Durchschnittswert, der die Position der SGE im Portfolio bestimmt.

Marktattraktivität			Wettbewerbsposition		
Kriterium	Gewicht	Punkte	Kriterium	Gewicht	Punkte
Marktvolumen			Marktanteil		
Marktentwicklung			Umsatzentwicklung		
Marktpotenzial			Rentabilität		
vorhandene Exklusivbindungen			Kostenstruktur		
Zahl der Wettbewerber			Unternehmensimage		
Preisentwicklung			Bindungen zum Handel		
Marktzutrittsbarrieren			Kundenstruktur		
Kaufkraft			Kapazitäten		
rechtliche Rahmenbedingungen			Standort		
Lieferantenstruktur			Forschungspotenzial		
vorhandene Distributionswege			Mitarbeiterqualifikation		
Summe:	100 %			100 %	

Abbildung 4.8: Beispiel für Bewertungskriterien im Rahmen einer Portfolioanalyse

Je nach Position im Portfolio lassen sich Strategieempfehlungen ableiten:

Strategietyp	Portfolioposition	Strategieempfehlung
Wachstums-/ Investitionsstrategie	hohe Wettbewerbs-position/hohe Markt-attraktivität	Position halten bzw. ausbauen, Investitionen in Produktion und Marketing, Verteidigung gegenüber neuen Wettbewerbern
Abschöpfungs-/Des-investitionsstrategie	niedrige Wettbewerbs-position/niedrige Markt-attraktivität	Position langsam abbauen, Mittel abschöpfen und zur Deckung des Investitionsbedarfs in den Wach-stumsfeldern verwenden, Rationalisieren
Selektive Strategie	mittlere Wettbewerbs-position/mittlere Markt-attraktivität	Entscheidung, ob SGE langfristig gefördert werden soll; bei hoher Marktattraktivität Investition in Stär-kung der Wettbewerbsposition, sofern durchsetz-bar; bei starker Wettbewerbsposition Verteidigung der Position und Abschöpfung liquider Mittel

Abbildung 4.9: Strategieempfehlungen des Marktattraktivität/Wettbewerbsposition-Portfolios

4.5 Positionierung

Unter Positionierung wird die Wahrnehmung eines Unternehmens oder Produkts im Vergleich zu den anderen Unternehmen/Produkten des Markts verstanden. Die Wahr-nehmung bezieht sich meist auf das Image (also die emotionale Wahrnehmung), je nach Markt aber auch auf die eher rationale Einschätzung relevanter Leistungen.

So kann z. B. im Fahrzeugmarkt die Positionierung anhand der rationalen Kriterien Sportlich-keit und Wirtschaftlichkeit bestimmt werden, die sich über verschiedene Detailmerkmale mes-sen lassen. Ebenso spielen aber auch emotionale Aspekte eine Rolle, die aber nicht allzu weit von diesen Dimensionen entfernt sind. So ist etwa auch der Statuseindruck wichtig, der aber praktisch gleichbedeutend mit der Wirtschaftlichkeit ist. Im Textilmarkt wird man etwa bei Funktionsbekleidung Marken rational positionieren können, indem man auf Leistungen wie Wasserdurchlässigkeit, Gewicht, Stabilität usw. zurückgreift, bei Freizeitmode herrschen jedoch emotionale Dimensionen wie modische Aktualität, Jugendlichkeit oder „Promi-Status" vor. Die Auswahl der Dimensionen muss auf jeden Fall empirisch fundiert sein, um die Wahr-nehmung der Konsumenten und nicht des Managements zu spiegeln (hierbei kann z. B. die Multidimensionale Skalierung eingesetzt werden).

In aller Regel wird der Positionierungs„raum" (spätestens seit dem Physikgrundkurs soll-ten Sie wissen, dass es sich hier nicht um einen Raum, sondern nur eine Fläche handelt, der Raum hat sich jedoch eingebürgert) von zwei Dimensionen aufgespannt. Dies liegt sicher ebenso an der Verarbeitungskapazität der Entscheidungsträger wie an der Tatsache, dass die dritte Dimension selten signifikante Zusatzerkenntnisse bringt. Zudem ist die Darstellung in einem Koordinatensystem noch leicht zu bewältigen.

Für jeden Markt lässt sich dann erkennen, wie weit die einzelnen Unternehmen und Produkte in der Wahrnehmung voneinander entfernt liegen, welche Wahrnehmungssegmente nicht besetzt und auch, wie weit die Angebote von den Idealvorstellungen der Konsumenten entfernt sind. Zusätzlich zu den vorhandenen Angeboten kann nämlich auch erhoben werden, welche Positionierung ideal wäre. Die Nähe eines Produkts zu einem Idealprodukt ist nämlich ein Indikator für die Kaufwahrscheinlichkeit. Je näher reales und ideales Produkt beieinander liegen, desto höher ist die Absatzmenge.

Abbildung 4.10 zeigt ein beispielhaftes Positionierungsdiagramm für den Fahrzeugmarkt. Der Markt bestehe hier aus nur drei Produkten, die anhand der Dimensionen Sportlichkeit - Komfort und Wirtschaftlichkeit - Status beurteilt werden. Das Idealprodukt (in der Realität müssen Idealprodukte für alle relevanten Zielgruppen separat ermittelt werden) ist im Bereich wirtschaftlich/etwas sportlich angesiedelt. Das Fahrzeug A liegt diesem Idealprodukt am nächsten und dürfte daher auch am häufigsten gekauft werden. C hätte es hier am schwierigsten. Das Segment der wirtschaftlichen und komfortablen Fahrzeuge ist nicht besetzt. Sollte es eine Zielgruppe geben, deren Idealvorstellungen dort liegen, bestünde in diesem Segment eine Marktchance.

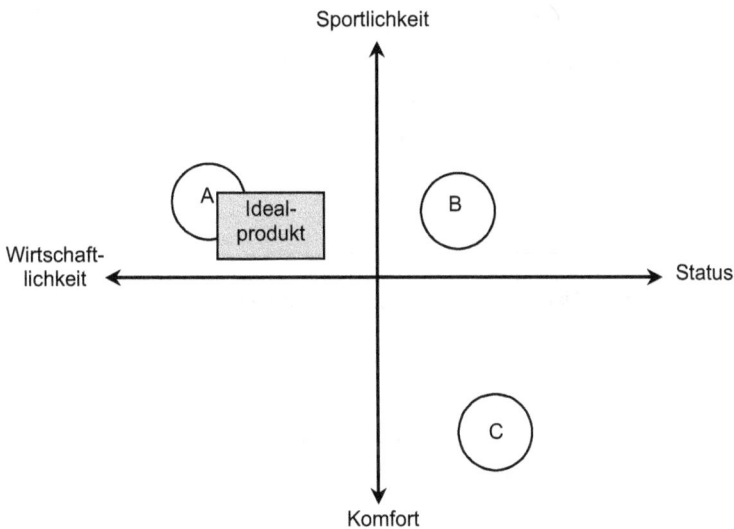

Abbildung 4.10: Beispiel eines Positionierungsdiagramms

4.6 Entwicklung von Strategien

Die unter 4.2 bis 4.5 aufgeführten Verfahren gehören zu den Analyseverfahren der strategischen Planung, die eine konkrete inhaltliche Planung vorbereiten. Um zu einer Entscheidung für die Gestaltung der Strategie zu kommen, können weitere Schemata verwendet werden.

4.6.1 Wachstums- bzw. Produkt/Markt-Strategien

Die von Ansoff in den sechziger Jahren des letzten Jahrhunderts entwickelten **Produkt/Markt-Strategien** ergeben sich aus der Kombination von neuen und gegenwärtigen Produkten und Märkten. Unter Märkten werden dabei Zielgruppen verstanden, sodass etwa die Gruppe der Privatleute gegenüber Geschäftsleuten einen neuen Markt darstellt.

Eine **Marktdurchdringungsstrategie** liegt vor, wenn das Wachstumsziel mit alten Produkten auf alten Märkten verfolgt wird. Es kann erreicht werden, wenn der Verbrauch der Produkte intensiviert wird, bisherige Nichtverwender aus der Zielgruppe als Konsumenten gewonnen oder Käufer von Konkurrenzprodukten abgeworben werden können. Der Schwerpunkt der Aktivitäten liegt im Marketing, vor allem der Kommunikation.

Das Angebot neuer Produkte für die alte Zielgruppe entspricht der **Produktentwicklungsstrategie**. Hierzu ist ein gewisses Innovationspotenzial erforderlich, was auf umfangreichen Forschungs- und Entwicklungsaktivitäten oder dem Zukauf von Technologien (Patente) basieren kann. Im einfachsten Fall handelt es sich bei den neuen Produkten um so genannte Me-too-Produkte. Der Ideengeber ist dann ein anderes Unternehmen, das seine Idee jedoch nicht schützen lassen kann.

Märkte

		alt	neu
Produkte	alt	Marktdurchdringung	Marktentwicklung
	neu	Produktentwicklung	Diversifikation

Abbildung 4.11: Wachstumsstrategien-Matrix

Im Fall der **Marktentwicklungsstrategie** werden die alten Produkte gegenüber einer neuen Zielgruppe vermarktet, das heißt, die Käuferreichweite wird erhöht. So werden bspw. Entwicklungen aus dem medizinischen oder hochtechnologischen Bereich bei Konsumgütern eingesetzt oder Produkte für geschäftliche Anwendungen auch, gegebenenfalls mit leichten Modifikationen, privaten Kunden angeboten.

Schließlich ist die **Diversifikationsstrategie** die Suche nach völlig neuen Angeboten. Hier spielt meist die Risikoüberlegung eine Rolle, das heißt, das neue Tätigkeitsfeld soll aus einer bestehenden Abhängigkeit führen oder zumindest die Bedeutung einzelner Umfeldfaktoren reduzieren. Häufig wird Diversifikation mit dem Zukauf anderer Unternehmen gleichgesetzt, was zwar oft richtig, jedoch nicht notwendig ist.

4.6.2 Wettbewerbsstrategien

Wiederum auf Michael Porter geht die Wettbewerbsstrategienmatrix zurück. Porter (1997, S. 62ff.) hatte drei Strategietypen identifiziert, die erfolgversprechend erscheinen, sich gegen die Wettbewerbskräfte

- Markteintritt neuer Wettbewerber,
- Gefahr durch Ersatzprodukte,
- Verhandlungsstärke von Kunden,
- Verhandlungsstärke von Abnehmern,
- Rivalität unter bestehenden Wettbewerbern

durchzusetzen. Diese Strategietypen können in einer Strategischer Vorteil/Strategisches Zielobjekt-Matrix dargestellt werden (Abbildung 4.12).

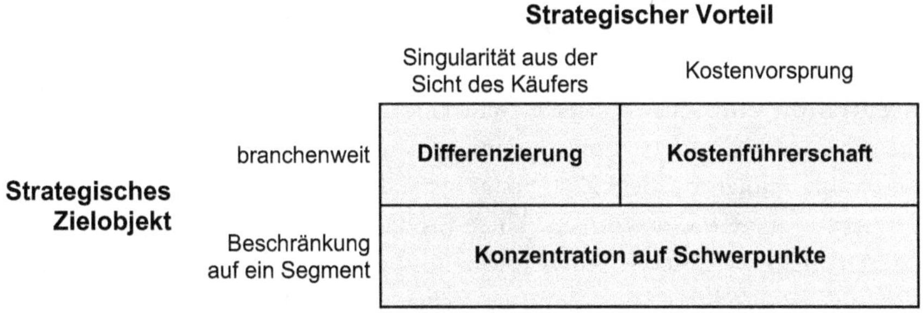

Strategischer Vorteil

	Singularität aus der Sicht des Käufers	Kostenvorsprung
branchenweit	**Differenzierung**	**Kostenführerschaft**
Beschränkung auf ein Segment	**Konzentration auf Schwerpunkte**	

Strategisches Zielobjekt

Abbildung 4.12: Wettbewerbsstrategien-Matrix

Grundlage der **Differenzierungsstrategie** ist die Schaffung eines einzigartigen Angebots für den Gesamtmarkt. Die Differenzierung kann über eine Reihe von Dimensionen erfolgen, und zwar über die angebotenen Produkte, ergänzende Dienstleistungen oder emotionale Faktoren.

Die Durchsetzung einer Differenzierungsstrategie setzt spezifische Kompetenzen des Unternehmens voraus. So erfordert die Differenzierung über technologische und Leistungsmerkmale das Vorhandensein einer leistungsfähigen Entwicklungsabteilung und umfangreicher Schutzrechte. Nur dadurch kann verhindert werden, dass der Differenzierungsvorteil von Wettbewerbern imitiert wird. Vermarktungsorientierte Vorteile setzen entsprechende Marketingfähigkeiten voraus (z. B. Qualität des Vertriebs).

Differenzierungsstrategien können zum Problem werden, wenn die damit verbundenen Kosten zu einem höheren Preisniveau als dem der Wettbewerber führen. So ist grundsätzlich zu prüfen, welchen Aufpreis die Käufer für den Differenzierungsvorteil zu zahlen bereit sind. Wird diese Preisbereitschaft überschritten, ist mit erheblichen Käuferverlusten zu rechnen, da andere Hersteller über den Preisvorteil attraktiver werden. Weiterhin hängt die Dauerhaftigkeit des Vorteils vom Risiko der Imitation ab. Je stärker der rechtliche Schutz, je höher die Eintrittsbarrieren und je intensiver die vertraglichen Bindungen von Lieferanten und Abnehmern sind, desto sicherer ist der Vorteil.

Kernelement der **Kostenführerstrategie** sind niedrigere Produktionskosten als bei den Wettbewerbern. Solche Kostenvorteile ermöglichen sowohl niedrigere Verkaufspreise als auch größere Flexibilität bei der Konditionengestaltung, wodurch etwa gegenüber Abnehmern eine größere Macht erzielt werden kann. Voraussetzungen für die Erlangung von Kostenvorteilen sind z. B.:

- hohe Produktionsmengen und kostengünstige Produktionsverfahren
- seltenere Modellwechsel, das heißt lange Produktionszeiten
- weitgehende Standardisierung von Produkten und/oder Produktteilen
- verfahrenstechnisch einfach gestaltete Produkte (wenige Bearbeitungsdurchgänge, geringe Fehler- und Ausschussquoten usw.)
- geringer Managementkostenanteil
- je nach Produktart auch distributionspolitische Beschränkungen (zum Beispiel Mindestabsatzmengen, Einschränkungen des Abnehmerkreises),

Die **Konzentration auf Schwerpunkte** stellt eine Kombination der oben dargestellten Maßnahmen bei einer Konzentration auf eine bestimmte Zielgruppe dar. Diese Zielgruppenspezialisierung erfolgt mit dem Ziel, besser als andere Anbieter auf die Anforderungen der Konsumenten eingehen zu können. Diese produktpolitische Beschränkung wird unterstützt durch einen erleichterten Imageaufbau und -erhalt. Je kleiner das Sortiment und je spezialisierter die Produkte sind, desto einfacher ist die Durchsetzung eines einheitlichen Firmenimages.

4.6.3 Zeitbasierte Strategien

In der Reihe der hier behandelten Strategietypen sind die zeitbezogenen das modernste Thema. In den achtziger Jahren des letzten Jahrhunderts wurde allgemein erkannt, dass die Geschwindigkeit ein Wettbewerbsfaktor ist. Wer schneller am Markt ist oder schneller auf Kundenwünsche reagieren kann, setzt sich besser gegen den Wettbewerb durch.

Die Dimension Zeit spielt in zweierlei Hinsicht eine Rolle. Zum einen geht es um den **Zeitpunkt des Markteintritts** (Ist das Unternehmen das erste oder eines der letzten auf dem Markt?), zum anderen um die **Reaktionsgeschwindigkeit** (Wie lange dauert der Innovationsprozess? Wie flexibel wird auf Anforderungen reagiert?). Die Reaktionsgeschwindigkeit ist eine kontinuierliche Größe, bei der meist eine Optimierung angestrebt wird (möglichst schnell sein bei vertretbaren Kosten). Der Zeitpunkt des Markteintritts lässt sich in drei strategische Zielsetzungen unterteilen: Einmal kann der Status des Pioniers (als Erster auf dem Markt), dann der des frühen Folgers (als einer der Nachfolger des Pioniers) und der des späten Folgers (als Nachzügler, wenn der Markt schon reif ist) definiert werden.

Pionierstrategie

Die Pionierstrategie beinhaltet, einen Markt erst durch das eigene Angebot zu „machen", zu begründen. Dies ist bei innovativen Unternehmen der Fall, die eine neue Technologie marktreif machen oder für ein bekanntes Produkt (oder eine Dienstleistung) eine völlig neue Anwendung finden. Sie gehen dabei ein hohes Risiko ein, weil keineswegs sicher ist, dass eine ausreichende Nachfrage besteht. Meist wird daher ein gewisses Finanzpotenzial vorausgesetzt, um eine adäquate Unterstützung zu gewährleisten und auch anfängliche Durststrecken zu überstehen.

Neben dem finanziellen Hintergrund erfordert der erfolgreiche Einsatz der Pionierstrategie auch eine erhebliche Gestaltungskraft. Der Pionier bestimmt die Regeln des Marktes, andere Unternehmen (Folger) werden sich danach richten. Stellen sich die Spielregeln als nicht tragfähig heraus, können die Folger dem Pionier die Rolle streitig machen und ihn aus dem Markt drängen.

Die Vorteile der Pionierposition sind in folgenden Faktoren zu sehen:

- Der Markt kann so beeinflusst werden, dass er mit den vorhandenen Potenzialen optimal bearbeitet werden kann.
- Die Produktionserfahrung ist am größten, sodass Kosten früher gesenkt werden können.
- Es besteht ein neuartiges Verkaufsargument ohne Wettbewerber.
- Es lässt sich ein relativ hoher Preis durchsetzen.
- Die Öffentlichkeitswirkung ist für den Pionier am größten.

Nachteile bestehen in folgenden Faktoren:

- Die Entwicklung muss gänzlich selbst vorgenommen werden.
- Das Risiko des Scheiterns am Markt ist hoch.
- Durch „Kinderkrankheiten" und Nachbesserungen entstehen hohe Folgekosten.

Strategie des frühen Folgers

Nicht wenige Unternehmen warten grundsätzlich ab, bis ein Pionier einen Markt eröffnet. Diese Zeit wird genutzt, um die Reaktion der Marktteilnehmer zu beobachten und Erkenntnisse für die eigene Entwicklung zu gewinnen. Sobald sich ein Erfolg des Pionierprodukts abzeichnet und die eigene Fertigung aufgebaut ist, wird das Produkt auf den Markt gebracht.

Als Verkaufsargument werden entweder Kostenvorteile ins Feld geführt (der Entwicklungsaufwand fällt ganz oder teilweise weg) oder eine bessere Leistung bzw. höhere Zuverlässigkeit (Fehlerquellen des Pionierprodukts können von vornherein vermieden werden). Die Position des Folgers kann durchaus akzeptiert (meist dann, wenn der verbleibende

Markt noch auskömmlich und die Pionierposition gefestigt ist), aber auch zu einem Angriff auf den Pionier genutzt werden.

Strategie des späten Folgers

Zwischen den beiden Folgerstrategien ist keine eindeutige Grenze zu ziehen. In manchen Märkten braucht der frühe Folger schon mehrere Jahre (z. B. Staubsauger), in anderen ist der Markt nach einem halben Jahr nicht mehr aufnahmefähig (z. B. pro-biotischer Joghurt), sodass man schon nach drei Monaten spät dran ist. Späte Folger können die Trantüten des Marktes sein, aber auch durch Patente an der Aktivität gehindert werden.

Unternehmen, die sich dieser Strategie verschreiben, gehen in technischer Hinsicht auf Nummer sicher. Das Produkt bzw. seine Technologie ist zwischenzeitlich ausgereift, die Entwicklungskosten sinken. Die Nachfrage hat sich als stabil erwiesen. Um erfolgreich zu einem späten Zeitpunkt auf den Markt kommen zu können, müssen spezifische Vorteile angeboten werden. In der Regel geht es um Preisvorteile (vor allem im Pharmabereich, aber auch bei technischen Gebrauchsgütern), mitunter aber auch um eine bessere Qualität. Letzteres ist der Fall, wenn ein Produkt nicht einfach nachgebaut werden kann, sondern eigenständig zu entwickeln ist.

Das Risiko dieser Strategie liegt im Wesentlichen in der Alterung des Marktes. Ist die Lebensdauer des Marktes aufgrund neuer Entwicklungen zu kurz, dann kann auch bei geringen Investitionen keine Amortisation mehr erreicht werden.

Die Geschwindigkeit des Unternehmens

Gründe für diese Strategie liegen einerseits in der Verbesserung des Kundenservices, andererseits in der Verringerung der Kapitalbindung. Je aktueller ein Produkt ist, je mehr es dem Stand der Forschung entspricht, desto größer ist sein Marktwert. Eine Beschleunigung des Entwicklungsprozesses steigert die Attraktivität für den Kunden. Es entsteht ein Innovationsvorteil, der am Markt erlössteigernd eingesetzt werden kann. Bei Dienstleistungen verringern sich z. B. Wartezeiten für Kunden, was im Bereich Reparaturen bedeutend ist.

In produzierenden Unternehmen kann eine hohe Kapitalbindung durch Lagerbestände belastend sein. Werden umfangreich Vor- und Fertigprodukte eingelagert, dann sind dafür Zinskosten zu tragen. Je schneller nun aus Vorprodukten Fertigwaren werden und je geringer die Bestände sind, desto geringer ist der Finanzierungsbedarf und desto höher der Gewinn. Das einstmals beliebte Verfahren der Just-in-time-Belieferung leistete hierzu einen Beitrag.

Die Strategie der „Beschleunigung" muss an der Leistungserstellung insgesamt ansetzen. Sie kann nur erfolgreich sein, wenn das Unternehmen als Ganzes neu strukturiert wird. In der Regel werden einzelne Prozesse völlig gestrichen, andere neu angeordnet oder nach außen verlagert. Diese Strategie ist somit in erster Linie nach innen gerichtet, muss als solche nicht unbedingt am Markt wahrgenommen werden. Die Umsetzung ist daher auch stets individuell zu entwerfen. Mögliche Bausteine dieser Strategie sind u. a.:

- Verlagerung von Aktivitäten an Lieferanten (Entwicklung, Lagerdisposition, Montage) oder Kunden (Montage, Beratung, Transport)
- Verzicht auf nicht-kritische Aktivitäten (Bestätigungen, Kontrollmitteilungen, bestimmte Werbemaßnahmen, Service)
- Neustrukturierung von Prozessen (Zusammenfassung von Aktivitäten bei einzelnen Verantwortlichen, Neuanordnung von Fertigungsstellen zur Vermeidung von Zwischentransporten, Zusammenfassung verschiedener Aktivitäten an einem Fertigungsort, Vorfertigung von Bauteilen)
- Beschleunigung von Prozessen (Erhöhung der Personalkapazitäten in der Entwicklung, Ablösung manueller durch DV-gestützte Verfahren)

4.6.4 Marktparzellierungsstrategien

Unter der **Marktparzellierung** wird die Aufteilung des Marktes in einzelne Zielgruppen bzw. Segmente bezeichnet. Dabei können unterschiedliche Niveaus der Individualisierung unterschieden werden, von der Massenmarktstrategie zum kundenindividuellen Angebot. Unternehmen entscheiden sich dafür, ein standardisiertes Angebot für eine möglichst breite „Masse", das heißt alle potenziellen Kunden, zu erstellen, für unterschiedliche Marktsegmente unterschiedliche Angebote zu entwickeln oder möglichst individuell auf Wünsche einzugehen und nach entsprechendem Auftrag zu fertigen.

Die Entscheidung hierfür ist eine strategische, weil ein Mix aus allem praktisch nie erfolgreich ist. Hier spielen Kostenstrukturen, Denkweisen im Management, Produktionstechnologien und Images am Markt eine Rolle.

Massenmarktstrategie

Die Massenmarktstrategie basiert auf der Überlegung, durch Mengenausweitung Kostenvorteile zu erzielen und dadurch die Marktführerschaft zu erlangen. Voraussetzung ist dabei die Bearbeitung eines möglichst großen Marktes mit möglichst standardisierten Produkten. Insofern sind deutliche Bezüge zur Kostenführerstrategie zu erkennen.

Der Markt wird bei dieser Strategie als homogen angesehen, sodass eine differenzierte Zielgruppenansprache oder differenzierte Leistungsangebote nicht erforderlich bzw. nicht wirtschaftlich sind. Dabei wird nicht unbedingt geleugnet, dass es geringe Unterschiede bei den Anforderungen an Produkte, bei Präferenzen u. Ä. seitens der Nachfrager gibt. Die Herausforderung besteht jedoch darin, die Leistungen so zu konzipieren, dass sie für den gesamten Markt attraktiv sind, und zwar attraktiver als Konkurrenzangebote.

In praktisch allen Konsumgütermärkten findet sich ein Unternehmen, das der Massenmarktstrategie folgt. So etwa bei Fruchtsaft, Konfitüre u. Ä. (Stute), bei Werkzeugen und Elektrogeräten (Black & Decker, Einhell) oder bei Schreibwaren (Herlitz).

Zwei wesentliche Risiken der Strategie sind zu erkennen:

- Eintritt neuer Wettbewerber, die die gleichen Waren günstiger produzieren können und entsprechend die Preise senken. Wegen der nicht vorhandenen Differenzierung ist damit zur rechnen, dass die Kunden das günstigere Angebot wahrnehmen. Dies ist etwa im Bereich elektronischer Bauteile für die Computer- und Elektrogerätebranche zu erkennen. Hier spielt vor allem Konkurrenz aus Fernost die zentrale Rolle.
- Herausbildung differenzierter Anforderungen der Nachfrager, die durch die Massenprodukte nicht mehr abgedeckt werden können. Dies ist etwa im Automobilmarkt zu beobachten, wo ein deutlicher Trend hin zur Besetzung von Nischen besteht.

Marktsegmentierung

Die Marktsegmentierung ist die Unterteilung des Marktes (der Zielgruppe) anhand kaufverhaltensrelevanter Kriterien. Dies ist grundsätzlich dann sinnvoll, wenn Teile der Zielgruppe unterschiedliche Anforderungen an Produkte haben, sich unterschiedlich beim Kauf verhalten. Ein Standardprodukt ist heute kaum noch in der Lage, alle Anforderungen gleichermaßen zu erfüllen und sich gegen den Wettbewerb durchzusetzen. Den Markt zu segmentieren heißt somit nichts anderes, als den Kunden näher zu kommen und ihnen ein möglichst ideales Produkt anzubieten.

Marktsegmente müssen **intern homogen und extern heterogen** sein. Das heißt: Anforderungen und Verhalten innerhalb des Segments sind sehr ähnlich, sodass ein Produkt (oder eine Dienstleistung) dafür entwickelt werden kann. Zu anderen Marktsegmenten bestehen aber deutliche Unterschiede, sodass Angebote für dieses Segment nicht interessant sind. Letzteres Kriterium ist wichtig, um eine eindeutige Zielgruppenansprache vornehmen zu können.

Abbildung 4.13 zeigt, welche Kriterien für die Marktsegmentierung eingesetzt werden können.

Kriterien der Marktsegmentierung			
Geografische Kriterien	**Soziodemografische Kriterien**	**Psychografische Kriterien**	**Verhaltensorientierte Kriterien**
makrogeografische: Land, Stadt	*demografische*: Geschlecht, Alter	*persönlich.bezogen*: Lebensstil, Risiko;	Preisverhalten, Mediennutzung,
mikrogeografische: Ortsteil, Straße	*sozioökonomische*: Beruf, Einkommen	*produktspezifische*: Nutzenerwartungen, Einstellung	Einkaufsstättenwahl, Produktwahl

Abbildung 4.13: Kriterien der Marktsegmentierung

Welche Kriterien konkret einzusetzen sind, hängt stark vom Angebot bzw. der Branche ab. In vielen Märkten ist dabei ein Trend zu den psychografischen Kriterien zu beobachten, teilweise auf zweiter Ebene.

Bei der Segmentierung sind einige **Anforderungen** zu berücksichtigen:

- Die Kriterien müssen relevant für das Kaufverhalten sein.
- Die Kriterien müssen messbar sein.
- Die Segmente müssen zugänglich sein.
- Die Segmente müssen wirtschaftlich zu bearbeiten sein (kritische Größe).
- Die Segmente müssen zeitlich stabil sein.
- Der Marketing-Mix muss auf die Segmente ausrichtbar sein (Handlungsrelevanz).

Mass Customization

Der Begriff **Mass Customization** entstand aus „Mass Production" und „Customization". Er symbolisiert eine Fertigungsform zwischen der klassischen Massenproduktion, die auf hohe Stückzahlen bei wenigen Varianten ausgerichtet ist, und der kundenspezifischen Fertigung von Einzelstücken. Ziel ist es letztlich, individuelle Produkte unter den Bedingungen einer rationellen, industriellen Fertigung herzustellen.

Mass Customization ist dabei kein gänzlich neues Konzept, allenfalls die Propagierung als vorherrschendes Paradigma der Produktion. So haben bspw. gerade die deutschen Fahrzeughersteller schon seit langem das Konzept der kundenindividuellen Produkte bzw. der Variantenvielfalt im Rahmen einer Massenfabrikation betrieben. Neu ist vielmehr, dass zwischenzeitlich auch andere Branchen sich Gedanken über eine stärkere Anpassung an Kundenbedürfnisse machen.

Im Mittelpunkt steht der Gedanke des **Bausteinsystems**. Besteht ein Produkt aus einer Reihe einzelner Elemente, die aufgrund gleicher Schnittstellen auf Kundenwunsch zu einem Ganzen zusammengefügt werden können, so lassen sich zahlreiche neue Kombinationen erstellen, die jeweils eigenständige Kundensegmente ansprechen, ohne dass auf die Möglichkeiten der Massenfabrikation verzichtet werden muss.

Damit sind in aller Regel zwar Kostensteigerungen verbunden, doch sind diesen zusätzliche Erlöse durch eine individuellere Befriedigung der Kundenwünsche gegenüberzustellen. Weiterhin können auch Kostensenkungen in anderen Bereichen realisiert werden, und zwar vor allem im Bereich der Lagerhaltung. Die Umsetzung von Mass Customization ist in der Regel verbunden mit einer Abkehr von der Produktion nach einem groß angelegten Plan hin zu einer stärkeren Auftragsorientierung. Gerade, wenn die Kunden aufgrund der individuellen Produkte eine größere Wartebereitschaft zeigen, kann die Fertigung nach Auftrag erfolgen, sodass Lagerbestände weitgehend entfallen.

5 Marketing-Mix

Das operative Marketing wird repräsentiert durch den Marketing-Mix, die Gesamtheit der Marketingmaßnahmen, die für ein Produkt oder eine Dienstleistung durchgeführt werden. Im Allgemeinen werden vier Instrumente unterschieden, wobei die Entwicklungen von Theorie und Praxis es zunehmend erschweren, die einzelnen Konzepte und Aktivitäten noch trennscharf den Elementen zuzuordnen. Nichtsdestoweniger ist die Mix-Idee ein eingängiger Ansatz, um Maßnahmen zu systematisieren. So wird auch vom „Werkzeugkoffer" der Marketingleute gesprochen.

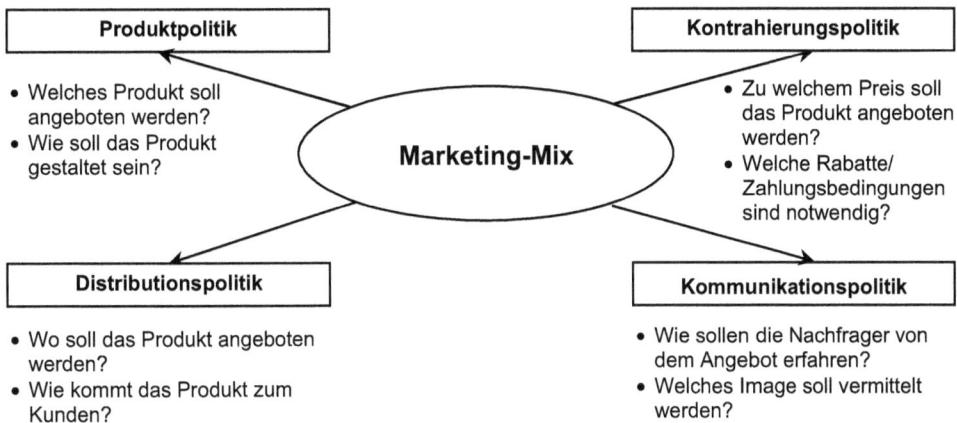

Produktpolitik
- Welches Produkt soll angeboten werden?
- Wie soll das Produkt gestaltet sein?

Kontrahierungspolitik
- Zu welchem Preis soll das Produkt angeboten werden?
- Welche Rabatte/ Zahlungsbedingungen sind notwendig?

Marketing-Mix

Distributionspolitik
- Wo soll das Produkt angeboten werden?
- Wie kommt das Produkt zum Kunden?

Kommunikationspolitik
- Wie sollen die Nachfrager von dem Angebot erfahren?
- Welches Image soll vermittelt werden?

Abbildung 5.1: Marketing-Mix

Die Vierteilung basiert auf den so genannten 4 P's of Marketing (Product, Price, Place, Promotion), die von Neil Borden 1964 in einem Artikel im Journal of Advertising Research beschrieben wurden. Da zwischenzeitliche Erweiterungen, die von einzelnen Autoren vorgenommen wurden, sich letztlich nie durchsetzen konnten, nehmen wir die Gelegenheit wahr, uns an einem des wenigen Stabilen in dieser Welt zu orientieren. Die konkreten Inhalte der einzelnen Mix-Elemente sind im deutschen Sprachraum allerdings etwas anders, sodass man die 4 P's nur als Eselsbrücke nehmen sollte.

5.1 Produktpolitik

5.1.1 Prozessschema der Produktpolitik

Die Aufgaben und Instrumente der Produktpolitik orientieren sich am Prozess der Produktentwicklung. Er stellt letztlich den Mittelpunkt der Marketingtätigkeit dar, weil in aller Regel Produktmerkmale den Ankerpunkt für weitere Marketingmaßnahmen darstellen. Das Schema in Abbildung 5.2 geht von insgesamt sieben Phasen aus, die auch für die Gliederung dieses Kapitels maßgebend sind.

Erkennen des Innovationsbedarfs
(Marktanalyse, Anforderungen der Kunden, Umsatzentwicklung, Qualität usw.)

↓

Entwicklung von Neuproduktideen
(technisch, kreativ, Zukauf usw.)

↓

Selektion der umzusetzenden Idee
(technische, wirtschaftliche, Wettbewerbs-, Marketingkriterien)

↓

Produktentwicklung
technische Entwicklung, technische/Markttests

↓

Markteinführung
Entwicklung des Vermarktungskonzepts, Markierung, Vertriebsaufbau

↓

Produktpflege, Sortimentsentwicklung
Anpassung an Marktentwicklung, Relaunch, Überwachung der Wirtschaftlichkeit usw.

↓

Produktelimination

Abbildung 5.2: Prozessschema der Produktentwicklung

5.1.2 Erkennen des Innovationsbedarfs

Ausgangspunkt für alle produktpolitischen Aktivitäten sind entweder Schwächen im aktuellen Sortiment oder Chancen auf dem Markt. Aufgabe des Marketing ist es daher, kontinuierlich die eigenen Angebote zu kontrollieren, technische und wirtschaftliche Probleme frühzeitig zu erkennen. Darüber hinaus müssen Veränderungen auf den relevanten Märkten beobachtet und auf ihre Relevanz für das Unternehmen hin bewertet werden.

Betrachtet man wichtige Wirtschaftszweige wie die Automobilbranche, so stellt sich heraus, dass zumindest in den deutschen Unternehmen ein Innovationsbedarf nicht allzu früh erkannt wird. So sind die Hersteller erst mit Verspätung in Segmente wie Klein(st)wagen und Minivans eingestiegen und sind in Technologiebereichen wie Hybrid oder Partikelfilter aus dem Tiefschlaf gerissen worden.

Typische Faktoren, die einen **Innovationsbedarf** anzeigen:

- sinkender Umsatz/geringere Wachstumsraten/schrumpfender Marktanteil
- schlechte Produktbewertungen bei Kundenbefragungen und im Kundendienst, negative Testergebnisse
- Vorhandensein oder Entstehen neuer Technologien mit der Gefahr der Substitution
- sinkende Deckungsbeiträge durch steigende Kosten oder sinkende Preise
- Markteintritt neuer Wettbewerber oder neue Aktivitäten aktueller Wettbewerber
- gesellschaftliche Veränderungen mit Auswirkungen auf die Nachfrage
- Entstehen neuer Risiken für die Nachfrageentwicklung

5.1.3 Entwickeln von Neuproduktideen

Produktideen können einerseits im Unternehmen oder dessen Umwelt vorhanden sein, andererseits aber auch gezielt erzeugt werden. Als Quellen für mitunter „fertige" Ideen kommen infrage (Abbildung 5.3):

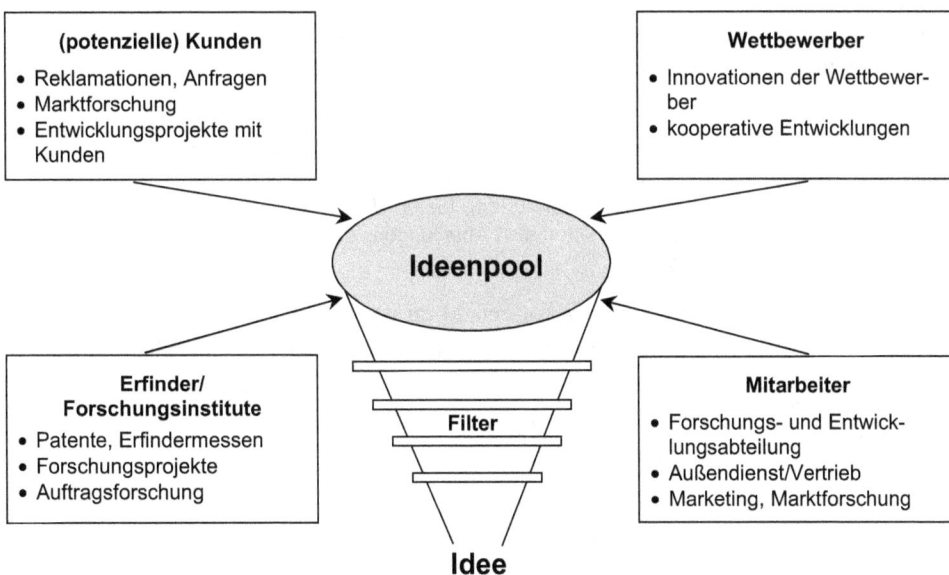

Abbildung 5.3: Quellen für Produktideen

- **Kunden**, aktuelle sowie potenzielle, die von sich aus Anregungen für neue Angebote oder Verbesserungen geben, gezielt auf Wünsche und Anregungen hin befragt oder auch an konkreten Projekten im Rahmen der Produktentwicklung beteiligt werden.

  Eine solche Zusammenarbeit findet vor allem in Zulieferbeziehungen, z. B. in der Automobil-branche, oder in Technologiebranchen statt. Dabei nutzt der Hersteller des Endprodukts gezielt das Know-how seiner Lieferanten, bezieht sie frühzeitig in die Entwicklung ein und überträgt ihnen die Verantwortung für eine bestimmte Komponente. Bei Fahrzeugen kann dies etwa der Innenraum oder die Armaturentafel sein.

- **Wettbewerber**, die schon mit neuen Produkten auf dem Markt sind und diese offen-sichtlich erfolgreich verkaufen können. Weiterhin Wettbewerber, mit denen kooperativ an (meist technologisch anspruchsvollen) Entwicklungen gearbeitet wird.

  Auch wenn aus Marketingsicht eher erbärmlich, muss die Imitation vermutlich als die bedeu-tendste Innovationsstrategie angesehen werden. Sofern eine Idee nicht patentiert ist, wird sie bei Erfolg schnell nachgeahmt, zumal der bisherige Erfolg das Floprisiko gering erscheinen lässt. Beispiele finden sich bei probiotischen Joghurts (Nachahmung von Nestlé LC 1), Bio-Limonade (Bionade) oder Kompaktfahrzeugen (VW Golf) u. v. a. m.

- **Professionelle Erfinder**, die regelmäßig Produktideen entwickeln und diese anbieten. Dabei kann es sich sowohl um erfinderische Einzelpersonen als auch Forschungsein-richtungen mit staatlicher Grundfinanzierung handeln, die einen Beitrag zur wirt-schaftlichen Entwicklung leisten sollen. In Deutschland sind z. B. die Fraunhofer Ge-sellschaften (angewandte) und die Max Planck-Institute (Grundlagenforschung) zu nennen.

- **Eigene Mitarbeiter**, die sich oft mit einzelnen Aspekten wie der Technologie, den Kundenwünschen oder wirtschaftlichen Fragen auskennen. Neben den Entwicklungs-mitarbeitern spielen vor allem Vertriebs- und Marketingleute eine Rolle.

  Vielfach existiert ein betriebliches Vorschlagswesen, um Ideen für neue oder bessere Produkte und Verfahren zu sammeln und auch prämieren zu können. Moderne Unternehmen führen auch regelmäßige Innovationsworkshops durch, bieten einen Teil der Arbeitszeit als frei ver-fügbare „Innovationszeit" an oder leisten sich Abteilungen, die gezielt an auch eher unkonven-tionellen Neuerungen arbeiten.

Mit Hilfe von **Kreativitätstechniken** können Ideen gezielt erzeugt werden. Die systema-tisch-logischen eignen sich vor allem dann, wenn in einem eher technisch bestimmten Bereich Lösungen im Sinne von Varianten oder Weiterentwicklungen gesucht werden. Soll ein völlig neues Betätigungsfeld gefunden werden, eignen sich die intuitiv-kreativen Ver-fahren. Abbildung 5.4 gibt einen Überblick.

Der **morphologische Kasten** ist ein Instrument, mit dem ein Produkt oder Problem in einzelne Teile zerlegt wird. Für diese Teile werden dann alternative Lösungsmöglichkeiten gesucht, um sie zu einem neuen Produkt/einer neuen Lösung zu kombinieren. Das Ver-fahren eignet sich besonders dann, wenn der Problembereich ausführlich analysiert ist und die möglichen Lösungsbausteine bekannt sind. Die Herausforderung besteht in der Kombination der einzelnen Elemente. Diese wird durch den morphologischen Kasten symbolisiert. Hauptanwendungsgebiet ist das Finden neuer Ideen im Bereich technischer Produkte, aber auch für die Entwicklung von Strategien kann er eingesetzt werden.

Kategorie	Verfahren	Charakteristika
systematisch-logisch	Morphologischer Kasten	Ein bestehendes Produkt oder Problem wird in seine Teile zerlegt. Für die einzelnen Teile werden dann alternative Lösungsmöglichkeiten gesucht, um daraus ein neues Produkt zu entwickeln.
	Relevanzbaum	Ein Problem wird in einzelne Teile zerlegt. Dafür werden jeweils Lösungsmöglichkeiten entwickelt. Diese werden anhand eines Kriterienkataloges bewertet, um damit die optimale Problemlösung zu finden.
intuitiv-kreativ	Brainstorming	Im Rahmen einer Gruppendiskussion, an der Personen aus möglichst unterschiedlichen Fachgebieten teilnehmen, werden kreative Produktideen gesucht. Grundprinzipien: Quantität vor Qualität, keine Kritik.
	Brainwriting	Schriftliches Brainstorming, bei dem die Ideen von den Teilnehmern aufgeschrieben werden. Dabei müssen sie die Ideen anderer Teilnehmer weiterentwickeln.
	Synektik	Aus anderen Bereichen werden Lösungsmöglichkeiten für vergleichbare Probleme gesucht, insbesondere Suche in der Natur bei technischen Problemstellungen.

Abbildung 5.4: Kreativitätstechniken

Vorgehensweise:

1. Beschreibung der Problemstellung.
2. Zerlegung des Problems oder Produkts in einzelne Komponenten und Eintragung in die erste Spalte einer Tabelle.
3. Suche nach alternativen Techniken, Materialien bzw. Lösungsmöglichkeiten für die einzelnen Komponenten und Eintragung in die Zeilen der Tabelle.
4. Suche nach neuen Produkten bzw. Problemlösungen durch Kombination einzelner Merkmale.
5. Auswahl einer geeigneten Alternative.

Elemente	Alternativen			
Befestigungsort	Boden	Wand	Tisch	Decke
Schirm	Metall	Kunststoff	Textil	keiner
Energiequelle	Solar	Strom	Gas	Batterie
Schalter	Kipp	Dimmer	Dreh	Sensor
Leuchtmittel	Glühbirne	Neon	Halogen	Plasma
Arm	fester Arm	Schere	Gelenk	Spannseil

Abbildung 5.5: Morphologischer Kasten

Abbildung 5.5 zeigt ein Beispiel eines morphologischen Kastens für die Suche nach einer neuen Lampe. Die schwarzen Felder zeigen eine mögliche Kombination von Alternativen zu einer neuen Lampe. Allein dieser morphologische Kasten führt zu $4 \cdot 4 \cdot 4 \cdot 4 \cdot 4 \cdot 4 =$ 4.096 Kombinationsmöglichkeiten.

Es zeigt sich, dass das Verfahren auf systematischen Überlegungen beruht und nicht zu völlig neuen, kreativen Lösungen führt. Jedoch ergeben sich durch die Vielzahl von Kombinationsmöglichkeiten kreative Potenziale, die ohne dieses Hilfsmittel schwer zu bewältigen wären. So ist sicher leicht vorstellbar, dass sich ein komplexes Produkt (zum Beispiel Computer, Fahrzeug) in Hunderte oder auch Tausende Elemente zerlegen lässt, für die wieder eine Vielzahl von Möglichkeiten gefunden werden können. Für ein Produkt mit bspw. zehn Elementen und jeweils fünf Möglichkeiten pro Element lassen sich bereits 9.764.625 Kombinationen finden, die gewiss nie alle realisierbar sind.

Mit Hilfe von **Relevanzbäumen** können Lösungsmöglichkeiten für Problemstellungen, zum Beispiel die Erbringung spezieller Leistungen oder die Lösung betrieblicher Probleme, gefunden werden. Das Problem wird in Teilprobleme gegliedert, für die dann Lösungsmöglichkeiten entwickelt werden. Diese werden anhand einer Reihe von Kriterien bewertet, um so zur optimalen Lösung zu kommen. Für Neuproduktideen sind sie weniger gut einzusetzen, sodass sie hier nicht weiter erläutert werden.

Die **Synektik** wird im Allgemeinen als eher verrücktes Verfahren bzw. das mit dem höchsten kreativen Potenzial bezeichnet. Sie wurde in den vierziger Jahren des letzten Jahrhunderts von W. J. Gordon entwickelt. Grundgedanke ist die Übertragung von Lösungen aus anderen Bereichen, bspw. der Natur bei technischen Problemstellungen oder der Technik bei sozialen Problemstellungen, auf eine konkrete Problemstellung.

Im Mittelpunkt von Synektiksitzungen, die ebenfalls mit mehreren Personen, insbesondere Fachleuten aus den betroffenen Fachgebieten, stattfinden, stehen **Analogien**. So wird gefragt, wie die Natur oder andere Wissensgebiete vorgegebene Problemstellungen lösen oder auch, wie sich die an der Sitzung Beteiligten selbst als Gegenstand fühlen. Das Verfahren erfordert somit eine erhebliche Phantasie.

Mit der Synektik eng verwandt ist die **Bionik** (zusammengesetzt aus Biologie und Technik), die sich auf den Ideenaustausch zwischen einzelnen Naturwissenschaften bezieht. Dabei werden meist einzelne Lösungen aus dem Tier- oder Pflanzenreich für Konstruktionen, die Herstellung von Materialien oder die Gestaltung von Abläufen verwendet (man denke an den Klettverschluss oder Tragflächen von Flugzeugen). Wissenschaftler verweisen oft darauf, dass es sich nicht um ein einfaches Kopieren der biologischen Lösung handelt, sondern dass diese eine Anregung geben, die in der Technik erst noch umgesetzt werden müsse.

Das **Brainstorming** ist sicher das bekannteste und am flexibelsten einsetzbare intuitivkreative Verfahren. Ziel ist es, durch eine geeignete Gestaltung des Umfelds eine kreativitätsfördernde Atmosphäre zu erreichen und somit kreative Energien der Beteiligten freizusetzen. Mehrere Personen mit unterschiedlichen Erfahrungshintergründen sollen sich mit einer Problemstellung auseinandersetzen und möglichst neue Ideen entwickeln.

Im Allgemeinen wird empfohlen, folgende Regeln bei der Durchführung von Brainstormingsitzungen zu beachten:

- 7–12 Teilnehmer der selben Hierarchieebene
- Teilnehmer aus unterschiedlichen Fach- und Funktionsbereichen
- maximale Dauer ca. 30–45 Minuten
- Quantität geht vor Qualität
- Verbot jeglicher Kritik am Gesagten
- kein Urheberrecht an den Ideen

Ergebnis ist eine Reihe **freier Assoziationen** zu einem Thema. Jeder Teilnehmer wird mehr oder weniger bewusst Äußerungen der anderen Teilnehmer aufgreifen und weiterverarbeiten. Eine Kontrolle, ob das Gesagte sinnvoll ist oder nicht, findet nicht statt. Nach einer halben Stunde werden meist kaum noch Ideen produziert werden, sodass das Verfahren dann in der Regel abgebrochen werden kann. Die Beschränkung auf eine Hierarchieebene verfolgt das Ziel, Hemmnisse, die mit der Anwesenheit von Vorgesetzten oder Mitarbeitern verbunden sein könnten, zu verhindern. Problematisch ist das nicht vorhandene Urheberrecht. Im Einzelfall kann es sein, dass sich Personen weigern, an einem Brainstorming teilzunehmen, weil sie eigene Ideen schützen lassen wollen (z. B. als Patent). Ein Urheberrechtsschutz ist bei diesem Verfahren jedoch ausgeschlossen, weil mehrere Personen an der Lösung beteiligt waren.

Beispiele für Brainstorming-Fragestellungen:

- Welches neuartige Produkt können wir in Zukunft herstellen?
- Mit welchen Themen können wir in der Werbung auf unsere Produkte aufmerksam machen?
- Welche Möglichkeiten gibt es, das Projekt ... zu finanzieren?
- Wie lassen sich Fehlerquoten reduzieren?
- Wie lässt sich die Motivation der Mitarbeiter im Bereich ... steigern?

Brainstormingsitzungen werden oft durch so genannte **Killerphrasen** gestört. Einzelne Teilnehmer kritisieren dabei meist unbedacht die Äußerungen anderer und hindern sie daran, sich weiter an der Sitzung zu beteiligen. Häufig sind sie Ausdruck schlechter Erfahrungen in der Vergangenheit, teilweise aber auch Neid gegenüber einer guten Idee. Für die Leitung des Brainstormings ist daher von besonderer Bedeutung, solche Störungen zu unterbinden. Das kann durch die frühzeitige Absprache der Spielregeln, aber auch durch entschiedenes Eingreifen im Störungsfall passieren.

Einige Beispiele für typische Killerphrasen, die ein Brainstorming gefährden:

- „Haben wir alles schon mal ausprobiert."
- „Das hätten wir schon längst gemacht, wenn es möglich wäre."
- „Wir müssen erst mal die Entwicklung abwarten."
- „Sie mit Ihren neuen Ideen. Machen Sie doch erst mal eigene Erfahrungen in dem Bereich."
- „Das schaffen wir in der vorgegebenen Zeit nicht mehr."
- „Das geht doch gar nicht."
- „Und wer muss das ausbaden, wenn's schief geht?"

- „Wissen Sie, was das für die Kollegen heißt?"
- „Das sollten wir zu einem späteren Zeitpunkt noch einmal ausdiskutieren."

Die **Methode 635**, auch **Brainwriting** genannt, ist eine Abwandlung des Brainstorming. Die Kreativgruppe setzt sich hierbei aus sechs Mitgliedern zusammen, die für eine definierte Problemstellung jeweils drei Lösungsvorschläge schriftlich darlegen müssen. Hierfür stehen genau fünf Minuten zur Verfügung. Anschließend werden die Papiere an den jeweils nächsten Teilnehmer weitergegeben, der dann die bereits beschriebenen Lösungsvorschläge weiterentwickelt. Dies wird so lange wiederholt, bis jedes Blatt von allen anderen fünf Teilnehmern bearbeitet wurde.

5.1.4 Ideenselektion

Bei der Ideenfindung kommt es meist auf eine möglichst große Anzahl an. Dadurch steigt das Potenzial möglicher guter Ideen und auch nutzbarer Wettbewerbsvorteile. Jedoch muss aus diesem Ideenpool auch deutlich und systematisch ausgesiebt werden, welche Idee wirklich umgesetzt werden soll. Da auch im Marketing niemand über seherische Fähigkeiten verfügt, auch wenn Einzelne das behaupten – zumindest bis zum nächsten Flop –, müssen Bewertungskriterien gesucht werden, die den Erfolg der Idee zumindest plausibel machen. Dabei ist sowohl auf die Kostensituation als auch auf unternehmensstrategische Überlegungen, die Konsumentenbedürfnisse, den Wettbewerb und ggf. rechtliche Beschränkungen zu achten. Abbildung 5.6 gibt einen Überblick über häufig verwendete Selektionskriterien.

Kosten	Unternehmen/ Sortiment	Konsumenten/ Markt	Wettbewerb	Recht
• Höhe der Entwicklungskosten • erforderliche Investitionen • voraussichtliche Produktionskosten • voraussichtlicher Marketingaufwand	• vorhandenes Entwicklungs-Know-how • ...Produktions-Know-how • Übereinstimmung mit Strategie • ... mit Unternehmensimage • Nutzung von Synergien • Sortimentsergänzung	• Übereinstimmung mit Anforderungen der Konsumenten • Absatzmengen • Zahlungsbereitschaft der Konsumenten • Markteintrittsbarrieren • Distributionsmöglichkeiten • Aufnahmebereitschaft des Handels	• vorhandene Konkurrenzprodukte • Reaktionsbereitschaft der Wettbewerber • Schutzmöglichkeit gegenüber Wettbewerbern	• vorhandene rechtliche Einschränkungen • Genehmigungs-/ Zulassungsverfahren • mögliche Exporthindernisse

Abbildung 5.6: Kriterien der Ideenselektion

In der Unternehmenspraxis spielen meist finanzielle Überlegungen die zentrale Rolle, weil Zahlen, auch wenn sie auf kaum durchschaubare Weise ermittelt wurden, überzeugender wirken als noch so gute verbale Argumente.

5.1.5 Prozess der Produktentwicklung

Der Entwicklungsprozess soll hier in drei Bereiche unterteilt werden. Im linken Teil der Abbildung 5.7 finden sich die vorbereitenden Tätigkeiten des Marketing, ohne die eine Produktentwicklung sinnlos wäre. Erst nach der Definition beginnt die technische Entwicklung, in deren Rahmen immer wieder Tests stattfinden. Bei bestandenen Tests und abgeschlossener Entwicklung wird das Vermarktungskonzept entwickelt und die Einführung geplant.

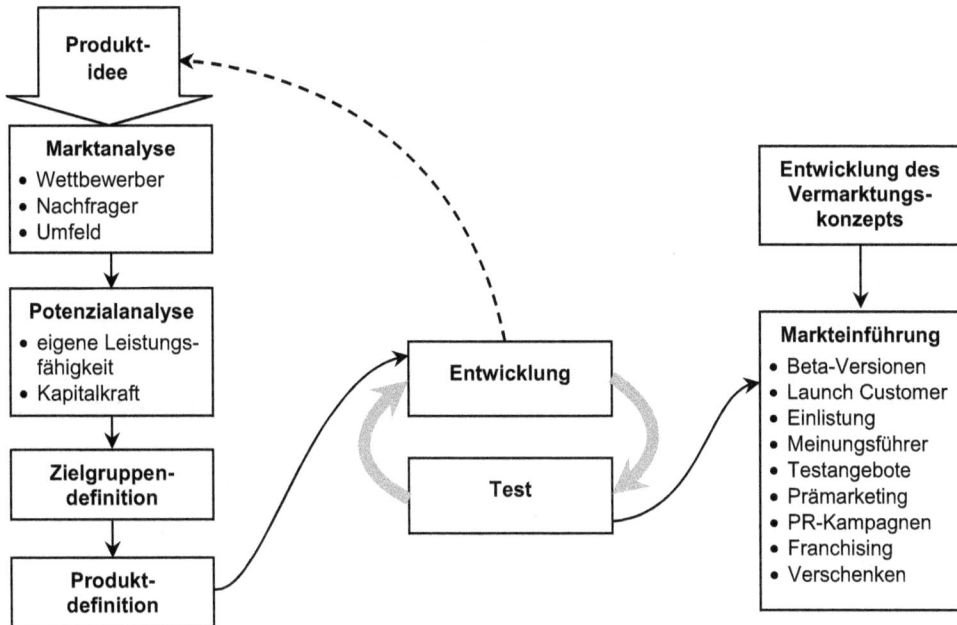

Abbildung 5.7: Prozess der Produktentwicklung

Der Anstoß für eine Neuentwicklung kann auch aus der Entwicklungsabteilung selbst kommen. Aufgabe des Marketing ist es dann, die Verwertbarkeit der Idee zu prüfen und ggf. in die Definitionsphase zu treten. Einige Unternehmen fördern die Ideenfindung durch entsprechende Zeitbudgets, letztlich verfolgt auch das klassische Betriebliche Vorschlagswesen dieses Ziel.

Es gibt aber auch Unternehmen, die das Vermarktungskonzept vor der eigentlichen Produktentwicklung planen, weil es den Flaschenhals darstellt. Dies findet man bei manchen Herstellern von Genussmitteln oder Spielzeug aller Art.

Am Beginn des Prozesses steht die **ausgewählte Produktidee**. Dabei handelt es sich noch nicht um ein fertiges Konzept, sondern um eine grobe Vorstellung davon, welche Leistung erstellt werden kann. Diese Vorstellung muss gerade so präzise sein, dass im Unternehmen ein Konsens für seine Umsetzung hergestellt bzw. der Investitionsantrag genehmigt werden kann.

Für diese Idee wird anschließend erst eine **Marktanalyse** durchgeführt, um das Wettbewerbsumfeld, die Anforderungen der potenziellen Konsumenten usw. zu bestimmen. In einem nächsten Schritt ist festzustellen, ob das unternehmerische **Potenzial** für die Realisierung ausreicht. Dabei geht es sowohl um die finanziellen Möglichkeiten als auch um die erforderlichen technischen Kenntnisse.

Sind diese Analysen durchgeführt und keine Hinderungsgründe für die Projektverfolgung festgestellt worden, dann wird die **Zielgruppe definiert**. Hierzu sind vor allem die Erkenntnisse der Marktanalyse zu berücksichtigen, die genauere Aufschlüsse über die Anforderungen an das geplante Produkt geben. Erst danach wird das **Produkt definiert**, und zwar so genau, dass die Produktentwicklung eine genaue Handlungsanweisung erhält. Die Produktdefinition soll immer nach der Zielgruppendefinition erfolgen, weil so sichergestellt wird, dass das Produkt auch den Anforderungen der anvisierten Zielgruppe entspricht. Sie ist Ausgangspunkt für alle Entwicklungsaktivitäten und soll sicherstellen, dass Produktnutzen und Anforderungen übereinstimmen.

Die **Produktdefinition** hängt zwar wesentlich von der Branche ab, umfasst aber meist mindestens die folgenden Inhalte:

- Zielgruppe (s. o.)
- Nutzenversprechen (Welche Probleme der Konsumenten werden gelöst? Was bewirkt das Produkt bei den Konsumenten?)
- Preis (vor allem die Obergrenze)
- Zeitpunkt der Markteinführung (Messetermin, Saisonzeiten, Listungstermin im Handel, Werbekampagnenstart, besondere gesellschaftliche Ereignisse)
- Leitlinien der Gestaltung (Corporate Identity, Stilvorgaben, Ergonomie)

Der folgende Entwicklungsprozess (wir orientieren uns hier an der Vorgehensweise für Gebrauchsgüter) wird begleitet durch regelmäßige **Tests**, die von der Marktforschungsabteilung zu verantworten sind. Sie sollen sicherstellen, dass die Entwicklungsschritte den Anforderungen der Zielgruppe entsprechen.

- Frühzeitig lassen sich **Konzepttests** durchführen, bei denen die Marktfähigkeit einer Produktdefinition getestet wird.

- Einen Schritt weiter gehen **Designtests**, die die äußere Erscheinung einbeziehen. Hierfür werden Muster verwendet, die zwar echt aussehen, aber nicht funktionieren.
- Der **Gebrauchstest** schließlich prüft, inwieweit die Funktionen von der Zielgruppe angenommen werden, ob das Produkt wirtschaftlich und sicher einsetzbar ist. Ist dieser Test bestanden, wird die Serienproduktion aufgebaut.
- Die Serienprodukte mit Verkaufsfreigabe können dann noch in einem **Markttest** getestet werden, was bspw. vor dem Aufbau größerer Produktionskapazitäten sinnvoll ist.

Je nach Dauer des Entwicklungsprozesses ist es sinnvoll, schon vor Verfügbarkeit der verkaufsfähigen Produkte mit dem Vermarktungsprozess zu beginnen. Mitunter muss dies schon mehrere Jahre vor dem geplanten Verkaufsstart geschehen, um möglichst frühzeitig Verkaufserlöse zu erzielen und die Kapitalbindung zu verringern. In immer mehr Fällen beginnt beides gleichzeitig, weil sonst die Risiken einer Fehlentwicklung zu groß würden, etwa im Flugzeugbau.

Das **Vermarktungskonzept** beinhaltet Entscheidungen über Verpackung und Markierung (Kapitel 5.1.6), Preise und Vertragsbedingungen, Vertriebswege und Kommunikationsmaßnahmen. Mit dessen Hilfe kann das Produkt dann am Markt eingeführt werden. Je nach Branche werden dabei meist unterschiedliche Markteinführungsstrategien eingesetzt, um ein gewisses Nachfragepotenzial zu erschließen und den Verkaufserfolg abzusichern.

5.1.6 Markteinführung

Rechtzeitig zur Markteinführung eines Produktes sind im Rahmen der Produktpolitik Entscheidungen über die Markierung, Rechtsschutz, Verpackung und Einführungskonzepte zu fällen.

5.1.6.1 Markierung

Produkte und in zunehmendem Maße auch Dienstleistungen werden heute als „Markenartikel" auf den Markt gebracht. Damit erfolgt eine einzigartige Kennzeichnung, die eine Abgrenzung gegenüber Wettbewerbern und eine eindeutige Identifikation ermöglicht. Unternehmen müssen dabei eine Entscheidung für einen Markennamen und die Einbindung in eine Markenstrategie fällen. Was genau einen **Markenartikel** ausmacht, wird recht unterschiedlich definiert. Im Allgemeinen wird dazu eine gleichbleibende oder verbesserte Qualität gezählt, eine Herkunftskennzeichnung und eine umfassende Erhältlichkeit.

Markennamen können unter bestimmten Voraussetzungen (Kapitel 5.1.6.2) als **Marke** geschützt werden und damit auch einen eigenständigen Wert erhalten (sog. **Markenwert,**

dabei wird der finanzielle Wert vorhandener Marken geschätzt). Sie sollten folgende Anforderungen erfüllen:

- Ermöglichung und Vereinfachung des Wiedererkennens
- Vermittlung von Produkteigenschaften
- Unterscheidbarkeit von Wettbewerbern
- internationale Verständlichkeit
- Merkfähigkeit
- rechtliche Schutzfähigkeit

Diese Anforderungen zu erfüllen, fällt von Jahr zu Jahr schwerer, weil immer mehr Markennamen bereits belegt sind und die Vertriebsgebiete immer größer werden. In diesem
Zusammenhang werden in wachsendem Maße **künstliche Namen** verwendet, die nicht
dem Sprachgebrauch entstammen. Beispiele für künstliche Markennamen sind Genion
oder Avensis. Hier spielen Assoziationen mit erwünschten Eigenschaften, Wohlklang und
Kollisionsfreiheit mit anderen Marken eine Rolle. Solche Namen werden nach psychologischen Kriterien aus einzelnen Buchstaben zusammengesetzt.

Dass dieser Weg auch nicht immer der beste sein muss, zeigt die Entwicklung bei vielen Marken
mit A. Der Buchstabe A klingt freundlich, offen, modern, steht am Anfang des Alphabets, weckt
eher weibliche Assoziationen (Zielgruppe!) und lässt sich etwa mit V zu einem progressiven, mit R
zu einem kraftvollen Klang kombinieren. Da nicht nur ein Unternehmen diese Erleuchtung hatte,
gibt es heute Aventis, Avanza, Avensis, Avant, Avantgarde, Avanti, Arvato, Arcor, Arcandor usw.
Da heißt es dann aufzupassen, dass man sich im Autohaus keinen Pharmakonzern bestellt und
nicht mit einem Kaufhaus telefoniert.

Die einzelnen Marken eines Unternehmens werden in eine **Markenstrategie** eingebunden. Dabei lassen sich grob Hersteller- und Handelsmarken unterscheiden. Während erstere dem Hersteller gehören, werden letztere vom Händler entwickelt. Wer diese Produkte
herstellt, bleibt dem Verbraucher meist verborgen.

Folgende **Herstellermarkenstrategien** lassen sich unterscheiden:

Einzelmarke – Beispiele: mon chéri, Rocher, Pril. Jede Marke ist hier genau einem Produkt zugeordnet. Meist ist nicht erkennbar, dass mehrere Marken von einem Unternehmen stammen. Dadurch können Images und Zielgruppenkonzepte genau differenziert
werden, auch führt ein Imageverfall bei einem Produkt nicht zu einer Beeinträchtigung
bei einem anderen.

Dachmarke – Beispiele: Milka, Nivea. Unter einer Marke werden hier mehrere Produkte
zusammengefasst. Das Markendach (oder: die Familienmarke) lässt sich auch auf weitere
Produkte erstrecken. Hierbei spricht man vom **Imagetransfer**. Es vermittelt ein einheitli-
ches Image und betont Gemeinsamkeiten der Produkte. Eine Neuprodukteinführung
kann dadurch kostengünstiger erfolgen, die Markenbekanntheit ist meist deutlich höher
als die einer Einzelmarke. Allerdings steigt die Anfälligkeit für Schädigungen der Marke
durch Fehler einzelner Produkte.

Firmenmarke - Beispiele: Knorr, Herlitz. Gerade bei Produkten mit geringerer Umsatzbedeutung oder in gewerblichen Märkten lohnt eine eigenständige Markierung nicht. Oft steht im Hintergrund des Herstellers auch eine bedeutende Persönlichkeit (Gründer) oder Tradition, sodass der Firmenname das Image trägt.

Zweitmarke - Beispiele: Weisser Riese, Vizir, diverse Handelsmarken. Verschiedene Produkte werden preislich abgestuft unter mehreren Marken angeboten. Dabei werden meist nur geringfügige Änderungen am Produkt vorgenommen. Ziel ist es, möglichst unterschiedliche Zielgruppen abzudecken, ohne gleichzeitig die Zahlungsbereitschaft für die teure Erstmarke zu beeinträchtigen. Oft werden Produkte, die es auch als Einzelmarke gibt, parallel unter einer Handelsmarke angeboten. Dabei ist es für den Hersteller wichtig, nicht als solcher erkannt zu werden.

Lizenzmarke - Beispiele: Mövenpick, Camel. Hier werden vom ursprünglichen Entwickler Nutzungsrechte an der Marke verkauft. Meist handelt es sich um solche mit einem prägnanten Image, das von einem anderen Unternehmen für andere Produkte verwendet werden kann. So ist etwa die Marke Mövenpick für gastronomische Leistungen bekannt. Für einen Lebensmittelhersteller ist es daher attraktiv, ein neues Produkt unter dieser Marke auf den Markt zu bringen.

Handelsmarkenstrategien

Handelsmarken sind ein Instrument des Handels, um Entscheidungshoheit über das Sortiment zu gewinnen. Sie wurden u. a. entwickelt, um Preiswettbewerb zwischen Händlern auszuschalten, denn jede Handelskette legt den Preis einheitlich fest, es gibt keine direkte Preisvergleichsmöglichkeit für die Kunden. Sonderangebotsaktionen bei Markenartikeln führen oft zu Preiswettbewerb, weil andere Händler mitziehen müssen. Mit Handelsmarken kann dies ausgeschlossen werden. Zudem besteht die Möglichkeit, den Hersteller auszuwechseln, wenn der Händler mit Preis oder Qualität nicht mehr einverstanden ist. Verschiedentlich produzieren auch mehrere Hersteller für ein Handelsmarkenprodukt.

No-Names/Generics - Beispiele: A&P, Ja!. Diese Marken wurden ursprünglich als Konkurrenz zu Aldi entwickelt, vermochten aber nicht, den Siegeszug des Discounters zu stoppen. Der Handel verkauft unter diesen Bezeichnungen mit spartanischer Ausstattung Produkte auf Discountpreisniveau.

Einzelmarke - Beispiele: Tandil, W 5. Der Händler bietet hier unter einer Marke nur ein Produkt (ggf. in unterschiedlichen Varianten) an. Dadurch besteht die Möglichkeit, das Sortiment zu unterschiedlichen Preisniveaus zu bilden.

Dachmarke - Beispiele: Today, Salto, priviLeg. Dachmarken sind unter den Handelsmarken sehr häufig anzutreffen, weil sie deutliche Kostenvorteile bieten und vor allem Imagetransfer und Profilierung des Händlers ermöglichen. Preislich sind sie höher als die Generics angesiedelt.

Storebrand – Beispiele: Aldi, IKEA, The Body Shop. Sonderform der Marke im Handel. Manche Händler sind so imagestark, dass ihre Produkte kaum unter den einzelnen Bezeichnungen, sondern vielmehr unter dem Handelsnamen bekannt sind. Dafür hat sich die Bezeichnung Storebrand herausgebildet.

5.1.6.2 Gewerblicher Rechtsschutz

Die Nachahmung von Produkten wurde oben bereits als wichtiges Innovationsinstrument genannt. Jedoch führt dies in Bereichen mit hohem Entwicklungsaufwand schnell zum Erliegen der Innovationstätigkeit. Um einen Anreiz für Neuentwicklungen zu geben, wurden gewerbliche Schutzrechte entwickelt. Sie sollen verhindern, dass Ideen und Verfahren zumindest befristet nur vom Erfinder selbst genutzt werden können.

Je nach Art der Entwicklung kommen unterschiedliche Schutzrechte infrage. Sie sind auch unterschiedlich wirkungsvoll, zudem stellt die Bearbeitungsdauer oft ein Problem dar. Die Bedeutung des Patents ließ dadurch in der jüngsten Vergangenheit nach. Angesichts langer Fristen und unklarer Entscheidungslage verzichten heute schon einige Unternehmen auf den Patentschutz und bemühen sich stattdessen um eine Beschleunigung der Entwicklungsprozesse.

Patent – Stärkstes Instrument des Rechtsschutzes, schützt technische Erfindungen für maximal 20 Jahre, für die jeweils mit progressiver Staffel Gebühren zu zahlen sind. Wissenschaftliche Theorien oder Geschäftspläne sind nicht patentfähig. Bedingung ist die Neuheit, ein Patent muss vor Inverkehrbringen beantragt werden, und es muss ein erfinderischer Schritt vorliegen, das heißt, die Erfindung darf nicht naheliegend und sozusagen von „jedermann" zu machen sein. Schließlich muss sie gewerblich nutzbar sein.

Die Bearbeitung dauert bis zwei Jahre, nach 18 Monaten erfolgt die Offenlegung des Antrags. Damit werden die Konstruktionspläne auch dem Wettbewerb zugänglich. Einsprüche gegen ein Patent sind innerhalb von drei Monaten nach Erteilung zulässig. Patente sind eine gute Grundlage für die Vergabe von Lizenzen. Wichtig ist auch der Geltungsbereich des Patents. Während in Deutschland das Deutsche Patent- und Markenamt zuständig ist, können europaweite Patente beim Europäischen Patentamt angemeldet werden.

Gebrauchsmuster – Schützt ebenfalls technische Erfindungen, auch chemische Stoffe und Lebensmittel, fordert jedoch ein geringeres Erfindungsniveau als das Patent. Die sachliche Prüfung des Antrags durch das Patent- und Markenamt erfolgt nur im Widerspruchsfall, die Erteilung erfolgt dadurch schneller, meist innerhalb weniger Wochen. Die Geltung ist auf Deutschland beschränkt, viele andere Länder kennen das Gebrauchsmuster nicht. Zudem gilt das Gebrauchsmuster nur max. zehn Jahre. Vielfach werden Patent und Gebrauchsmuster parallel angemeldet, um einen kurzfristigen Schutz zu erhalten, letzterer dann aber aufgegeben.

Geschmacksmuster – Schützt ästhetische Formschöpfungen (zwei- oder dreidimensional), keineswegs aber den Geschmack von Lebensmitteln. Beispiele sind Möbelstücke,

Tapeten- oder Textilmuster. Es kann allerdings durch geringe Änderungen des Designs umgangen werden. Das Gebrauchsmuster gilt max. 25 Jahre und kann deutschland- wie europaweit beantragt werden.

Marke – Schützt Namen und Erscheinungsbild einer Marke: Farbe, Form, Verpackung, Schriftzug, Jingle. Notorisch bekannte Marken (solche, die Verkehrsgeltung erlangt haben), erhalten einen automatischen Schutz. Die Eintragung kann deutschland-, europa- und weltweit erfolgen. Die Gültigkeitsdauer ist unbegrenzt, sofern alle zehn Jahre eine Gebühr gezahlt wird. Bezeichnungen, die die Waren oder Dienstleistungen nur nach ihrer Art, Beschaffenheit oder sonstigen Eigenschaften beschreiben, werden nicht als Marke eingetragen. Der Antrag kann auch von Privatpersonen gestellt werden.

Urheberrecht – Schützt kreative Leistungen in Wort, Bild und Ton. Bedingung ist, dass es sich um eine eigenständige Leistung handelt, die von anderen unterscheidbar ist. Eine Anmeldung ist nicht erforderlich, der Urheberrechtsschutz entsteht automatisch.

5.1.6.3 Strategien der Markteinführung

In Abbildung 5.7 wurde bereits angedeutet, dass verschiedene Strategien im Rahmen einer Produktneueinführung eingesetzt werden. Damit sollen die üblichen „Anlaufschwierigkeiten" (fehlende Innovationsbereitschaft der Konsumenten, fehlende Bekanntheit, mangelnde Unterstützung durch Vertriebspartner) ausgeglichen werden. Diese Strategien variieren sehr stark über die einzelnen Branchen und sind abhängig von Produktwert und Kundenstruktur. Im Folgenden können daher nur einige Beispiele angeführt werden:

Die Softwarebranche arbeitet oft mit der Ausgabe von sog. **Beta-Versionen** der neuen Programme. Dabei handelt es sich um Vorabversionen, die noch nicht in allen Einzelheiten getestet sind und durchaus noch Fehler enthalten können. Die Beta-Tester erhalten die Programme kostenfrei, können damit schon arbeiten, müssen aber über ihre Erfahrungen berichten. Meist handelt es sich um Meinungsführer, die ihre Erkenntnisse weitergeben und somit das Produkt bekannt machen.

Großprojekte wie z. B. Maschinen werden oft mit einem **Launch Customer** gestartet. Dabei handelt es sich um einen meist renommierten Kunden, der sich frühzeitig auf einen Kauf verpflichten lässt und dafür einen deutlichen Preisnachlass erhält. Zudem kann er in der Kommunikation eingesetzt werden (vor allem in der Öffentlichkeitsarbeit) und stellt ein Symbol für die Vertrauenswürdigkeit des Anbieters dar.

In Lebensmittel- und Körperpflegemärkten mit einer hohen Handelskonzentration ist in der Regel die Listung bei einer Handelskette erforderlich. Die Listungsgespräche erfolgen ein, maximal zwei Mal pro Jahr, wobei oft eine **Listungsgebühr** verlangt wird, die das Risiko für den Händler verringern soll. Die Zahlung dieser Listungsgebühr sichert dann einen Regalplatz, jedoch nicht unbedingt einen bestimmten Umsatz. Der Einführungszeitpunkt des neuen Produkts muss jeweils auf die Termine im Handel abgestimmt werden.

Sofern die Kaufentscheidungen längerfristig getroffen werden und von einer erheblichen wirtschaftlichen Bedeutung sind, werden vorbereitende Kommunikationsmaßnahmen durchgeführt, die auch als **Prämarketing** bezeichnet werden. Die potenziellen Kunden werden über das neue Produkt informiert, ggf. wird das Interesse über Aktionen wachgehalten.

Vor allem dann, wenn es um längerfristige Vertragsbeziehungen geht, können **Testangebote** geeignet sein, das wahrgenommene Risiko der Kunden zu reduzieren. Dabei wird ein Einstieg mit der Möglichkeit des kostenfreien Rücktritts, eine kostengünstige Testphase oder die Abgabe einer geringen Menge zu entsprechend niedrigerem Preis angeboten. Diese Strategie findet sich bei Zeitungsverlagen (Test-Abo), bei Softwareanbietern (kostenloser 60-Tage-Test) oder vielen Konsumgütern mit Probepackungen.

Vor allem internetbezogene Produkte werden oft **verschenkt**, um eine kritische Masse für ein späteres oder erweitertes kostenpflichtiges Angebot zu erreichen. Durch den Bezug über das Internet lassen sich schnell hohe Stückzahlen erreichen, zudem sind bei Software die variablen Kosten gering. Profitabel sind solche Strategien jedoch nur, wenn in ausreichendem Maß neue Kundenbeziehungen gegen Entgelt eingegangen werden können.

5.1.6.4 Verpackung

Die Bedeutung der Verpackung nahm im Konsumgüterbereich in den letzten Jahrzehnten wegen bzw. auch trotz der Umweltschutzdiskussionen kontinuierlich zu. Heute erfüllt sie sowohl rechtliche als auch technische und Marketingfunktionen (Abbildung 5.8).

Funktionen der Verpackung

rechtliche	technische	marketingbezogene
• Kennzeichnung (z. B. Arzneimittel)	• Transport	• Werbung
• Hygiene (z. B. Lebensmittel, Medizinprodukte)	• Lagerung/Haltbarkeit	• Information
• Sicherheit (z. B. Chemikalien)	• Bündelung	• Wertvermittlung
	• Handling	• Wettbewerbsdifferenzierung
	• Diebstahlschutz	• Ermöglichung der Selbstbedienung
	• Verbraucheignung	

Abbildung 5.8: Funktionen der Verpackung

Die **rechtlichen Anforderungen** variieren je nach Branche. Vor allem spielen Kennzeichnungsvorschriften für alle Produktarten eine Rolle, die in irgendeiner Form gefährlich werden könnten. Zudem sind verschiedene Produkte vor Kontakt mit der Umwelt zu schützen (bzw. umgekehrt). Das Verletzten solcher Anforderungen kann erhebliche Schadensersatzforderungen gegen den Hersteller nach sich ziehen.

Technische Anforderungen beziehen sich in erster Linie auf die Vereinfachung von Transport und Handling, etwa auch die Stapelbarkeit in Lagern und Verkaufsräumen. Dadurch lassen sich sowohl Lager- als auch Transportkosten sparen sowie der Aufwand für das Umpacken reduzieren.

Verpackung ist aber auch ein zentrales **Vermarktungsinstrument**, zumal sie für die meisten Produkte die einzige Werbefläche darstellt. Im Vertrieb über den Handel mit Selbstbedienung muss sie die Werbe- und Beratungsfunktion alleine ausüben. Sie muss daher das Produkt mit seinen zentralen Nutzen prägnant darstellen. Für Lebensmittel werden zudem ernährungsrelevante Informationen bedeutender, technische Produkte enthalten oft eine kurze Gebrauchsanweisung. Auch der Handel stellt Anforderungen an die Verpackung. So muss sie eine sichere Handhabung beim Ein- und Umräumen ermöglichen, in die Regalsysteme und Transportbehälter passen sowie eine problemlose Erfassung an der Kasse (Strichcode) ermöglichen.

Mitunter ist auch die Verpackungsform und -größe ein zentrales Leistungsmerkmal. Bspw. besteht in vielen Getränkemärkten die Innovationspolitik im Wesentlichen aus der Einführung neuer Verpackungsformen und -materialien. Dadurch eignet sich das Getränk jeweils besser für einzelne Verwendungszusammenhänge (zu Hause für die Familie, in Restaurants, unterwegs auf Reisen usw.).

Ein nicht enden wollender Diskussionspunkt ist zudem die **Entsorgung** von Verpackungen. Die Gebühren des Dualen Systems für die Entsorgung von Verkaufsverpackungen üben einen gewissen Druck auf die Verwendung leicht wiederzuverwertender Materialien aus, zudem gingen die Verpackungsgewichte zurück. So werden Materialien wie Glas und Papier deutlich geringer mit Gebühren belegt als Kunststoffe. Intelligente Ansätze versuchen auch, die Verwendung der Verpackung als eigenständiges Produkt in Betracht zu ziehen, etwa zur Aufbewahrung oder als Trinkgefäß.

5.1.7 Produktpflege und Sortimentsentwicklung

5.1.7.1 Lebenszyklusanalyse

Der Umsatz einzelner Produkte folgt unter bestimmten Annahmen dem so genannten **Produktlebenszyklus**. Dieser stellt modellhaft den Umsatzverlauf eines Produktes über sein gesamtes Leben dar, das heißt von der Markteinführung bis zur Elimination. Zunächst dauert es eine Weile, bis sich überhaupt ein nennenswerter Umsatz einstellt, dann folgt eine Phase progressiven Wachstums, das nach einer gewissen Zeit nachlässt, in Stagnation übergeht und schließlich den Rückgang des Umsatzes einleitet.

Ein solcher Zyklus kann rund sieben Jahre dauern (Fahrzeuge), aber auch schon nach Monaten abgeschlossen sein (Modeartikel). Wichtig ist nur, dass kein Hersteller erwarten kann, dass der Umsatz von Anfang an auf möglichst hohem Niveau konstant verläuft.

Ein typischer Umsatzverlauf ist in Abbildung 5.9 dargestellt. Aufgrund der Vielzahl von Annahmen und der Tatsache, dass der Lebenszyklus bei jedem Produkt letztlich anders, wenn auch meist ähnlich aussieht, muss der **Modellcharakter** betont werden. Zweck der Lebenszyklusanalyse ist weniger die Prognose von Umsätzen als vielmehr das Aufmerksammachen auf bestimmte Gesetzmäßigkeiten mit dem Ziel, diesen planerisch entgegen zu wirken. Ziel des Marketing ist es also, diesen an sich ungünstigen Verlauf zu verhindern

Verantwortlich für den Lebenszyklusverlauf sind die Käufer, der Handel und die Wettbewerber. Bei diesen drei Marktteilnehmern laufen immer wieder die gleichen Verhaltensmuster ab, bspw. die anfängliche Ablehnung neuer Produkte durch die Konsumenten oder die Nachahmung von Produktideen durch Wettbewerber.

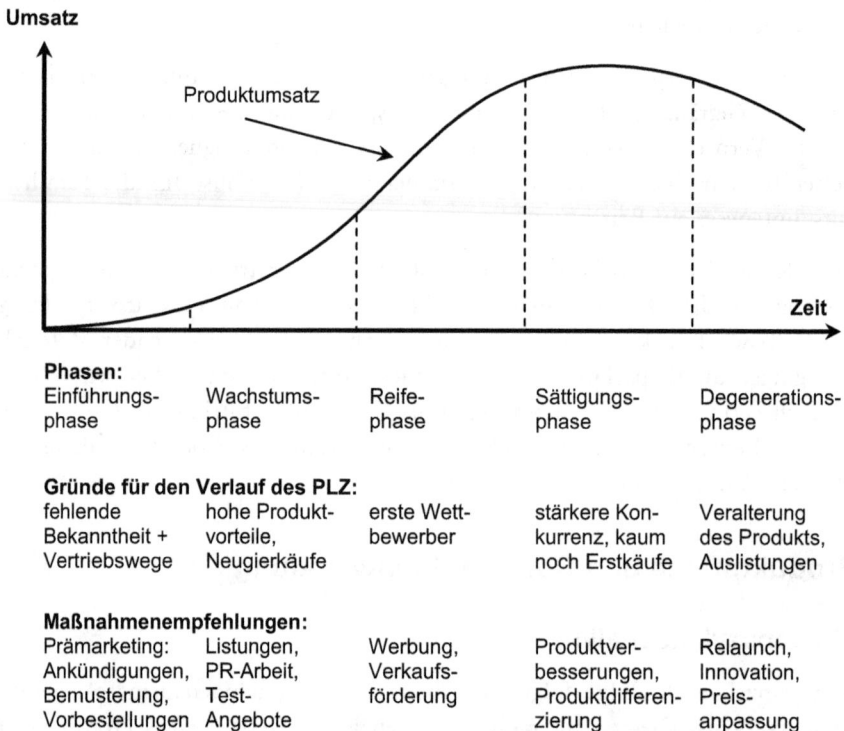

Umsatz

Produktumsatz

Zeit

Phasen:				
Einführungs-phase	Wachstums-phase	Reife-phase	Sättigungs-phase	Degenerations-phase

Gründe für den Verlauf des PLZ:				
fehlende Bekanntheit + Vertriebswege	hohe Produkt-vorteile, Neugierkäufe	erste Wett-bewerber	stärkere Kon-kurrenz, kaum noch Erstkäufe	Veralterung des Produkts, Auslistungen

Maßnahmenempfehlungen:				
Prämarketing: Ankündigungen, Bemusterung, Vorbestellungen	Listungen, PR-Arbeit, Test-Angebote	Werbung, Verkaufs-förderung	Produktver-besserungen, Produktdifferen-zierung	Relaunch, Innovation, Preis-anpassung

Abbildung 5.9: Produktlebenszyklus

Das Lebenszyklusmodell führt zu einer Reihe von Überlegungen für die Planung:

- Der Umsatz muss in der **Einführungs- und Wachstumsphase** gezielt gefördert werden. Hierzu kann mit **Prämarketing** (Ankündigung des Produkts vor Markteinführung, Annahme von Vorbestellungen u. Ä.) oder **risikoreduzierenden Maßnahmen** für den Käufer (Testangebote, Rücknahmegarantien u. Ä.) gearbeitet werden. Auf jeden Fall muss mit negativen Deckungsbeiträgen gerechnet werden.

- In der **Reifephase** lässt das Umsatzwachstum nach, dafür steigen die Deckungsbeiträge. Die Fördermaßnahmen aus der Einführungsphase werden zurückgefahren, Planungen für nachfolgende Produkte sollten begonnen werden, sodass sie rechtzeitig zur Degenerationsphase bereitstehen.

- In der **Sättigungsphase** muss der Umsatz möglichst lange konstant gehalten werden. Dazu sind produktbezogene Maßnahmen sinnvoll (Verbesserungen am Produkt, Relaunch, kommunikative Aktualisierung u. Ä.) oder Preisreduzierungen bzw. Produktaufwertungen (Angebot von Sonderpreisen, bessere Ausstattung bei konstantem Preis u. Ä.).

- In der **Degenerationsphase** können meist nur noch Preisabschläge helfen. Die Deckungsbeiträge sind bzw. sollten in der Sättigungsphase recht ansehnlich sein, sodass das Produkt in der Lage ist, die Entwicklung neuer Produkte zu fördern bzw. auch Preisreduzierungen zu verkraften.

5.1.7.2 Produktmodifikation

Wie das Lebenszyklusmodell schon zeigt, müssen Produkte „betreut" werden, um längerfristig marktfähig und profitabel zu sein. Das heißt es sind Anpassungen an die Marktentwicklung und veränderte Kundenanforderungen erforderlich. Im Hinblick auf die Entwicklung des Sortiments werden die Instrumente Produktvariation und -differenzierung unterschieden. Im Rahmen einer **Produktvariation** wird ein Produkt verändert, die Gesamtzahl der angebotenen Produkte ändert sich nicht. **Differenzierung** bedeutet die Ausweitung des Sortiments um zusätzliche Varianten, die Produktzahl steigt also.

Produktvariation		Produktdifferenzierung	
Aktualisierung	**Relaunch**	**temporär**	**dauerhaft**
geringfügige Änderungen	grundlegende Überarbeitung	zeitlich befristet, anlassbezogen	unbefristete Sortimentsausweitung
• Veränderung am Design • veränderte Ausstattung	• neues Design • Umstellung der Technik • neue Positionierung am Markt	• Sondermodell • Saisonvariante • Ereignisvariante	• zusätzliche Größen/ Volumina • zielgruppenspezifische Varianten • Ausstattungs-/ Materialvarianten

Abbildung 5.10: Produktvariation und -differenzierung

Abbildung 5.10 gibt einen Überblick über die Möglichkeiten der Produktmodifikation. **Aktualisierung** bezeichnet die meist halbwegs regelmäßig vorgenommenen Veränderungen am Design, an Ausstattungs- oder Qualitätsmerkmalen. Sie werden selten ausdrücklich kommuniziert, führen auch selten zu Preisanhebungen. Werden größere Änderungen vorgenommen, wird von einem **Relaunch** oder auch **Facelifting** gesprochen. Der Übergang von der Aktualisierung ist fließend. Üblicherweise werden wesentliche Produktkomponenten erneuert, nur das Produktkonzept und die Zielgruppe bleiben unverändert. Ein Relaunch eignet sich für eine kommunikative Herausstellung und Preisanhebungen.

Produktdifferenzierung wird klassischerweise auf Dauer vorgenommen. Das vorhandene Sortiment wird ergänzt im Hinblick auf neue Zielgruppen oder als Reaktion auf neue Wettbewerbsprodukte. Oft genug, wenn auch nicht deutlich ausgesprochen, geht es um die Verstopfung der Regale im Handel, um (schwächere) Wettbewerber aus diesen zu verdrängen. Die Produktzahl kann dabei ausufern und die Kosten in die Höhe treiben, ohne dass dem entsprechend hohe Umsatzzuwächse entgegenstünden. Differenzierung ist eine der größten Verlockungen für Marketingmanager, die aber selten den Weg ins Renditeparadies weist, sondern in ein Programm zur Reduzierung der Komplexitätskosten.

Noch recht neu, aber zwischenzeitlich weit verbreitet, sind **temporäre Differenzierungen**, die an einen bestimmten Anlass (kulturelles Ereignis) oder seine Saisonzeit gebunden sind. Wesentliches Verkaufsargument ist die begrenzte Verfügbarkeit, manchmal auch eine gewisse zeitlich befristete Attraktivität für die Konsumenten.

5.1.7.3 Sortimentspolitik

In aller Regel bieten Unternehmen mehr als ein Produkt an, sodass ein mehr oder weniger intelligent zusammengestelltes Sortiment entsteht. Wie viele und welche Produkte oder Dienstleistungen angeboten werden, wird im Rahmen der Sortimentspolitik entschieden. Formal ist zunächst nach der Tiefe und Breite von Sortimenten zu unterscheiden. Ein Sortiment kann daher in Abhängigkeit von der Zahl der Produktvarianten tief oder flach sein und in Abhängigkeit von der Zahl der unterschiedlichen Produkte/-arten breit oder eng. Mitunter lässt sich darüber streiten, was noch als Variante und was als neue Produktart angesehen wird, je nach Branche kann daher die Einschätzung abweichen.

Wird ein Produkt in vielen verschiedenen Varianten wie z. B. Geschmacksrichtungen, Größen, Farben usw. angeboten, spricht man von einem **tiefen Sortiment**. Es haben umfangreich Produktdifferenzierungen stattgefunden, die sich über die Regale des Handels ergießen und versuchen, vielen verschiedenen Anforderungen gerecht zu werden. Vorteile bestehen im Konsumgüterbereich in der Abdeckung unterschiedlichster Kundenwünsche und einer deutlichen Profilierung gegenüber Wettbewerbern. **Flache Sortimente** sind oftmals Grundlage von Kostenführerstrategien, das heißt, die Anbieter versuchen mit wenigen Produkttypen möglichst jeweils große Volumina zu erzielen. Verbraucher werden möglicherweise nicht immer das „optimale" Produkt finden, dafür sind die Preise meist deutlich niedriger.

Lange Zeit war es aus unternehmensstrategischer Sicht üblich, Sortimente auszuweiten, um möglichst viele Ertragspotenziale zu erschließen und das Risiko zu streuen. Dadurch wurden meist mehr oder weniger alle Produktarten innerhalb der Branche abgedeckt, teilweise wurde das Sortiment unter dem Stichwort der Diversifikation auch auf fremde Branchen ausgedehnt. Die Konsequenz sind oftmals kaum noch zu steuernde Mischkonzerne, die sich inzwischen oft schon wieder auf ihre alten Wurzeln zurückbesinnen und die Sortimentsbreite deutlich zurückfahren. So zeigt sich recht oft, dass Unternehmen mit **engem Sortiment** ihr Geschäft meist besser beherrschen.

Intelligente Sortimentskonzepte basieren vor allem auf **Verbundbeziehungen** zwischen den einzelnen Produkten und Dienstleistungen. Dabei bedingt der Kauf eines Produktes den eines anderen. Maschinenbauer bspw. erweitern ihr Angebotsprogramm um Dienstleistungen im Umfeld der Maschinen (Wartung, Schulung, Betrieb, Recycling), Fahrzeughersteller bieten neben Autos auch Finanzierungen an, Bekleidungshersteller entwickeln sich zum Komplettausstatter. Je enger die Verbundbeziehung ist, desto leichter gestaltet sich der Verkauf, zudem lassen sich meist höhere Gewinnspannen erzielen. Für die Nachfrager ist es wesentlich bequemer, das Verbundprodukt vom selben Anbieter zu beziehen, Preisvergleiche werden oft nur beim Hauptprodukt angestellt.

Eklatante Fälle des Ausnutzens von Verbundbeziehungen finden sich bei Anbietern, die den Einsatz von Wettbewerbsprodukten technisch erschweren. So lassen sich über den Verkauf von Tinte und Toner Niedrigpreise von Druckern finanzieren, Scherteile für Elektrorasierer und Ersatzbürsten für elektrische Zahnbürsten erwirtschaften aufgrund der engen Verbundbeziehungen hohe Renditen. Ebenso profitieren Softwareanbieter von komplexen Schnittstellen und bieten entsprechende Beratungsleistungen an.

5.1.8 Produktelimination

Praktisch alle Produkte verzeichnen früher oder später einen Nachfragerückgang (siehe Produktlebenszyklus). Dies führt mit einer gewissen Verzögerung zu einer sinkenden Profitabilität, sodass eine Elimination sinnvoll erscheint. Wurde rechtzeitig ein Nachfolgeprodukt entwickelt, dann kann die Elimination spätestens dann erfolgen, wenn der Nachfolger sich am Markt etabliert. Wurde die Nachfolgeplanung vernachlässigt, werden alte Produkte oft zu lange im Sortiment gehalten und negative Einflüsse auf Image und Kundenzufriedenheit riskiert.

Da auch im Falle eines Nachfragerückgangs nie klar ist, ob er dauerhaft sein wird oder nur zufällig ist, muss eine Eliminationsentscheidung immer auch durch qualitative Aspekte gestützt werden. Folgende Gründe können, je nach Branche, eine Rolle spielen:

- mehrere negative Testergebnisse für ein Produkt
- dauerhafte negative Entwicklung der Kundenzufriedenheit, überdurchschnittliche Reklamationsraten
- hoher Aufwand für Gewährleistungsansprüche und Kulanzleistungen
- deutlich bessere Angebote von Wettbewerbern
- sinkendes Preisniveau im Markt ohne Möglichkeit zu Kosteneinsparungen
- kontinuierlich nachlassender Umsatz

- Möglichkeit, die Kapazitäten im Unternehmen profitabler zu nutzen

Eine „Kultur der Elimination" gibt es nicht. In aller Regel werden Produkte sang- und klanglos vom Markt genommen, für die meisten Anbieter erscheint die Elimination negativ. Trotzdem gibt es einzelne Beispiele von Eliminationsstrategien, mit deren Hilfe Imageverluste vermieden und oft auch hohe Erträge erzielt werden können.

- befristetes Angebot des zu eliminierenden Produkts als „Classic-"Version zu einem günstigeren Preis
- Verkauf der letzten Exemplare als Sammlerexemplare
- Gegenüberstellung von altem und neuem Produkt in der Werbung

5.1.9 Produktcontrolling

Viele produktpolitische Entscheidungen basieren auf der Profitabilitätssituation, das heißt, die Umsätze werden möglichst weg von den weniger profitablen hin zu den profitablen verlagert, die unprofitablen Produkte werden eliminiert. Dies erfordert Informationen über die aktuelle wirtschaftliche und Marktsituation und die Perspektiven der Produkte. Hierfür wird ein Produkt- oder Sortimentscontrolling vorgenommen, das die Instrumente des Controlling auf das Sortiment anwendet. Während einige Instrumente darauf ausgerichtet sind, einen Überblick über das Sortiment zu schaffen (z. B. Strukturanalysen), gehen andere weiter in die Tiefe und analysieren die Profitabilität eines Produktes bzw. seine Schwachstellen. An dieser Stelle sollen nur als kleiner Ausschnitt des Instrumentariums vier Instrumente vorgestellt werden.

5.1.9.1 ABC-Analyse

Sieht man sich Sortimente näher an, dann stellt sich immer wieder heraus, dass ein hoher Anteil des Umsatzes mit einer geringen Zahl von Produkten erzielt wird (bei Kundenumsätzen gilt dies ähnlich und auch im Zeitmanagement gibt es vergleichbare Erkenntnisse – denken Sie etwa an die Pareto-Regel). Mehr oder weniger unabhängig von Branche und Unternehmensgröße ergeben sich ähnliche Strukturen, eine Gleichverteilung, bei der alle Kunden oder Produkte den gleichen Umsatz aufweisen, ist praktisch nie vorzufinden.

Um nun das Augenmerk auf die tatsächlich wichtigen Produkte zu lenken, werden ABC-Analysen durchgeführt, die das Sortiment in die bedeutenden Produkte (A, meist 67–80 % des Umsatzes), eine mittlere Kategorie (B, meist die nächsten 10–20 % des Umsatzes) und schließlich die weniger bedeutenden (C, restliche 5–10 % des Umsatzes) einzuteilen. Die entsprechenden „Musterschlussfolgerungen" stellt Abbildung 5.11 dar.

	Definition	Beschreibung	Gefahren/Chancen
A-Produkte	hohe Umsatzbe-deutung, geringe Anzahl	sehr wichtige Produkte, die unbe-dingt gefördert werden müssen; Risikoausgleich erforderlich	müssen profitabel sein; Gefahr des „Überversorgens" gegeben; Produk-te bedeuten hohe Abhängigkeit
B-Produkte	mittlere Umsatz-bedeutung	weniger wichtige Produkte, oft hoch profitabel	werden möglicherweise unter-schätzt; müssen als Nachwuchs für A-Produkte angesehen werden
C-Produkte	geringe Umsatz-bedeutung, hohe Anzahl	unwichtige Produkte, oft nicht profitabel, wirtschaftliche Bearbei-tung notwendig	Bearbeitungsaufwand in der Regel zu hoch, Leichtsinnigkeit kann aber zu Kundenunzufriedenheit führen

Abbildung 5.11: ABC-Analyse

Während die Strategie für die A- und C-Kategorie recht klar ist, gibt es meist keine klare Empfehlung für die Mitte. Sie sind mittelfristig eine Reserve für die A-Kategorie, können aber auch mangels Engagement in den C-Bereich abrutschen. Vor allem dann, wenn nur wenige A-Produkte existieren oder diese mehr als 80 % Umsatzanteil ausmachen, muss aus der B-Gruppe heraus gefördert werden.

5.1.9.2 Produkterfolgsrechnung

Eine detaillierte Analyse der Profitabilität des Sortiments ermöglicht eine Produkterfolgs-rechnung, das heißt eine kurzfristige Erfolgsrechnung nach Produkten und/oder Produkt-linien. Aussagekräftig ist sie nur bei Vorhandensein einer Teilkostenrechnung, die neben Einzel- und Gemeinkosten auch fixe und variable unterscheidet. Hierbei lassen sich unter-schiedliche Deckungsbeiträge ermitteln, die eine genaue Zurechnung von Kosten und Erlösen zu einzelnen Produkten und Produktlinien ermöglichen. Hieraus lassen sich Er-kenntnisse darüber gewinnen, ob und inwieweit Entwicklungskosten oder Vertriebskosten gerechtfertigt sind, ob zu hohe Rabatte gewährt werden, wie sich das Ergebnis aus den einzelnen Sortimentsbereichen rekrutiert.

Der Deckungsbeitrag (DB) ist allgemein definiert:

> Preis
> – variable Kosten
> = **Deckungsbeitrag**
> – Fixkosten
> = **Betriebsergebnis**

Fixkosten können zudem danach differenziert werden, ob sie einem Produkt (z. B. Pro-duktmanagergehälter), einer Produktgruppe (z. B. Werbekosten für diese Gruppe) oder nur dem Unternehmen insgesamt (z. B. Marketingleitung) zuzurechnen sind. So erfasst z. B. der Produktgruppen-DB alle Erlöse und Kosten, die genau der Produktgruppe zuzu-rechnen sind, ohne dass irgend etwas „geschlüsselt" wird. Abbildung 5.12 zeigt ein Bei-spiel für eine umfangreiche Auswertung.

	A	B	C	D	E	Gesamt
Listenpreis	38	26	19	47	32	
Rabatt	4	1	2	3	6	
Netto-Preis	34	25	17	44	26	
Umsatz	918.000	400.000	323.000	198.000	1.010.000	2.849.000
variable Kosten	19	21	8	26	17	
Stück-DB	15	4	9	18	9	
% vom Listenpreis	39 %	15 %	47 %	38 %	28 %	
Stück-DB x Menge	405.000	64.000	171.000	81.000	346.500	1.067.500
– Einzelfixkosten	82.000	78.500	42.000		65.000	267.500
= Produkt-DB	323.000	-14.500	129.000	81.000	281.500	800.000
% vom Umsatz	35 %	-4 %	40 %	41 %	28 %	
– Produktgruppenfixkosten	111.000		86.000		30.000	227.000
= Produktgruppen-DB	197.500		124.000		251.500	573.000
% vom Umsatz	15 %		24 %		25 %	
– Werksfixkosten	85.000		127.000			212.000
= Werks-DB	112.500		248.500			361.000
– Unternehmensfixkosten	265.000					265.000
= Betriebsergebnis	96.000					96.000
% vom Umsatz	3 %					

Abbildung 5.12: Produkterfolgsrechnung

Diese Auswertung stellt in gewisser Weise das Optimum der controllerischen Analyse des Sortimentserfolgs dar (weitergehend dazu siehe Preißner 2008).

Es lässt sich zunächst erkennen, in welchem Maße Rabatte gewährt wurden. Bei E sind es im Schnitt fast 20 %, bei B sind es keine 4 %. Das kann auf zu hohe/zu niedrige Preise hindeuten, aber auch auf das Wettbewerbsumfeld. Der Stück-DB aller Produkte ist positiv, sodass keine sofortige Elimination erforderlich ist. Allerdings ist C deutlich profitabler als B, was die Vermutung des zu niedrigen Preises unterstützen kann. Die Einzelfixkosten (Entwicklung, Werbung, Management) sind bei B wiederum sehr hoch, was etwa bei Neuprodukten typisch ist. Zu fragen ist, warum für D keine Aufwendungen getätigt werden. Entweder es läuft von alleine gut oder es ist im Marketing vergessen worden und wird irgendwann den Weg alles Irdischen gehen. Die Produktgruppenfixkosten offenbaren nichts Auffälliges, die aus A und B bestehende Produktgruppe leidet in Sachen Profitabilität noch unter dem schlechten Ergebnis von B. Ob das Betriebsergebnis von 3 % bezogen auf den Umsatz zufriedenstellend ist, hängt von verschiedenen Faktoren ab, die mit einer solchen Analyse nicht bearbeitet werden können. Vor allem zeigt sich, dass die Controllingsicht nur eine ist und parallel auch Marketingargumente einbezogen werden müssen.

5.1.9.3 Kennzahlen

Mit Hilfe von Kennzahlen können unterschiedlichste Aspekte des Produkterfolgs beleuchtet werden. Abbildung 5.13 listet einige häufig verwendete Kennzahlen auf.

Kennzahlen des Produkt- und Sortimentscontrolling		
Kennzahl	Definition	Erläuterung
Marktanteil	eigener Netto-Umsatz/Absatz Gesamtumsatz/-absatz des Marktes	Zentrale Erfolgsgröße für das Unternehmen insgesamt. Weil auf den Markt bezogen immer „gerechtes" Kriterium. Misst Erfolg von Marketing, Vertrieb, Produkt ganzheitlich.
Umsatzanteil	Umsatz des Produkts A Netto-Umsatz gesamt	Kriterium zur Ermittlung der Umsatzkonzentration. Ergibt über alle Produkte (oder auch Kunden) eine A/B/C-Analyse als Indikator für die Abhängigkeit von einzelnen Produkten.
Umsatz-wachstumsrate	$Umsatz A_t - Umsatz A_{t-1}$ $Umsatz A_{t-1}$	Erfasst die Dynamik des Unternehmens. Auch für besondere Entlohnungsformen als Grundlage einzusetzen.
Reklamations-quote	Anzahl/Umsatz reklamierter Produkte Netto-Umsatz/Gesamt-Absatzmenge	Indikator der Kundenzufriedenheit. Misst vor allem Qualitätsprobleme von Produkten. Weist aber auch auf Probleme im Vertrieb hin, wenn Aufträge aggressiv akquiriert und Versprechen nicht gehalten werden.
Käufer-reichweite	Anzahl der Produktkäufer/Kunden Anzahl der potenziellen Käufer/Kunden	Misst die Potenzialausschöpfung, allerdings nicht auf Umsatzbasis. Umsatzpotenziale zu ermitteln ist in den meisten Branchen unmöglich, sodass man sich an der Zahl der potenziellen Käufer orientiert.
Produktentwick-lungszeit (Time to Market)	durchschnittliche Zeit vom Beginn der Produktentwicklung bis zur Einführung	Erfasst die Marktnähe und Innovationsfähigkeit des Unternehmens. Kontrolliert die Entwicklungsabteilung bzw. allgemein die Managementstrukturen.
Neuprodukt-anteil	Umsatzanteil von Produkten bis x Jahre Alter Gesamtumsatz	Beschreibt den Innovationsgrad. Hoher Neuproduktanteil spricht für Innovationsfähigkeit und Zukunftsperspektiven, kann aber auch mit vielen Flops zusammenhängen und hohe Kosten bedeuten.
Produkt-Deckungs-beitrag	Erlös – variable Kosten = DB I – Einzelfixkosten = DB II	Produkterfolgsgröße, berücksichtigt alle dem Produkt direkt zuzuordnenden Kosten. Kann nummeriert (DB I, II) oder als Stück- und Produkt-DB bezeichnet werden.

Abbildung 5.13: Kennzahlen im Produktcontrolling

5.1.9.4 Qualitative Produktbewertung

Eine Reihe von Faktoren, die über den Erfolg und das Potenzial eines Produkts eine Aussage machen, lässt sich nicht quantitativ erfassen und muss daher anhand von Checklisten oder individuellen Analysen bearbeitet werden. Sie können auch reine Kosten-/Umsatzanalysen ergänzen und dabei helfen, Ursachen für Entwicklungen zu erkennen. Vielfach sind sie auch Früherkennungsindikatoren, die sich erst mit zeitlicher Verzögerung in der Erfolgsrechnung niederschlagen. In der Praxis stellen qualitative Analysen die Entscheidungsträger meist vor erhebliche Probleme, weil es keine definierten Kriterien gibt, ab wann eine Entscheidung zu fällen ist. Während etwa Deckungsbeiträge eine deutliche Sprache sprechen, ist unklar, welche Zufriedenheitsrate erforderlich ist.

Im Rahmen einer qualitativen Produktbewertung sind z. B. folgende Fragen zu erörtern:

- Passt das Produkt zum Image/zur Positionierung des Unternehmens?
- Spricht das Produkt interessante Zielgruppen an?
- Wie hoch ist die Zufriedenheit mit dem Produkt?
- Wie schneidet das Produkt in Tests und Verbraucherberichten ab?
- Welche Verbundbeziehungen bestehen zu anderen Produkten des Sortiments?
- Wie hoch ist das Absatzrisiko des Produkts? – Anfälligkeit gegenüber externen Einflussfaktoren wie Käuferverhalten, Wechselkursen, Gesetzgebung, Witterung usw.

5.2 Kontrahierungspolitik

5.2.1 Prozessschema der Kontrahierungspolitik

Die Entscheidungen der Kontrahierungspolitik orientieren sich am Planungsschema des Unternehmens, das heißt, es können strategische und operative unterschieden werden, die sich an den Unternehmenszielen ausrichten. So bestimmen Unternehmen immer langfristige Leitlinien und legen sich damit auf ein hohes oder niedriges Preisniveau fest, nehmen aber kurzfristig je nach Wettbewerbs- und Nachfragesituation kleinere Änderungen vor. Abbildung 5.14 gibt einen Überblick über die Entscheidungen in der chronologischen Abfolge.

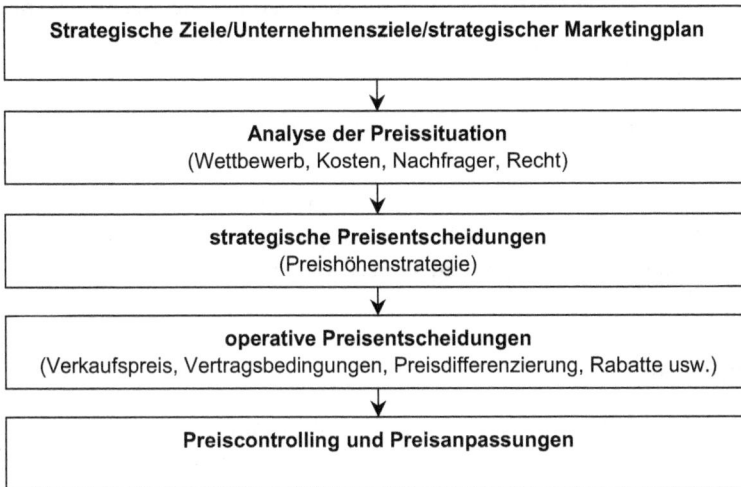

Abbildung 5.14: Prozessschema der Kontrahierungspolitik

5.2.2 Analyse der Preissituation

Auf der Grundlage der Unternehmens- und Marketingziele wird zunächst die Preissituation analysiert (siehe Abbildung 5.15). Hieraus ergibt sich, welcher Preis aus Unternehmens-, Nachfrager-, Wettbewerbs- und ggf. rechtlicher Sicht „optimal" wäre.

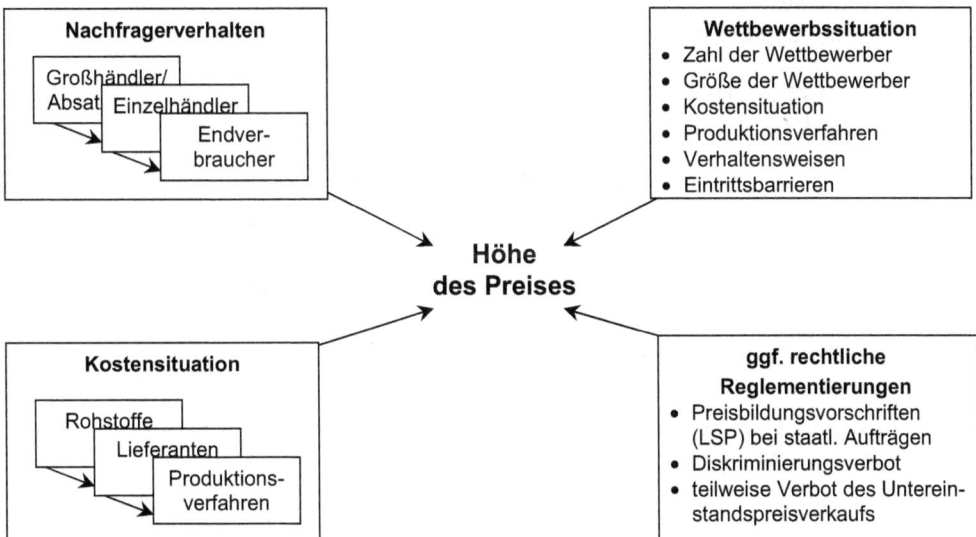

Abbildung 5.15: Preishöhe

Leider handelt es sich selten um *einen* Preis, vielmehr wollen die Nachfrager meist weniger zahlen als das Unternehmen erlösen will usw. Nichtsdestoweniger ergibt sich hier die Grundlage für Preisentscheidungen.

Die systematische Analyse der vier Bereiche soll vor allem sicherstellen, dass kein Produkt mit einem falschen Preis auf den Markt kommt, also etwa kostendeckend erscheint, aber zu diesem Preis kaum Nachfrager findet. Ebenso soll sie verhindern, den Wettbewerb außer Acht zu lassen und etwa einen bei gleicher Leistung höheren Preis zu verlangen bzw. durch einen ausgesprochenen Niedrigpreis Wettbewerber in einen Preiskampf zu ziehen.

5.2.2.1 Nachfrager

Das Verhalten der Nachfrager steht wie bei der Produktentwicklung an erster Stelle der Analyse. Leider ist kaum eine Aufgabe im Marketing so schwierig wie die, zu schätzen, welchen Preis die Konsumenten zu zahlen bereit sind. Auch hoch entwickelte Verfahren der Marktforschung scheitern oft an einer zuverlässigen Prognose. Insofern darf man sich nicht der Illusion hingeben, die Zahlungsbereitschaft genau ermitteln zu können.

Um die Reaktion der Konsumenten auf Preisänderungen zu beschreiben, wird mit der Preiselastizität der Nachfrage und der Preis-Absatz-Funktion gearbeitet. Sollten Sie schon Einblicke in die Volkswirtschaftslehre bekommen haben, dann mögen Sie an die Monopoltheorie im Rahmen der Mikroökonomie erinnert sein. Hierauf greifen die Konzepte zurück, wenngleich in der Realität kein reinrassiges Monopol unterstellt wird. Aber welcher Marketingmensch träumt nicht davon, wenigstens im Kleinen ein Monopolist zu sein und einige Kunden für sich alleine zu haben ...

Die **Preiselastizität der Nachfrage** beschreibt die Reaktion der Nachfrager auf eine Preisänderung des Anbieters. Sie ist definiert als:

$$\text{Preiselastizität } \varepsilon = \frac{\text{relative Änderung der Nachfragemenge}}{\text{relative Änderung des Preises}}$$

Erhöht das Unternehmen bspw. seinen Angebotspreis von 100 auf 105 Euro und sinkt daraufhin die Nachfragemenge von 8.000 auf 7.500 Einheiten, dann liegt die Preiselastizität bei -6,25 % : +5 % = -1,25. Die Nachfrager reagierten also elastisch, denn die Nachfrage sank stärker als der Preis stieg, der Umsatz ging dadurch nach unten und der Anbieter dürfte insgesamt nachher schlechter dastehen als vorher. Wäre die Nachfrage nur auf 7.800 Einheiten zurückgegangen, dann hätte die Elastizität bei -0,5 gelegen. Der Umsatz wäre dann gestiegen.

Es lässt sich schnell feststellen, dass bei einer Elastizität von -1 eine Art Gleichgewicht herrscht, dann heben sich Preis- und Mengenänderungen gegeneinander auf. Liegt sie zwischen -∞ und unter -1, dann sind Preiserhöhungen kontraproduktiv. Über -1 bieten sich Preiserhöhungen an, denn die Nachfrager sind dann träge. Positive Elastizitäten dürfen immer für Preisanhebungen genutzt werden, sind aber ausgesprochen selten. Übrigens ist es eine schöne Prüfungsfrage, wie die Preiselastizität mit Hilfe der Marktforschung gemessen werden kann.

Ziel des Marketing ist es, eine möglichst geringe Preiselastizität zu erreichen. Dadurch steigt der Spielraum für Preiserhöhungen. So sind etwa Markierungsstrategien, Kundenbindungsmaßnahmen wie z. B. die Meilenprogramme der Fluggesellschaften oder Vertriebskonzepte wie das Franchising letztlich darauf ausgerichtet, den Preisspielraum durch Verdrängen von Wettbewerbern zu erhöhen.

Die grafische Darstellung des Verhältnisses von Preis und Menge ist die **Preis-Absatz-Funktion** (Abbildung 5.16). Sie gilt eigentlich nur im Monopol, hat aber zumindest begrenzt eine gewisse Aussagefähigkeit, weil Produkte nicht immer transparent und leicht vergleichbar sind. Insofern lässt sich eine kleine Preis-Absatz-Funktion durchaus rechtfertigen. Der Preis, ab dem keine Nachfrage mehr vorhanden ist, wird als Prohibitivpreis bezeichnet, die Menge, die auch bei einem Preis von 0 nicht überschritten wird, ist die Sättigungsmenge.

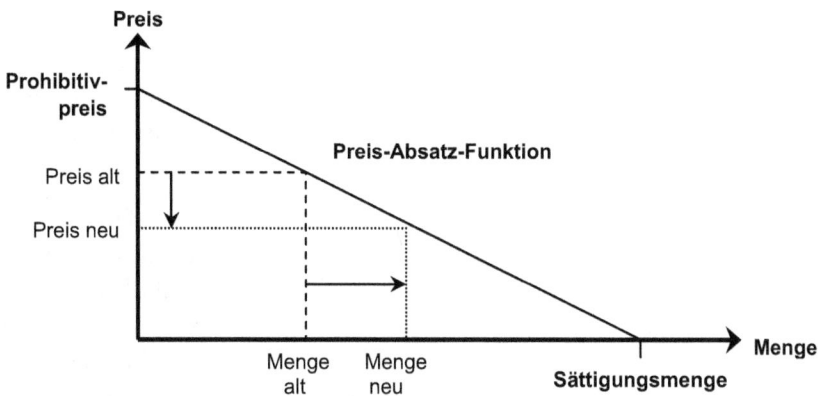

Abbildung 5.16: Preis-Absatz-Funktion

Je flacher die Gerade verläuft, desto höher ist die Elastizität. Ihr konkreter Verlauf ist jedoch nur selten bekannt, so wie die Elastizität auch nur selten zuverlässig zu schätzen ist. Eine kleine Fangfrage, die man immer wieder hört ist die, wie hoch denn die Elastizität auf einer bestimmten Preis-Absatz-Funktion sei. Sie erkennen sicher schon, dass sie an jedem Punkt unterschiedlich ist, zumindest solange es sich um eine Gerade handelt.

In der Konsumpraxis spielen vor allem **Preisschwellen** eine Rolle, weil sich viele Konsumenten an ihnen orientieren, sie als Ankerpunkt speichern und bei Überschreiten ihr Verhalten radikal ändern. Solche Preisschwellen müssen nicht unbedingt rational begründet sein, manchmal sind sie allenfalls durch Tradition zu erklären. Ein inzwischen klassisches Beispiel ist die Preisschwelle von 1 DM bei Tafelschokolade. Bis zur Euroeinführung war es den Herstellern kaum möglich, diese Grenze zu überschreiten, obwohl es aus Kostengründen notwendig gewesen wäre. Preise über 1 DM wurden jedoch für die großen Marken nicht akzeptiert. Durch den Euro fiel diese deutliche Schwelle, inzwischen haben die Marken Verkaufspreise von 70–80 Cent.

Andere Preisschwellen finden sich etwa im Buchmarkt bei 20 Euro, die vor allem für Belletristik eine deutliche Hürde darstellen. Fachliteratur orientiert sich eher an den 50 Euro, sodass sich viele Bücher im Bereich von 49 bis 49,95 Euro finden und nur wenige in den Preisregionen bis 69 Euro. PKW lassen sich an Privatleute noch gut bis 20.000 Euro verkaufen, darüber hinaus wird es deutlich schwieriger.

Oft spielen Nominalwerte von Münzen und Geldscheinen eine Rolle, weil es einfacher erscheint, ein Produkt mit nur einem Schein oder einer Münze zu kaufen. Gerade bei komplexen Produkten wie Computern oder Kameras, suchen Käufer nach einer Vereinfachung der Kaufentscheidung, kaufen nach Preislage statt nach Produkteigenschaften. Dies lässt sich auch immer wieder gut in Verkaufsgesprächen in Elektrogeschäften beobachten, wo die erste Frage des Verkäufers oft lautet: „Was wollen Sie denn ausgeben?"

5.2.2.2 Kosten

Da Unternehmen in erster Linie dem Gewinnziel verpflichtet sind, muss ein Preis über kurz oder lang kostendeckend sein. Daher ist die Kalkulation des Angebotspreises erforderlich. Dafür gibt es verschiedene Möglichkeiten, die hier, weil Bestandteil des Rechnungswesens, nur kurz angesprochen werden sollen.

Zuschlagskalkulationen werden von Unternehmen mit heterogenem Produktprogramm und ständigen Lagerbestandsveränderungen verwendet. Sie unterscheiden Einzel- und Gemeinkosten sowie mehrere Verarbeitungsstufen und sind somit auf die unterschiedlichsten Unternehmens- und Branchenarten anwendbar. Grundprinzip sind die Ermittlung der Einzelkosten eines Kostenträgers und die Verrechnung der Gemeinkosten in Abhängigkeit von den Einzelkosten. Die Gemeinkosten stellen dabei einen prozentualen Zuschlag zu den Einzelkosten dar.

Zentrales Problem dieses Verfahrens ist die Mengenabhängigkeit, denn der Fixkostenanteil kann nur auf der Basis einer angenommenen Menge „aufgeschlagen" werden. Da die Mengenschätzung praktisch immer falsch ist, mal zu hoch und mal zu niedrig, ist die Kalkulation streng genommen immer „falsch". Auch nicht weniger problematisch ist die Frage, welcher Gewinnaufschlag eingerechnet wird. Es ist keineswegs erforderlich und sinnvoll, alle Produkte mit einem einheitlichen Gewinnaufschlag zu kalkulieren, zumal schon die Preisschwellen dem entgegenstehen dürften. Vielmehr ist eine Mischkalkulation üblich, bei der kalkulatorische Verluste bei einem Produkt durch Gewinne bei einem anderen ausgeglichen werden.

Die folgende Übersicht stellt die Standardkalkulationsschemata für die Vollkostenrechnung dar. Sie unterstellt, dass die Fertigung in einer Kostenstelle erfolgt. Bei mehreren Fertigungsstellen muss das Schema entsprechend erweitert werden.

Kalkulationsschema der differenzierenden Zuschlagskalkulation
bei Vollkostenrechnung:

Materialeinzelkosten (MEK)

+ Materialgemeinkosten (MGK) (als prozentualer Zuschlagssatz zu MEK)

+ Fertigungseinzelkosten (FEK)

+ Fertigungsgemeinkosten (FGK) (als prozentualer Zuschlagssatz zu FEK)

+ Sondereinzelkosten der Fertigung (SEF)

= Herstellkosten (HK)

+ Verwaltungsgemeinkosten (VwGK) (prozentualer Zuschlag z. d. Herstellkosten)

+ Vertriebsgemeinkosten (VtGK) (prozentualer Zuschlag zu den Herstellkosten)

+ Sondereinzelkosten des Vertriebs (SEVt)

= Selbstkosten (SK)

+ Gewinnaufschlag (Gew) (prozentualer Zuschlag zu den Selbstkosten)

= Barverkaufspreis (BVP) (Netto-Preis)

+ Kundenskonto (Ksk) (prozentual vom Zielverkaufspreis)

= Zielverkaufspreis (ZVP)

+ Kundenrabatt (Krab) (prozentual vom Listenverkaufspreis netto)

= Listenverkaufspreis netto (LVP)

+ Mehrwertsteuer (MwSt.) (prozentual zum Listenverkaufspreis netto)

= Angebotspreis brutto (AP)

In bestimmten Situationen kommen auch andere, einfachere Kalkulationsverfahren zum Einsatz. Wird nur ein Produkt hergestellt, bietet sich die **Divisionskalkulation** an. Dabei werden schlicht und einfach die Gesamtkosten durch die Stückzahl geteilt. Werden mehrere ähnliche Produkte hergestellt, kommt die **Äquivalenzziffernkalkulation** infrage. Dabei wird die Kalkulation für die einzelnen Varianten durch Multiplikatoren an die Kostensituation angepasst.

Der Zeitfaktor spielt, vor allem in innovationsgetriebenen Branchen, eine immer größere Rolle. In diesem Zusammenhang spielt der Amortisationszeitraum eine zentrale Rolle. Der Preis muss in der Lage sein, eine nach den Vorstellungen des Anbieters „rechtzeitige" Amortisation der Investitionen zu erzielen. Damit stellt sich regelmäßig die Frage, welche Absatzmenge bei dem jeweiligen Preis erforderlich ist, um die Gewinnzone zu erreichen. Dies ist die Break-Even-Menge. Die **Break-Even-Analyse** setzt voraus, dass Preise und Kosten im Voraus geplant werden können und keine periodenweisen Fixkosten entstehen. Sie ist eine Einperiodenbetrachtung und unterstellt einen unbegrenzten Markt.

Angenommen, in einem Unternehmen soll geprüft werden, ob sich die Aufnahme der Produktion für ein neues Produkt lohnt, das für 12 EUR verkauft werden kann, variable Kosten von 8 EUR pro Stück sowie Fixkosten von einmalig 200.000 EUR verursacht. Abbildung 5.17 (Preißner 2008, S. 79) zeigt dies in der Grafik.

Die Kostenfunktion ergibt sich aus der Addition der Fixkosten und variablen Kosten mal der Menge. Die Umsatzfunktion entspricht dem Preis multipliziert mit der Menge. Beide Funktionen ergeben eine Gerade und schneiden sich bei einer Menge von 50.000 Stück. Bis zu dieser Menge liegt der Umsatz unter den Gesamtkosten, es entsteht ein Verlust. Über 50.000 Stück wird ein Gewinn erzielt. Wird bspw. eine Menge von 64.000 geplant, ergibt sich ein Gewinn. Die verkaufte Menge könnte sogar um 14.000 Stück zurückgehen, ohne dass es zu einem Verlust kommt. Dies ist die Sicherheitsmenge oder -zone.

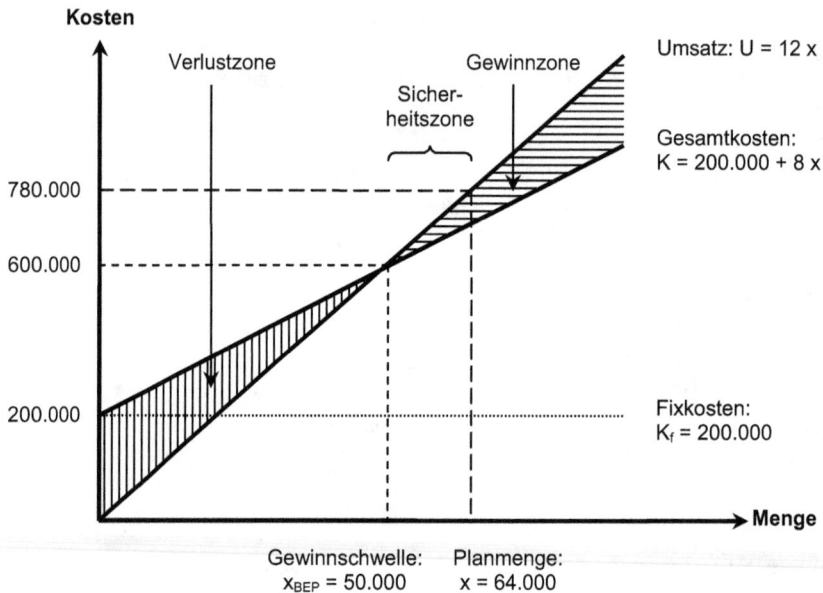

Abbildung 5.17: Break-Even-Analyse

5.2.2.3 Wettbewerb

Prinzipiell kann das Preisniveau des Wettbewerbs als eine Art Obergrenze für die eigenen Preise angesehen werden, sofern das Leistungsniveau als vergleichbar angesehen werden kann. Die Konsequenz muss jedoch nicht immer lauten, diesen Preis zu unterbieten, zumal durch solche „Provokationen" oft genug Preiskämpfe ausgelöst werden, die zu einer Abwärtsspirale und entsprechender Margenerosion führen (vgl. Preißner 1998). Wichtig ist daher, mit welchem Verhalten durch die Wettbewerber zu rechnen ist. Gerade schwache Wettbewerber, die sich eigentlich keine Preissenkungen leisten können, neigen dazu, auf neue, günstigere Angebote mit Preissenkungen zu reagieren. Einige Beispiele für das Preisverhalten auf einzelnen Märkten:

- Im Mobilfunkmarkt stellen die Anbieter in den meisten Fällen relativ schnell Gleichstand für gleiche Leistungen her. Senkt ein Anbieter seine Tarife, ziehen die meisten anderen innerhalb überschaubarer Zeit nach. In den neunziger Jahren des letzten Jahrhunderts geschah dies oft innerhalb von Stunden, zudem wurden die gesenkten Preise dann noch unterboten. Inzwischen ist man hier zwar vernünftiger, lässt aber keine dauerhaften Differenzen zu.

- Im Hotel- und Flugreisemarkt, zumindest so weit es Privatreisen angeht, spielt der niedrigste Preis die zentrale Rolle. Der überwiegende Teil der Buchungen erfolgt mittlerweile über

Buchungsmaschinen im Internet, die die Angebote nach Preisen sortieren. Für die Anbieter ist es dann entscheidend, immer eine Position über den Wettbewerbern zu stehen. Mehrere Preisänderungen innerhalb eines Tages sind dabei keine Seltenheit mehr.

5.2.2.4 Recht

Auf den ersten Blick spielen rechtliche Einflüsse keine nennenswerte Rolle in der Preisfindung. Allerdings sind einige Branchen davon sehr deutlich betroffen, nämlich die, deren Preise oder Tarife durch Gebührenordnungen oder Regulierungsbehörden festgelegt sind. Dies gilt etwa, wenn auch nicht mehr so stark wie früher, für viele Freiberuflergruppen wie Anwälte, Architekten oder Ärzte, aber auch Taxifahrer und Branchen in aktuellen oder ehemaligen Monopolen wie Transport, Energie und Kommunikation.

Weiterhin unterliegen öffentliche Aufträge oft Preisbildungsvorschriften, die etwa eine Kalkulation nach Vollkosten und einen bestimmten Gewinnaufschlag vorschreiben (Verdingungsordnung für Leistungen - VOL bzw. Bauleistungen - VOB). In den Pharma-, Krankenhaus- und Krankenpflegemarkt greift regelmäßig eine ominöse Gesundheitsreform ein, in erster Linie mit dem Ziel, die Gesamtausgaben der Kassen zu begrenzen.

Auch das Verhalten bei der Preisfindung unterliegt gewissen Beschränkungen. Diese setzen einerseits eine Grenze nach oben, andererseits auch eine nach unten. So ist etwa eine wucherische Preisfestsetzung verboten, die oft beim doppelten Marktpreis angenommen wird (§ 138 BGB), ebenso die Absprache von Preisen unter mehreren Anbietern (Preiskartell, § 1 GWB). Dauerhaftes Unterbieten von Marktpreisen kann ebenfalls problematisch sein, wenn unterhalb des Einstandspreises verkauft wird, um damit den Wettbewerb zu beeinflussen, konkret einen Anbieter vom Markt zu verdrängen. Kurzfristiges Verkaufen unter Einstandspreis ist jedoch im Rahmen einer Geschäftseröffnung oder Markteinführung erlaubt.

5.2.2.5 Target Costing

Wie schon angedeutet ist es in der Praxis nicht einfach, alle preisbestimmenden Faktoren unter einen Hut zu bringen, schon die Abstimmung zweier Faktoren gestaltet sich nicht einfach. Hier setzt das **Zielkostenmanagement** bzw. **Target Costing** an. Es soll die Kosten des Produkts den Marktgegebenheiten anpassen, um das Unternehmen konkurrenzfähig zu halten.

Ausgangspunkt für die Konzeption ist die wachsende Problematik, kalkulierte Preise auf dem Markt durchzusetzen. Anstatt im Unternehmen Kosten zu produzieren und diese dann zuzüglich Gewinn vom Kunden zu verlangen, soll der Ausgangspunkt nun die Zahlungsbereitschaft des Kunden sein. Diese ist von seiner persönlichen Wertschätzung und dem Wettbewerbspreisniveau abhängig. Wesentliche Elemente des Ansatzes sind die frühzeitige und umfassende Planung der Kosten. So müssen zu erwartende Entwicklungen des

Produktabsatzes (Produktlebenszyklus) ebenso berücksichtigt werden wie Lieferanten, die einen Teil der Herstellkosten beeinflussen.

Im Rahmen des produktfunktionsorientierten Zielkostenmanagements sind folgende Phasen zu durchlaufen:

1. Bestimmung des Zielverkaufspreises: Der Zielverkaufspreis muss am Markt durchsetzbar sein, was von den Preisen der Wettbewerber und den Anforderungen und der Preisbereitschaft der Konsumenten abhängt. Folgende Faktoren sind bei der Ermittlung des Zielverkaufspreises zu berücksichtigen:

- *Marktpreisniveau:* Welcher Preis wird für vergleichbare Produkte auf dem Markt verlangt?
- *Zahlungsbereitschaft der Konsumenten:* Wie viel sind die Konsumenten zu zahlen bereit? Welchen messbaren Nutzen haben Konsumenten durch das Produkt?
- *Lebenszykluskosten:* Verändern sich die Kosten im Laufe des Produktlebens? Kommen Relaunch- oder Kulanzkosten hinzu?
- *Preispositionierung:* Wie ist die Preispositionierung des Unternehmens? Sind branchenweite Änderungen der Kosten und Preise zu erwarten?

2. Bestimmung des Zielgewinns: Hierfür werden Informationen über branchenübliche Gewinne und Renditen sowie die angestrebte eigene Kapitalverzinsung (Shareholder Value) benötigt. Dabei sind sowohl das Risiko der Investitionen als auch das im Unternehmen bislang erreichte Renditeniveau zu berücksichtigen.

3. Bestimmung der Zielqualität: Die angestrebte Qualität wird durch die Anforderungen definiert, die erfüllt werden sollen. Entscheidend ist, was die Konsumenten von dem Produkt erwarten, auch unter Berücksichtigung des Preises.

4. Ermittlung der Produktfunktionen: In diesem Schritt sind die wahrgenommenen Produktfunktionen aufzulisten und zu bewerten. Dabei müssen neben den technisch-leistungsbezogenen auch subjektiv-emotionale berücksichtigt werden. Ergebnis ist die Funktionsstruktur des Produkts, wie sie von den Konsumenten gesehen wird. Daraus lassen sich die Teilgewichte der Funktionen ablesen.

5. Ermittlung der Funktionskosten: Hier kann analog zur Vorgehensweise bei einer Wertanalyse vorgegangen werden. Es ergeben sich die Kostenanteile der Produktteile.

6. Ermittlung der Zielkostenindizes: Die Kostenanteile der Produktkomponenten werden zu den Teilgewichten der Produktfunktionen in Beziehung gesetzt. Damit ist der Zielkostenindex definiert:

$$\text{Zielkostenindex ZI} = \frac{\text{Kostenanteil KA (in \%)}}{\text{Teilgewicht TG (in \%)}}$$

In Abhängigkeit vom Zielkostenindex lässt sich nun jede Komponente in ein Zielkostenkontrolldiagramm (Abbildung 5.18) eintragen, das Aufschluss über erforderliche Maßnahmen gibt.

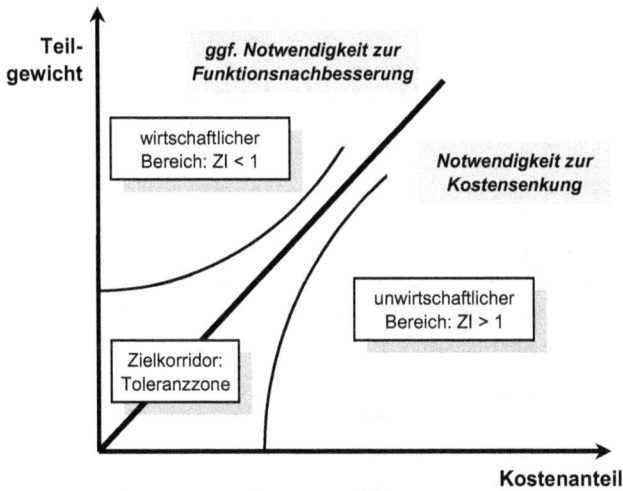

Abbildung 5.18: Zielkostenkontrolldiagramm

Für Produktkomponenten unterhalb der 45-Grad-Linie ist der Kostenanteil größer als der Bedeutungsanteil, der Zielkostenindex ZI entsprechend größer als 1. Für diese Komponente sollte ein Kostensenkungsprogramm eingeleitet werden. Komponenten innerhalb des Zielkorridors (die Breite kann variabel festgelegt werden, entsprechend unternehmensinterner Vorstellungen) werden nicht weiter betrachtet. Hier entspricht der Kostenanteil etwa dem Teilgewicht, der Zielkostenindex liegt um 1. Ein Zielkostenindex unter 1 bedeutet zunächst, dass die Komponente relativ günstig hergestellt wird. In dieser Situation ist jedoch zu prüfen, ob die Funktion adäquat erfüllt werden kann. Diese Kostengünstigkeit kann z. B. dadurch entstehen, dass kein geeignetes Fachpersonal für die Erfüllung der Aufgabe zur Verfügung steht oder nur einfache und preisgünstige Verfahren eingesetzt werden. Dies kann ein Ansatzpunkt für eine Verbesserung der Funktionserfüllung sein.

5.2.3 Strategische Preisentscheidungen

Strategische Preisentscheidungen sind keine exakten Kalkulationen, sondern übergeordnete Festlegungen, die sich vor allem auch am Preisniveau des Wettbewerbs orientieren. Sie sollen ebenso langfristig orientiert sein wie die Marketingstrategie insgesamt, weil etwa die Preiswahrnehmung konkrete Auswirkungen auf das Image des Unternehmens hat. Ob das eigene Preisniveau über oder unter dem des Wettbewerbs liegt, zieht Entscheidungen in den anderen Mixbereichen nach sich und kann nur im Einklang mit der Marketingstrategie festgelegt werden.

	Promotionstrategie	**Premiumstrategie**
Voraus-setzungen	• große Zielgruppe • Kostenvorteile in der Produktion (Standort, Technologie) • große Kapazitäten	• hohes Prestige des Unternehmens • Verzicht auf Preisaktionen in der Vergangenheit • individuelle Kompetenzen des Unternehmens
Umsetzung	• geringe Anzahl von Varianten • hohe Stückzahlen • lange Produktzyklen • wenig Service und Werbung • enge Zusammenarbeit mit Handel • geringes Innovationsniveau, Me-too-Produkte	• geringe Stückzahlen • Beschränkung der Distribution • Marketingunterstützung für Handel • hohe Handelsspannen • hohe Produktqualität • umfangreicher Service • Vermittlung von Emotionen
Beispiele	BIC, May-Werke, Stute, Severin, Ryanair	Bang & Olufsen, Mercedes, Rolf Benz, Alessi

Abbildung 5.18: Promotion- und Premiumstrategie

Eine ganz grundlegende strategische Preisentscheidung ist die für eine **Promotion-** oder **Premiumstrategie** (Abbildung 5.18). Im ersten Fall wird grundsätzlich ein Preis unterhalb des Marktniveaus gewählt, im zweiten oberhalb. Beide Strategien können erfolgreich sein, sie sind aber auch an die Einhaltung einiger Voraussetzungen gebunden. So müssen Promotionstrategen vor allem an eine weitgehende Vereinfachung und Standardisierung ihres Angebots denken, während Premiumstrategen über einen dauerhaften Vorteil gegenüber dem Wettbewerb verfügen müssen. Es ergibt sich ein recht deutlicher Zusammenhang mit der Kostenführer- bzw. Differenzierungsstrategie.

Während diese beiden Strategien ein konstantes Preisniveau unterstellen, gibt es auch solche, bei denen der Preis planmäßig verändert wird. Wird ein Produkt zunächst auf einem hohen Preisniveau angeboten um die Zahlungsbereitschaft abzuschöpfen, dann aber sukzessive gesenkt, spricht man von einer **Skimmingstrategie**. Sie lässt sich dann realisieren, wenn anfangs ein deutlicher Wettbewerbsvorteil (meist technologischer Art) besteht, für den die Käufer einen höheren Preis zu zahlen bereit sind. Dieser Vorteil lässt meist im Laufe der Zeit nach, weil andere Anbieter auf den Markt treten oder steigende Stückzahlen einen geringeren Preis bei gleichzeitiger Ausweitung der Zielgruppe ermöglichen.

Im umgekehrten Fall wird ein Produkt zunächst auf einem geringen Preisniveau angeboten, mit steigendem Markterfolg jedoch immer teurer. Hier wird von einer **Penetrationsstrategie** gesprochen. Sie kann aber nur dann funktionieren, wenn weiterhin ein Wettbewerbsvorteil besteht und keine neuen Anbieter auf den Preis drücken. Dies ist meist nur dann möglich, wenn das Produkt durch Patente o. Ä. geschützt werden kann.

5.2.4 Operative Preisentscheidungen

5.2.4.1 Preisdifferenzierung

Eine **Preisdifferenzierung** liegt dann vor, wenn für ein Produkt unterschiedliche Preise verlangt werden. Diese Differenzierung kann vorgenommen werden nach

- dem Kaufort: an unterschiedlichen Orten werden unterschiedliche Preise verlangt
- der Person des Käufers: bestimmte Käufergruppen erhalten Preisnachlässe
- der Zeit: je nach Saison oder Tageszeit gelten unterschiedliche Preise
- der Menge

Zweck der Preisdifferenzierung ist die Steigerung des Sortimentserfolgs/-deckungsbeitrags. Dabei soll je nach Person und Situation immer möglichst der höchste durchsetzbare Preis verlangt werden. Dieser kann durchaus auch niedriger sein, um bspw. eine bessere Auslastung von Kapazitäten zu gewährleisten (siehe die Beispiele in Abbildung 5.19).

Ein einfaches Beispiel sind die Happy Hours in Bars, die günstigere Preise am frühen Abend bieten. Die Plätze sind dann meist schlecht besetzt, sodass man sich immerhin zusätzliche Deckungsbeiträge verspricht. Sollte allerdings beim Alkohol für die Cocktails gespart werden, handelt es sich streng genommen nicht mehr um identische Produkte und damit nicht mehr um Preisdifferenzierung. Und für die Gäste ist die hour oft auch eher unhappy...

Preisdifferenzierung			
regional	**persönlich**	**zeitlich**	**mengenbezogen**
länderspezifisch – z. B. nach Kaufkraft, Steuersätzen	nach Bevölkerungsgruppen – z. B. Studenten, Senioren	nach Tageszeiten – z. B. Abendtarife	nach Abnahmemenge – z. B. Großpackungen
regional – z. B. nach Transportaufwand, Konkurrenzsituation	nach Verwendungszweck – z. B. Geschäfts-/ Privattarif	nach Saison – z. B. Abschöpfung hoher Nachfrage	nach Dauerhaftigkeit der Geschäftsbeziehung – z. B. Frequent-Flyer-Programme
lokal – z. B. nach Kaufort	nach Gegenleistung – z. B. Landegebühren	nach Produktalter – z. B. zur Produkteinführung	

Abbildung 5.19: Preisdifferenzierung

5.2.4.2 Yield Management

Das Yield Management gehört sicher zu den aktuellsten und beliebtesten Themen des Preismanagements (Yield = Ertrag pro Leistungseinheit, z. B. Flugsitzkilometer, Hotelübernachtung). Gemeint ist damit die Steuerung der Auslastung von Kapazitäten durch Preise. Es wird fast ausschließlich im Dienstleistungsbereich eingesetzt, bei dem hohe Kapazitäten und damit Fixkostenanteile bestehen.

Klassisches Beispiel ist die Auslastungssteuerung der Fluggesellschaften. Der Flug verursacht im Wesentlichen Fixkosten, sodass eine maximale Auslastung anzustreben ist. Die

Nachfrage nach Plätzen schwankt aber sehr stark. Zu Messen, Ferienterminen, vor und nach dem Wochenende wird viel geflogen, während zu bestimmten anderen Zeiten nichts los ist. Der Gesamtertrag kann gesteigert werden, wenn durch variable Preisgestaltung bei hoher Nachfrage hohe Preise, bei geringer Nachfrage niedrige Preise verlangt werden. Stellt sich heraus, dass sich die Nachfrage besser als gedacht entwickelt, werden die Preise angehoben. Ist sie schwächer als gedacht, dann werden die Preise gesenkt.

Abbildung 5.20 charakterisiert die drei Entwicklungsstufen des Yield Management. Vor allem die dritte Stufe erreicht eine Komplexität, die nur noch über spezielle Programme zu beherrschen ist. Diese werten auch vergangene Buchungsverläufe aus, beziehen No-Show-Quoten (wichtig bei Flugreisen) mit ein und planen angemessene Überbuchungsraten. Kommt es jedoch zu zufälligen Schwankungen, helfen auch sie nicht weiter.

Die diversen Low Cost-Fluggesellschaften arbeiten im Wesentlichen mit der zweiten Stufe, wobei gerade der Internetverkauf eine einfache Erfassung und Auswertung ermöglicht. Das Grundprinzip ist dabei meist, den Preis in Schritten anzuheben. Dabei hilft die Tatsache, dass sich der Verkauf stark auf einen Vertriebsweg konzentriert. Gibt es mehrere unabhängige Vertriebswege, erscheint eine Kontingentierung sinnvoll.

---

1. Manuelles Yield Management

Die Kapazitäten werden nach Gefühl bepreist und verplant. Ein Mitarbeiter ist dabei für die optimale Planung verantwortlich und erhält den entsprechenden Überblick.

---

2. Mengenorientierte Preissteuerung

Die Nachfragemengen für die einzelnen Tages-/Stundenkapazitäten werden automatisiert erfasst. Die Preise steigen automatisch mit dem erreichten Auslastungsgrad.

---

3. Kontingentorientiertes Yield Management

Die Nachfrage wird nach Zeit und Kundengruppe erfasst und über längere Zeiträume ausgewertet. Es werden Nachfrageprofile erstellt, Saisonschwankungen, Stornoquoten usw. berücksichtigt. Die Kapazität wird nach Kontingenten vergeben, die variable Größen und Preise haben.

Abbildung 5.20: Entwicklungsstufen des Yield Management

Etwas vereinfacht kann man sich das Yield Management wie in Abbildung 5.21 gezeigt vorstellen. Hier werden drei Tarife eingesetzt, um die Kapazität eines bestimmten Tages auszulasten.

Im linken Beispiel stellt sich heraus, dass Tarif 1 nicht die nötige Auslastung bringen wird. Die Prognose (gestrichelte Linie) kommt auf rund 30 %. Deswegen wird ein Tarif 2 eingeführt, der billiger ist und zusätzliche Auslastung bringt, die aber nur auf rund zwei Drittel steigt. Der Tarif 3, wiederum billiger, bringt weitere Auslastung, wenn auch nicht bis auf 100 %.

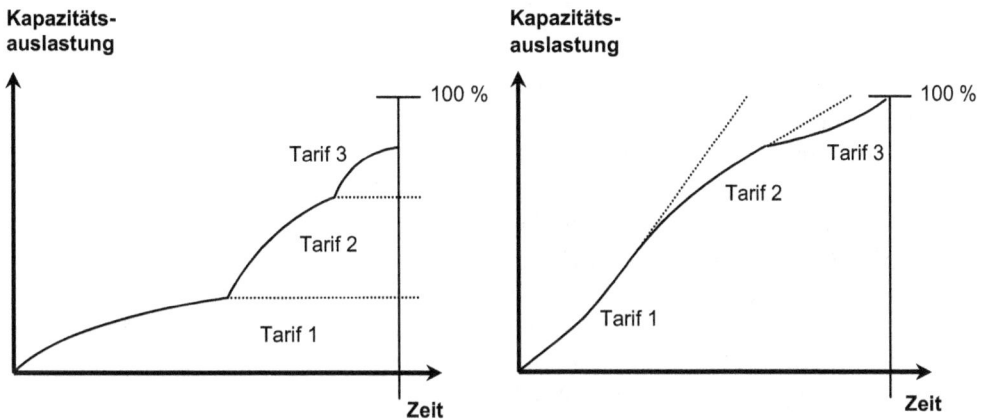

Abbildung 5.21: Yield Management

Das Ganze funktioniert auch umgekehrt. Das rechte Beispiel zeigt eine Situation, bei der der erste Tarif zu günstig angesetzt war bzw. die Nachfrage stärker als erwartet ausfällt. Hier musste durch Tarif 2 bremsend eingegriffen werden. Aber auch dieser war zu günstig, sodass er durch Tarif 3 abgelöst wurde. Dieser führte erst zu wenig zusätzlicher Nachfrage, kurz vor dem Ziel (z. B. Abflugtag) wurde aber auch er nachgefragt.

5.2.4.3 Rabattpolitik

Rabatte können als Instrument der Feinsteuerung von Preisen angesehen werden. Sie erfolgt jedoch nicht offen wie bei der Preisdifferenzierung, sondern verborgen (nach Verhandlung mit den Kunden) bzw. situationsbezogen, wenn die Nachfrage gerade besonders hoch oder niedrig ist oder besondere Leistungen erbracht werden.

Vor allem der Umstand, dass Rabatte von den Machtverhältnissen bzw. dem Verhandlungsgeschick abhängen, hat sie schon oft in Verruf gebracht. Prinzipiell lassen sich vier **Kategorien** unterscheiden:

- Funktionsrabatte – für die Übernahme von Leistungen, z. B. Transport
- Treuerabatte – für die Dauer der Geschäftsbeziehung, auch als Bonus
- Mengenrabatte – für große Abnahmemengen
- Zeitrabatte – für den Kauf zu nachfrageschwachen Zeiten

In Branchen mit besonders mächtigen Abnehmern bzw. der Bereitschaft zu umfangreichen individuellen Preisverhandlungen entstanden deutlich vielfältigere Rabattsysteme. Betroffen war in den neunziger Jahren des letzten Jahrhunderts vor allem der Markenartikelbereich, wo mit viel Phantasie an Rabattsystemen gearbeitet wurde, die eine möglichst gute Interessendurchsetzung gegenüber dem Geschäftspartner ermöglichten. Inzwischen

existiert hier wieder mehr Ordnung und die Rabatte wurden überwiegend an die Übernahme bestimmter Leistungen geknüpft. Eine Auswahl:

- Sortimentsrabatt – wird gewährt, wenn alle Produkte des Sortiments abgenommen werden
- Einführungsrabatt – wird begrenzt während der Einführungsphase gewährt (lässt sich leichter abschaffen als einen Preis zu erhöhen)
- Logistikrabatte – gestaffelt nach Abnahmevolumen, und zwar nach Transporteinheiten (LKW, Container, Palette usw.) – beteiligt den Händler an ersparten Transportkosten
- Werberabatt – soll die werbliche Unterstützung des Abverkaufs fördern; Rabatte verlagern das Risiko im Vergleich zum gezahlten Zuschuss auf den Handel
- Handelsstufenrabatt – dient der Abgeltung der Leistung von Groß- und Zwischenhändlern
- Zahlungsrabatt – wird für schnelle Zahlung gewährt (Skonto), auch als Delkredererabatt bei Zentralregulierung (z. B. durch Einkaufsgenossenschaft)
- Treuerabatt – wird wie eine Prämie für langfristige Kundenbindung gewährt

5.3 Distributionspolitik

5.3.1 Prozessschema der Distributionspolitik

Abbildung 5.22: Prozessschema der Distributionspolitik

Ähnlich wie in der Kontrahierungspolitik lassen sich in der Distribution auch strategische und operative Ebene unterscheiden. Auf der strategischen Ebene werden Strukturen bestimmt, die meist über Jahrzehnte bestehen bleiben. So kann die Entscheidung für indi-
rekten Vertrieb über den Einzelhandel nie kurzfristig zugunsten des Direktvertriebs geän-
dert und womöglich nach zwei Jahren wieder revidiert werden. Innerhalb dieser Struktu-

ren gibt es dann unterschiedliche operative Entscheidungsbereiche, etwa Fragen der Entlohnung oder der kurzfristigen Steuerung. Abbildung 5.22 gibt einen Überblick.

5.3.2 Vertriebswege

Die zentrale strategische Entscheidung innerhalb der Distribution betrifft die Auswahl der Vertriebswege. Hier ist zunächst zwischen direktem und indirektem zu unterscheiden. **Indirekter Vertrieb** bedeutet die Einschaltung rechtlich und wirtschaftlich Selbstständiger, im **direkten Vertrieb** bleibt die Kontrolle durch den Hersteller bis zur Übergabe an den Endkunden bestehen. Mit Selbstständigen (Einzelpersonen wie Handelsunternehmen) zu arbeiten, bedeutet immer auch den Verzicht auf die Preishoheit. Da es keine Preisbindung mehr gibt (Ausnahmen im Buch-/Presse- und Pharmamarkt), kann der Weiterverkäufer stets eigene Preise festlegen und somit auch eine geplante Premiumstrategie des Herstellers zunichte machen.

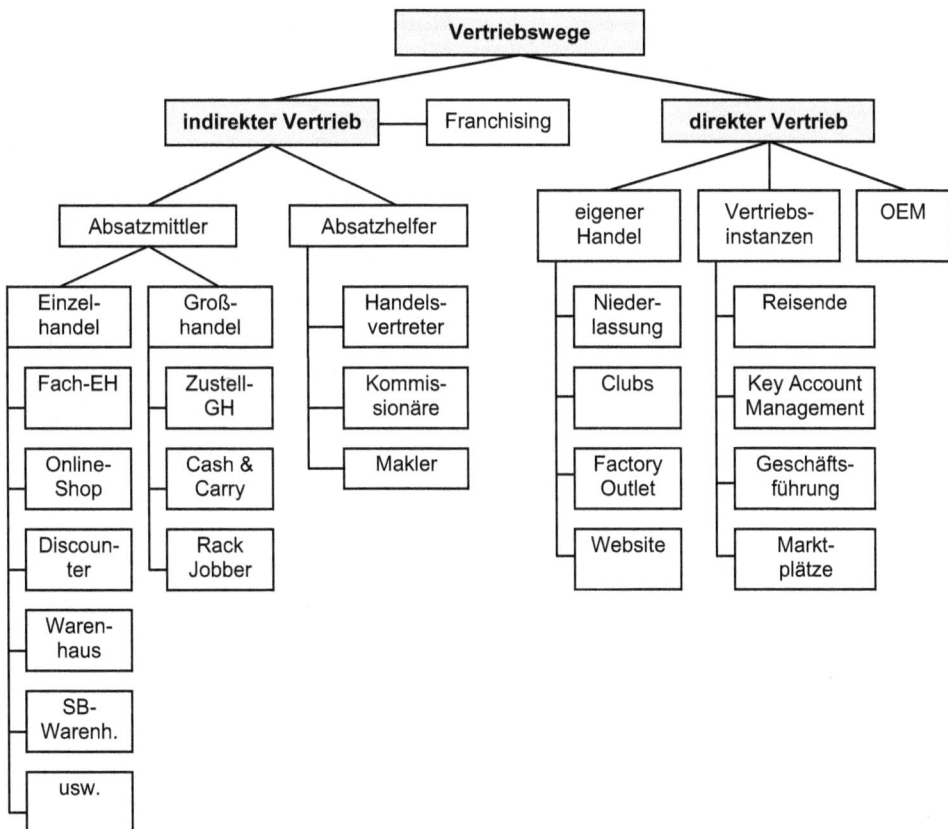

Abbildung 5.23: Vertriebswege

Innerhalb des indirekten Vertriebs werden noch Absatzmittler und Absatzhelfer unterschieden, Franchising nimmt, wie sich noch zeigen wird, eine Sonderrolle ein. Zu den Absatzmittlern gehören die Händler, die auch Eigentümer der Ware werden (können), Absatzhelfer sind oft Einzelpersonen oder Agenturen, die nicht Eigentümer der Waren werden, sie oft auch gar nicht sehen.

Einzelhandel unterscheidet sich vom Großhandel durch die Zielgruppe. **Einzelhändler** setzen an alle Kunden ab, **Großhändler** nur an Gewerbetreibende. Großhandelsbetriebe müssen dabei keineswegs größer oder billiger sein als Einzelhändler, sie sind nur geringeren gesetzlichen Reglementierungen unterworfen. Dort gelten z. B. nicht die Schutzrechte des BGB für Privatleute, denn es kann Kaufmannseigenschaft unterstellt werden. Entsprechend müssen Zugangsbeschränkungen vorgenommen werden.

Einzelhandel

Innerhalb des Einzelhandels ist die Vielfalt der Betriebsformen inzwischen so groß, dass sie kaum noch vollständig dargestellt werden können. Die klassische Einzelhandelsform ist der **Facheinzelhandel**. Es handelt sich um kleine Geschäfte mit wenigen Hundert qm, persönlicher Beratung an innerstädtischen Standorten wie auch in Randlagen. Das Sortiment ist meist auf eine Branche beschränkt.

Discounter finden sich überwiegend im Lebensmittelbereich, das Angebot ist stark preisorientiert, der Sortimentsumfang deutlich eingeschränkt (meist unter 1.000 Artikel). Die Waren werden zur Selbstbedienung angeboten, Beratung findet nicht statt, die Ladenatmosphäre erinnert eher an ein Warenlager. Überwiegend werden Eigenmarken angeboten.

Fachmärkte können als Gegenstück zu Discountern im Non Food-Bereich angesehen werden. Sie beschränken sich ebenfalls auf eine Branche (vor allem Elektro, Computer, Textil, Drogerie), bieten aber meist eine ganz erhebliche Sortimentstiefe und eingeschränkt Beratung. Die Standorte sind meist auf Verkehrsgünstigkeit ausgelegt, in wachsendem Maße auch Innenstadtlagen. Das Sortiment wird meist durch Eigenmarken ergänzt.

Warenhäuser sind ebenfalls eine klassische Handelsform, deren Bedeutung jedoch abnimmt. Ursprünglich hieß das Konzept „Alles unter einem Dach", sodass überwiegend ein sowohl breites als auch tiefes Sortiment geführt wurde. Aufgrund der Konkurrenz durch Fachmärkte, der Entwicklung der Mietpreise und auch des Missmanagements in einigen Handelszentralen wurden die Sortimente deutlich verkleinert und die Zahl der Filialen reduziert. Schwerpunkte bilden heute Bekleidung, Kosmetik, Wohnungseinrichtung.

Eine branchenspezifische Sonderform bilden die **Kauf- bzw. Fachhäuser**, die es in Deutschland im Textilbereich gibt (vor allem C&A und P&C). Die Läden erreichen oft die Größe eines Warenhauses, das Sortiment ist innerhalb der Branche breit und tief, Beratung wird mehr oder weniger aufdringlich angeboten.

SB-Warenhäuser sind eine moderne Form des Warenhauses mit einer Fläche ab 5.000 qm und separaten Kassenzonen. Das Sortiment ist breit und tief, durch Eigenmarken werden unterschiedliche Preisniveaus angeboten. Die Betriebsform setzt auf hohe Umsätze pro Einkauf, die Standorte beschränken sich auf verkehrsgünstige Lagen außerhalb der Innenstädte mit kostenfreien Parkplätzen. Aufgrund der Auswirkung auf den innerstädtischen Einzelhandel ist der Bau von SB-Warenhäusern stark reglementiert.

Verbrauchermärkte sind die klassischen Lebensmittelläden mit Flächen ab 1.000 qm. Meist werden als Ergänzung auch andere Sortimente des täglichen Bedarfs geführt (Schreibwaren, Zeitungen u. Ä.), neben Hersteller- gibt es auch Handelsmarken. Sie gehören fast ausschließlich großen Ketten an, wurden zuletzt vor allem durch die Expansion der Discounter bedroht.

Online-Shops wachsen seit einigen Jahren stark und konnten sich in vielen Branchen einen erheblichen Marktanteil sichern. Das Angebot wird über eine Website kommuniziert, der Versand erfolgt über Paketdienste. Meist ist das Angebot preisaggressiv ausgerichtet, neben spezialisierten gibt es auch breite Sortimente. Die alteingesessenen Versandhäuser entwickeln sich zunehmend zu Online-Shops, weil sich ihre Umsätze zunehmend vom Katalog auf die Website verlagern.

Nicht zu vergessen sind diverse **Impulskaufstätten** mit kleinen Sortimenten und starker Ausrichtung auf Genussmittel und Reisebedarf. Hierzu gehören etwa Tankstellen und Kioske. Das Preisniveau ist meist hoch.

Großhandel

Im Großhandel ist die klassische Betriebsform der **Zustellgroßhandel**. Er übernimmt im Wesentlichen eine logistische Aufgabe, nimmt beim Hersteller Waren in großen Mengen ab und liefert sie in kleineren an Einzelhändler und Gewerbetreibende. Im Lebensmittelbereich wurde diese Funktion weitgehend von den Handelskonzernen übernommen, die dann auch direkt mit den Herstellern über die Konditionen verhandeln können. In einzelnen Branchen haben sich aber Zustellgroßhändler noch gehalten (Bücher, Zeitungen, Büroartikel, Werkstattbedarf, Saatgut usw.) und beliefern z. B. Facheinzelhändler und produzierende Unternehmen.

Im wesentlichen durch Metro geprägt ist das **Cash & Carry**-Segment. Diese Großhändler treten letztlich wie Einzelhändler auf, das heißt, die Kunden müssen Waren dort selbst abholen und sofort bezahlen. Ein früherer Vorteil der längeren Öffnungszeiten existiert inzwischen nicht mehr, das Preisniveau liegt nicht immer unter dem der Discounter. Kunden sind meist Kleingewerbetreibende.

Rack Jobber übernehmen zusätzliche Leistungen. Die Ware wird nicht nur zugestellt, sondern auch im Verkaufsraum eingeräumt. Dazu überträgt der Einzelhändler dem Rack Jobber eine bestimmten Sortimentsbereich (Schreibwaren, Heimwerkerbedarf o. Ä.), rechnet aber die Verkäufe über seine Kasse ab. Ansonsten ist der Großhändler für Nachlieferung, Regalpflege usw. zuständig.

Sowohl im Einzel- als auch im Großhandel sind noch **Kooperations- und Zusammenschlussformen** zu beachten. Nur noch selten sind Händler Einzelgewerbetreibende mit nur einem Betrieb und auch diese Selbstständigen kaufen oft über Einkaufsgenossenschaften ein. Dadurch werden Einkäufe gebündelt, sodass günstigere Einkaufspreise erzielt und ein gewisser Druck auf die Hersteller ausgeübt werden kann. Diese Genossenschaften (Einkaufszentralen) übernehmen auch Funktionen der Zahlungsabwicklung, verlangen dafür aber ein zusätzliches Entgelt.

Absatzmittler

Während die Handelsformen kaum rechtlich geregelt sind, sich kontinuierlich weiterentwickeln und vor allem aus statistischen Gründen interessant sind, unterliegen die **Absatzmittler** einer gesetzlichen Regelung im HGB.

Handelsvertreter als häufigste Form des Absatzhelfers sind im HGB in den §§ 84ff. geregelt. Sie sind rechtlich und wirtschaftlich selbstständig und vermitteln Aufträge für meist mehrere Hersteller. Mit der Auslieferung haben sie meist nichts zu tun, sondern konzentrieren sich auf die Akquisition von Aufträgen. Nach Möglichkeit arbeiten sie für mehrere Anbieter, die sie bei einem Kunden gleichzeitig vertreten können, die aber in keinem Konkurrenzverhältnis zueinander stehen. Dann können sie Aufträge sehr effizient einholen. Für Hersteller sind Handelsvertreter vor allem wegen bestehender Kundenkontakte und der rein variablen Entlohnung attraktiv. Sie erhalten grundsätzlich eine umsatzabhängige Provision, sodass sich das Risiko des Anbieters reduziert. Allerdings kann eine Geschäftsbeziehung mit einem Handelsvertreter nicht ohne Weiteres beendet werden. Um seine Interessen zu schützen, er hat schließlich die Kunden angeworben, erhält er einen Ausgleichsanspruch, falls der Hersteller sein Gebiet z. B. selbst durch Reisende bearbeiten will.

Kommissionäre (§§ 383ff. HGB) treten nach außen ähnlich einem Händler auf, werden aber normalerweise nie Eigentümer der Ware. Sie handeln im eigenen Namen für Rechnung des Herstellers. Ihr Risiko ist dadurch geringer als das eines Händlers, der die Ware, falls er keinen Käufer findet, abschreiben muss. Findet der Kommissionär keinen Käufer, geht die Ware zurück an den Hersteller. Findet er einen, dann erhält er einen prozentualen Anteil am Umsatz. Einsatzmöglichkeiten für Kommissionäre finden sich vor allem im Außenhandel, bei Aktions- und Gebrauchtwaren und -maschinen.

Schließlich gibt es den **Makler** (§§ 93ff. HGB), dessen Aufgabe die Vermittlung von Geschäften ist. Er hat mit der Ware an sich nichts zu tun, sondern weist nur die Gelegenheit zum Geschäftsabschluss nach. Dafür erhält er eine vorher vereinbarte Courtage. Er ist besonders dann als Absatzhelfer geeignet, wenn es sich um große und vorab unbekannte Geschäftsvolumina handelt und die Akquisition eines Kunden für den Hersteller mangels

Kontakten und Marktkenntnis schwierig ist. Beispiele sind Bauprojekte im Ausland, Finanzanlagen und Frischwaren.

Das **Franchising** nimmt eine Sonderrolle ein, weil es einerseits indirekter Vertrieb (Franchisenehmer sind immer rechtlich und wirtschaftlich selbstständig), andererseits aber aus Anbietersicht ebenso gut zu steuern ist wie direkter Vertrieb. Der Franchisegeber ist Entwickler des Konzepts, besitzt mitunter Markenrechte und/oder Patente und führt Marketingmaßnahmen durch. Der Franchisenehmer übernimmt diese Konzepte und muss in aller Regel ausschließlich beim Franchisegeber Waren und Vorprodukte beziehen. Zusätzlich zahlt er eine Gebühr in Abhängigkeit vom Umsatz, oft auch eine Einstiegsgebühr.

Franchisingsysteme konnten in der letzten Zeit ein kontinuierliches und überdurchschnittliches Wachstum verzeichnen. Ursprünglich waren sie schwerpunktmäßig im Handel vertreten, inzwischen liegen Dienstleistungen (ohne Gastgewerbe) vorn. 2007 waren in Deutschland die größten Systeme TUI/First-Reisebüros, McDonald's, Schülerhilfe und Studienkreis (beides Nachhilfeschulen), Kamps Backwaren und Foto-Quelle.

Direktvertrieb wird auf den ersten Blick oft als günstiger angesehen, weil Handelsspannen und Provisionen entfallen, dem steht jedoch die geringere Penetrationsleistung gegenüber. Einen eigenen Vertrieb aufzubauen, zieht einen hohen Zeitaufwand und entsprechende Kosten nach sich, sodass breite Bevölkerungsschichten meist nicht effizient erreicht werden können. Daher ist Direktvertrieb meist speziell auf einzelne Zielgruppen oder Regionen sowie eine hochwertige Beratung ausgerichtet.

Eigener Handel wird in der Regel durch eigene Niederlassungen umgesetzt. Dies können Filialgeschäfte sein, in denen entweder nur die eigenen Produkte oder auch die anderer Hersteller verkauft werden. Im Investitionsgüterbereich ist der Verkauf meist mit Serviceangeboten verbunden. Vor allem die Bekleidungsbranche setzt sog. **Flagship Stores** ein, die in erster Linie der Repräsentation dienen und in Bestlagen der Innenstädte angesiedelt sind.

Clubs als Vertriebsweg spielen nur eine geringe Rolle, bekannt sind vor allem Buchclubs. Das Konzept basiert darauf, gegen einen Preisvorteil zu einer gewissen Mindestabnahme anzuregen oder zu verpflichten.

Factory Outlets sind überwiegend auf den Verkauf von Waren aus der vorherigen Saison oder mit kleinen Fehlern ausgerichtet. Schwerpunktbranchen sind Textil und Einrichtungsgegenstände, es werden meist Rabatte in der Größenordnung von 20–50 % gewährt. Die meisten Factory Outlets finden sich in entsprechenden Einkaufszentren, die außerhalb von Großstädten und Ballungszentren gezielt preis- und markenbewusste Kunden anziehen.

Eigene **Websites** etablieren sich immer stärker als zusätzlicher Vertriebsweg, oft auch parallel zu stationärem Vertrieb. Insgesamt spielen sie aber im Investitionsgütervertrieb sowie bei Dienstleistungen eine größere Rolle. Vor allem Theater und Kinos sowie Hotelbetriebe können den Vertrieb über eine eigene Website sehr detailliert steuern.

Zu den Vertriebsinstanzen im Direktvertrieb gehören vor allem die **Reisenden** bzw. **Außendienstmitarbeiter**. Sie arbeiten ähnlich wie Handelsvertreter, sind aber Angestellte im Unternehmen und damit weisungsabhängig. Das Festgehalt wird in der Regel ergänzt durch umsatzabhängige Provisionen. Für den Anbieter ist das Risiko gegenüber dem Handelsvertreter größer, bei großen Absatzmengen sind Reisende jedoch meist günstiger. Zudem sind sie meist besser mit den Produkten vertraut und können eine umfangreichere Beratung bieten. Der Vergleich von Reisenden und Handelsvertretern gibt übrigens ein prima Prüfungsthema her!

Beispiel: Reisender oder Handelsvertreter?

Der Handelsvertreter erhält eine Provision von 2 % auf den Umsatz, sodass seine Kostenfunktion lautet: $K = 0{,}02x$ mit x = Umsatz

Der Reisende erhält ein Fixum von 40.000 EUR jährlich und 1 % Provision:
$$K = 40.000 + 0{,}01x$$

Der Jahresumsatz, ab dem sich der Reisende gegenüber dem Handelsvertreter lohnt, ergibt sich aus: $0{,}02x = 40.000 + 0{,}01x$
$$0{,}01x = 40.000$$
$$x = 4.000.000$$

Wird ein Umsatz von mehr als 4 Mio. EUR erzielt, ist der Reisende günstiger, sonst der Handelsvertreter.

Neben den Kosten ist aber auch zu berücksichtigen, dass Handelsvertreter weniger gut steuerbar sind, keine intensive Beratung übernehmen und darüber hinaus praktisch unkündbar sind. Reisende tun sich schwerer bei der Akquisition von Kunden, außerdem sind hohe Fluktuationsraten üblich. Dadurch müssen oft neue Mitarbeiter eingearbeitet werden.

Wenn einzelne Kunden eine überragende Bedeutung für den Gesamtumsatz haben, werden oft **Key Account Manager** eingesetzt. Sie betreuen jeweils einen Kunden, dieser hat dann nur einen Ansprechpartner beim Lieferanten. Ziel ist es, eine intensivere und stabilere Kundenbeziehung zu etablieren.

Nicht zu vergessen ist die **Geschäftsführung** als Vertriebsinstanz. Vor allem Mittelständler, die größere Anlagen verkaufen, treten aufgrund des hohen Abschlussvolumens regelmäßig mit dem oder den Geschäftsführern auf.

Eher als Anhängsel treten hier die **Marktplätze** auf. Gemeint sind die Verantwortlichen für den Vertrieb über elektronische Marktplätze, die in Branchen wie Rohmaterial, Bauteile, Produktionsmittel usw. eine erhebliche Bedeutung erlangt haben. Marktplätze organisieren auch Auktionen, um Käufern bzw. auch Verkäufern die Möglichkeit zu bieten, einen optimalen und marktgerechten Preis zu erzielen. Die Abwicklung der Auktionen erfordert ein gewisses Maß an Erfahrung, sodass häufig einzelne Mitarbeiter dafür abgestellt werden und auch den Markt näher analysieren.

Schließlich kann der Vertrieb über **OEMs** (Original Equipment Manufacturers) erfolgen. Das eigene Produkt geht dabei in ein anderes ein, das dieser OEM, z. B. ein Fahrzeug- oder Computerhersteller, produziert.

Nicht in die Übersicht eingebaut sind die **Marktveranstaltungen**, weil sie wiederum eine Sonderrolle einnehmen. Es handelt sich um nicht-ständige Vertriebswege, die auch parallel zu einem etablierten Vertriebsweg genutzt werden können. Zu deren Aufgaben gehören die Gewinnung von Informationen über die Marktlage, die Herstellung und Pflege von Kontakten zu Kunden und Lieferanten sowie Anbahnung und Abschluss von Geschäften.

Zu den Marktveranstaltungen zählen:

- **Wochenmärkte,** vor allem mit Frischwarenangebot
- **Messen,** auf denen aufgrund von Mustern für den Wiederverkauf oder für gewerbliche Verwendung verkauft wird. Der Zutritt ist oft Fachbesuchern vorbehalten.
- **Börsen**, über die Waren überwiegend auf dem Weg der Auktion gehandelt werden. Neben den Finanzbörsen existieren auch Warenbörsen zum Handel von Rohstoffen wie Kaffee, Zucker, Baumwolle oder bestimmte Metalle.

Entscheidungsrelevant für eine Messebeteiligung sind neben den Kosten auch die Zahl und Qualität der Kontakte. Schwierigkeiten bereitet dabei das zeitliche Auseinanderfallen von Messekontakt und Vertragsabschluss. So können durchaus interessante Kontakte entstehen, die erst Jahre später zu einem Abschluss führen. Bestandteil einer Messekonzeption ist daher auch ein System zur Verfolgung der Kontakte, z. B. durch Follow-up-Kontakte zu einem späteren Zeitpunkt.

Teilweise ist entscheidend, dass nur so auch Kontakte mit Interessenten hergestellt werden können, die man von sich aus nicht ansprechen würde, weil man sie und ihren Bedarf nicht kennt. Häufig werden auf Messen aber auch gezielt Anbieter gesucht, gerade wenn der Nachfrager noch neu auf dem Markt ist. Ein weiterer Aspekt liegt einfach in den Präsentationsmöglichkeiten begründet. Bestimmte Leistungen lassen sich besser vorführen als in einer Anzeige beschreiben.

5.3.3 Handelsbezogene Strategien

Der Einzelhandel verfügt durch zahlreiche Zusammenschlüsse und Übernahmen über erhebliche Nachfragemacht. Die zehn größten Handelskonzerne sind in Deutschland für rund 90 % des Einzelhandelsumsatzes verantwortlich. Entsprechend wird die Hersteller-seite mit umfangreichen Forderungen konfrontiert, die sich auf die Gewährung von Ra-batten, die Zahlung einmaliger Gebühren, das „Einkaufen" in Regalplätze, die Gestaltung von Liefer- und Zahlungsbedingungen, das Angebot von Handelsmarken und Ähnliches beziehen. Die Hersteller stehen damit vor der strategischen Frage, wie sie mit dieser Situa-tion umgehen sollen. Je nachdem, wie aktiv sich die Hersteller verhalten, lassen sich vier absatzmittlerorientierte Strategietypen unterscheiden (vgl. Meffert/Burmann/Kirchgeorg 2008, S. 313ff.; siehe Abbildung 5.24).

Gestaltung der Absatzwege

		passiv	aktiv
Reaktion auf	passiv	Anpassung (Machtduldung)	Konflikt (Machtkampf)
Marketing des Handels	aktiv	Kooperation (Machterwerb)	Umgehung/Ausweichen (Machtumgehung)

Abbildung 5.24: Absatzmittlergerichtete Strategien

Die **Anpassungsstrategie** bezeichnet eine weitgehende Passivität des Herstellers. Er akzeptiert die vorhandenen Absatzwege so, wie sie sich entwickelt haben, und passt sich den Forderungen des Handels an. Diese Vorgehensweise ist vielfach bei mittelständischen Herstellern ohne profilierte Marken und ohne Möglichkeit der eigenständigen Vermarktung anzutreffen. Sie unterwerfen sich den Gepflogenheiten, kaufen sich bspw. in Listungen ein, mieten Regalplätze und verzichten auf den Aufbau alternativer Vertriebswege.

Die **Umgehungsstrategie** erkennt ebenfalls die Macht des Handels an, jedoch bezeichnet sie aktives Verhalten des Herstellers. Anstatt sich den Forderungen des Handels anzupassen, umgeht er diesen Vertriebsweg. Dafür kommen alle Arten des Direktvertriebs in Frage, bspw. der Aufbau eines eigenen Filialnetzes, Versandverkauf, Messeverkauf oder Fabrikverkauf (als Ergänzung).

Von einer **Konfliktstrategie** kann gesprochen werden, wenn der Hersteller nicht auf Wünsche und Forderungen des Handels eingeht, aber aktiv in die Distribution eingreift. Dabei kommt es zwangsläufig zu Konflikten, denn der Handel kann seine Interessen nicht durchsetzen und wird gleichzeitig mit der Interessenlage des Herstellers konfrontiert. Wer sich durchsetzt, ist abhängig von der tatsächlichen Macht.

Im Fall der **Kooperationsstrategie** schließlich wird versucht, die Interessen sowohl der Handels- auch der Herstellerseite zu berücksichtigen. Sie ist vor allem dann vorzufinden, wenn beide Seiten über ein vergleichbares Machtpotenzial verfügen. Die Aussicht darauf, dass sich keiner allein durchsetzen, auf den Kontrahenten aber nicht verzichtet werden kann, führt zur Entwicklung von Kooperationskonzepten, die sich etwa auf die Produktion von Handelsmarken, die kooperative Durchführung von Werbe- und Verkaufsförderungmaßnahmen, die Entwicklung von handelsorientierten Servicekonzepten und Ähnliches erstrecken kann. Abbildung 5.25 führt einige Beispiele für eine Umsetzung der Strategietypen an.

Gestaltung der Absatzwege

		passiv	aktiv
Reaktion auf Marketing des Handels	passiv	Eingehen auf Rabattforderungen, Übernahme der Regalpflege	Einführung eines eigenen Rabattsystems (z. B. Procter & Gamble)
	aktiv	Produktion von Handelsmarken, Beteiligung an Handelswerbung	Aufbau eigener Vertriebswege (z. B. Trigema)

Abbildung 5.25: Beispiele für die Umsetzung absatzmittlergerichteter Strategien

5.3.4 Organisation des Vertriebs

5.3.4.1 Prinzipien der internen Vertriebsorganisation

Die meisten Vertriebsorganisationen sind **regional** gegliedert, das heißt, den Außendienstmitarbeitern sind Kunden nach Regionen zugeordnet. Dabei spielen vor allem Fahrtaufwendungen eine Rolle, die so minimiert werden können. Sie bietet sich vor allem bei vielen, gleichartigen Kunden und einfachen, einheitlichen Produkten an. In der Regel sind die Verkäufer nicht darauf ausgerichtet, eine intensive Beratung durchzuführen.

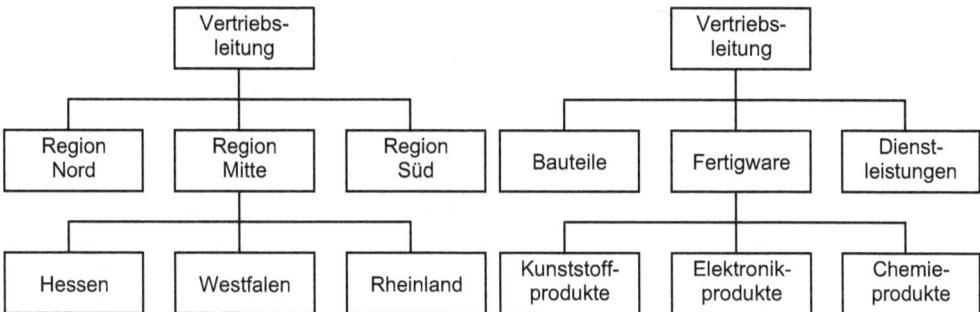

Abbildung 5.26: Regionale (links) und produktorientierte (rechts) Gliederung des Vertriebs

Die regionale Gliederung findet sich meist in der Konsumgüterindustrie, weil die Produkte selten kompliziert sind. Sie wird aber üblicherweise ergänzt um ein Key Account-Management, das sich um die großen Kunden kümmert. Dies ist erforderlich, weil sich im Handel starke Konzentrationstendenzen bemerkbar machen. Ansonsten findet man diese Form etwa bei Herstellern einfacher/standardisierter Produktionsmaterialien.

Eine Alternative für Unternehmen mit anspruchsvollen Produkten und Technologien ist die Gliederung nach **Produkten**, Technologien oder Branchen. Hierbei verkauft ein Vertriebsmitarbeiter ein Produkt allen Kunden. Welche und wie viele, orientiert sich an den erforderlichen Produktkenntnissen. Der Einsatz erfolgt bei stark erklärungsbedürftigen Produkten und wenigen Kunden.

Die produktbezogene Gliederung führt zum Einsatz von Produktspezialisten, die alle Regionen abdecken. Dies ist etwa im Anlagen- und Projektgeschäft sinnvoll, bei dem schon während der Akquisition spezielle Fragen zu beantworten sind.

Eine Mischung aus produkt- und kundenbezogener Gliederung stellt noch die Branchenorientierung dar. Hierbei werden jeweils Kunden einer Branche konzentriert bearbeitet, wenn sich erkennen lässt, dass jeweils homogene Anforderungen bestehen. Hiernach gehen vielfach Dienstleister vor (z. B. Unternehmensberatungen).

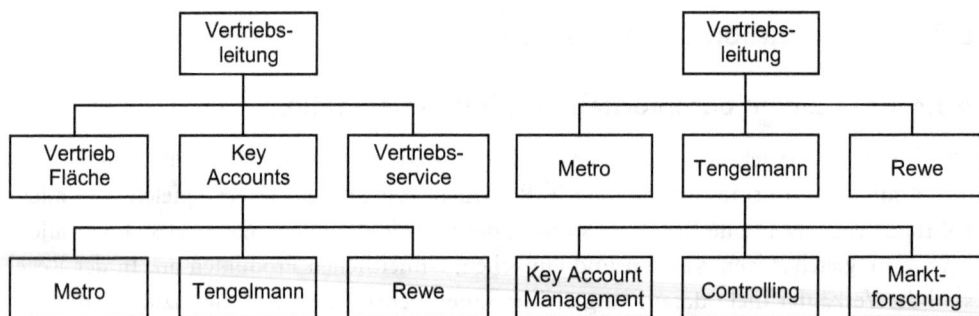

Abbildung 5.27: Kundenorientierte Gliederung des Vertriebs (links) und Category Management (rechts)

Eine kundenorientierte Gliederung des Vertriebs ist immer dann sinnvoll, wenn Kunden eine erhebliche Nachfragemacht haben und individuelle Anforderungen an Leistungen, Vertragsgestaltung, Logistik usw. stellen. Es kann auf die Betreuung einzelner Kunden ausgerichtet sein (**Key Account Management**) oder auf die von Kundenarten (Kundengruppenmanagement) wie Schulen, Krankenhäuser, Gewerbebetriebe usw.

Erfolgreiches Key Account Management führt zu einer stärkeren Bindung des Kunden, weil für ihn die Hemmschwelle für einen Lieferantenwechsel steigt. Die Transaktionsprozesse wie Informationsaustausch, Warenlieferung, Rechnungsabwicklung können für die jeweilige Situation optimiert werden. Damit lassen sich Fehlerquellen reduzieren und Kosten senken. Üblicherweise ergibt sich daraus eine höhere Kundenzufriedenheit und -profitabilität.

Je nach Branche und Unternehmenssituation kann ein Key Account Management unterschiedlich ausgestaltet werden:

- Unternehmen, die im Produktgeschäft tätig sind, zum Beispiel Konsumgüter oder sonstige Fertigwaren verkaufen, gliedern ihre Vertriebsabteilung nach den Kunden. Dabei werden aber nur die Kunden vom Key Account Manager betreut, die sich durch eine entsprechende Nachfragemenge dafür eignen. Bspw. sind das die A-Kunden oder solche mit mehr als

zehn Prozent Umsatzanteil. Die Manager haben damit keinen Einfluss auf die Leistungs-
prozesse, zumal hier keine kundenspezifischen Maßnahmen erfolgen.

- In Zulieferbranchen geht das Key Account Management meist wesentlich weiter. Hier
müssen nicht nur die vertrieblichen Aktivitäten abgestimmt werden, sondern auch Produktion, Logistik und Entwicklung. Die Manager übernehmen die Koordination von Prozessen, die klassischerweise in den Aufgabenbereich von Produktmanagern fallen.

Typische **Aufgaben** des Key Account Managements (Preißner 2007, S. 212):

- Analyse der Entscheidungsstrukturen und -kriterien beim Kunden, Überwachung personel-
ler Veränderungen in den relevanten Abteilungen (Buying Center), Beobachtung möglicher
Beeinflusser.
- Zentrale Koordination aller Aktivitäten, die auf den Kunden gerichtet sind. Damit ver-
bunden ist die Übernahme der Verantwortung für die Einhaltung vertraglicher Regelun-
gen.
- Regelmäßige Ermittlung der Kundenzufriedenheit und gegebenenfalls Einleitung von Maß-
nahmen zu deren Steigerung.
- Entgegennahme von Reklamationen, Sicherstellung der Bearbeitung.
- Überwachung der Kundenprofitabilität und Suche nach Möglichkeiten zu ihrer Steigerung.
- Identifikation neuer Absatzpotenziale beim Kunden durch weitere Einsatzmöglichkeiten
oder zusätzliche Produkte und Leistungen.
- Analyse der Kundenstrategien und der Marktentwicklungen, so weit sie das Nachfragever-
halten beeinflussen können.

5.3.4.2 Category Management

Die modernste Form der Vertriebsorganisation ist die **Category Management**-Organisati-
on. Sie stellt eine Weiterentwicklung des Key Account-Konzepts dar, bezieht aber neben
dem reinen Vertrieb auch andere Funktionen mit ein, etwa Controlling oder Marktforschung.

Das Prinzip ist hierbei, die Kundenbeziehung vollständig abzubilden, das heißt nicht nur
auf den Verkauf von Waren auszulegen, sondern auf eine umfassende Zusammenarbeit,
zu der auch eine Betrachtung der Profitabilität und eine Analyse der Marktsituation gehören. Dabei sollen ein umfassender Informationsaustausch und eine gemeinsame Planung
von Aktivitäten (von der Verkaufsförderung zur Produktion von Handelsmarken) erfolgen. Diese Organisationsform findet sich bei großen Markenartikelherstellern und spiegelbildlich bei Einzelhandelsketten.

Category Manager sind also einmal für Einkauf, ein anderes Mal für Verkauf zuständig.
Sie sollen produktübergreifend überlegen, wie der Ertrag eines Sortimentsbereichs (z. B.
Waschmittel oder Erfrischungsgetränke) gesteigert werden kann. In diesem Zusammenhang wird auch die Sortimentszusammenstellung des Händlers analysiert. Bspw. ist es
meist sinnvoller, die gelisteten Produkte so auszuwählen, dass unterschiedliche Preisseg-
mente abgedeckt werden, anstatt direkte Wettbewerber zum gleichen Preis nebeneinander

zu präsentieren. In solche Überlegungen fließen dann auch die Angebote anderer Hersteller ein.

Weitere **Aufgabenbereiche** des Category Management sind:

- Analyse der Positionierung einzelner Handelstypen und Umsetzung für die Sortimentsplanung
- Austausch und gemeinsame Nutzung von Markt- und Konsumverhaltensdaten
- gemeinschaftliche Planung der Regalflächen
- Abstimmung des Angebots von Handelsmarken
- gemeinschaftliche Planung von Werbe- und Verkaufsförderungsaktionen

5.3.4.3 Bestimmung der Außendienststärke

Wie die erforderliche Stärke des Außendienstes zu bestimmen ist, soll anhand des Beispiels einer **Arbeitslastanalyse** gezeigt werden (vgl. Preißner 2007, S. 218f.). Grundlage ist eine Kundenstrukturanalyse, die zumindest A/B/C-Kunden unterscheidet und Besuchsrhythmen vorgibt. Ist das Vertriebsgebiet vollständig neu, werden die Kunden zunächst gleich behandelt, das heißt die Besuchszeiten sind in der Planung identisch.

Beispiel: Ein Unternehmen hat 40 A-Kunden, 220 B-Kunden und 1.680 C-Kunden

Als Besuchsrhythmen werden vorgegeben: Die A-Kunden sollen alle zwei Wochen (26 x pro Jahr), die B-Kunden alle zwei Monate (6 x pro Jahr) und die C-Kunden alle halbe Jahr (2 x pro Jahr) besucht werden.

Für den Besuch wird eine reine Kontaktzeit von 120 Minuten für A-Kunden, 40 Minuten für B-Kunden und 20 Minuten für C-Kunden angenommen. Diese Zeitvorgabe schließt keine Fahr- und Wartezeiten ein.

Aus einer Zeitanalyse im Vertrieb ist bekannt, dass 15 % der Brutto-Arbeitszeit für Kundenkontakte aufgewendet werden. Der Rest wird für Fahrzeit, Terminabsprachen, Berichte schreiben, Schulung usw. aufgewendet. Es handelt sich also um eine reine Netto-Größe.

Aus der Kundenzahl, den Besuchsrhythmen und den Kontaktzeiten ergibt sich folgender Arbeitszeitbedarf pro Jahr:

A-Kunden: 40 Kunden x 26 Besuche x 120 Minuten = 124.800 Minuten = 2.080 Stunden
B-Kunden: 220 Kunden x 6 Besuche x 40 Minuten = 52.800 Minuten = 880 Stunden
C-Kunden: 1680 Kunden x 2 Besuche x 20 Minuten = 67.200 Minuten = 1.120 Stunden
Summe: 4.080 Stunden

Da die produktive Zeit 15 % ausmacht, ist der 6,67-fache Arbeitszeitaufwand erforderlich (100 : 15 = 6,67):

4.080 x 6,67 = 27.214 Arbeitsstunden.

Zu klären ist noch, wie viele Arbeitstage pro Jahr effektiv zur Verfügung stehen:

Kalendertage	365
– Wochenenden	104
– Feiertage	10

– Urlaubstage   30
– Krankheitstage   10
– Büro-/Schulungstage 45

Somit bleiben: 166 Tage = 1.660 Stunden im Außendienst bei angenommenen 10 Stunden täglicher Arbeitszeit.

Das ergibt einen Personalbedarf von 27.214 : 1.660 = 16,4 ADM. Das Unternehmen benötigt also 17 Außendienstmitarbeiter, um die Kunden wie geplant betreuen zu können. Insofern wäre das Vertriebsgebiet in 17 gleich große Zonen einzuteilen, die jeweils einem Mitarbeiter zugewiesen werden.

In diesen Verkaufsgebieten (Bezirken) muss der geplante Betreuungsaufwand jeweils der verfügbaren Zeit entsprechen. Zunächst führt die Orientierung ausschließlich an Postleitzahlen o. Ä. nicht automatisch zu vergleichbaren Potenzialen, denn zufällig kann ein Gebiet mehrere große Kunden enthalten, ein anderes nur viele kleine und problematische Kleinkunden. Die Zuteilung muss sich also auch mit der Kundenstruktur beschäftigen und zum Beispiel vergleichbare Anteile von A-, B- und C-Kunden enthalten. Das setzt eine fundierte Kenntnis des Verkaufsgebiets voraus.

Erweiterung des Beispiels:

Ein A-Kunde erfordert jährlich 52 Kontaktstunden (26 x 120 Minuten), also 347 Stunden Brutto-Arbeitszeit (für Reisen, Vorbereitung, Nachbereitung usw.: 52 Stunden x 6,67), ein B-Kunde 4 Kontaktstunden (6 x 40 Minuten) bzw. 26,7 Stunden brutto und ein C-Kunde 0,67 Kontaktstunden (2 x 20 Minuten) bzw. 4,5 Stunden brutto.

Ein Mitarbeiter kann demnach bspw. 4,8 A-Kunden betreuen oder 373 C-Kunden. In der Regel wird jeder Mitarbeiter aber ein bestimmtes Verhältnis von A/B/C-Kunden betreuen. Darüber hinaus ist die Akquisition von Neukunden zu berücksichtigen.

Werden einem Mitarbeiter bspw. 3 A-Kunden, 5 B-Kunden und 200 C-Kunden zugewiesen, dann ist seine Arbeitsbelastung 1.041 (347 x 3) + 133,5 (26,7 x 5) + 900 (4,5 x 200) = 2.075 Stunden. Er hat daher eine Belastung von 2.075 : 1.660 = 1,25.

Dass die Qualität der Betreuung unter dieser Überbelastung von 25 % leidet, ist verständlich. Zudem fehlt die Zeit für Akquisitionen. Hier wurde nicht berücksichtigt, dass eine gewisse Regeneration des Kundenstamms erforderlich ist. Die Größe der Vertriebsbezirke müsste so festgelegt werden, dass jeder Mitarbeiter eine Belastung von ca. 1 hat.

Will man die Akquisition fördern, bietet sich eine maximale Belastungsquote von etwa 0,9 an. In diesem Fall müssten dann zwei weitere Mitarbeiter eingestellt werden.

5.3.5 Operative Steuerung des Vertriebs

5.3.5.1 Möglichkeiten der variablen Entlohnung

Die Entlohnungsfrage spielt innerhalb einer Vertriebsorganisation eine zentrale Rolle. So ist es üblich, Verkaufsmitarbeiter an ihrem Erfolg zu beteiligen, sodass eine signifikante

Förderung der Motivation erfolgt. Vor allem soll die Mitarbeit für besonders engagierte Verkäufer attraktiv sein. Während einige Branchen im Wesentlichen auf variable Entlohnung setzen und den fixen Anteil besonders niedrig ansetzen (z. B. Finanzvertrieb), wollen andere nur eine kleine Anerkennung durch die variable Komponente aussprechen und keinesfalls riskieren, dass mit zu viel Druck verkauft wird und damit Probleme mit der Kundenzufriedenheit entstehen. Sie kann in folgenden Formen auftreten:

- **Provisionen** - fördern Abverkauf, führen zu Vernachlässigung der Beratungsqualität
- **Superprovisionen** (auf Mehrumsatz) - fördern Abverkaufssteigerungen und Erhalt der Marktposition, führen aber zur Inflationierung der Provision und sind meist nur kurzfristig mit Blick auf den Wettbewerb einsetzbar
- **Prämien** - fördern Abverkauf bestimmter Produkte (insbesondere vorgegebene Niveaus), auch zur Einhaltung von Qualitätsnormen einsetzbar
- **Auszeichnungen** - fördern Identifikation der Mitarbeiter, können auf Gesamtleistung (qualitativ und quantitativ) bezogen werden
- **Karriereoptionen** - fördern Identifikation der Mitarbeiter, können auch Managementleistungen (Führungsqualitäten) einbeziehen
- **Incentives** - fördern Identifikation der Mitarbeiter, können auf qualitative und quantitative Leistungen bezogen werden

5.3.5.2 Besuchsplanung

Um eine Detailsteuerung des Verkaufsprozesses und der Mitarbeiter vornehmen zu können, werden oftmals Quoten für die Kundenbesuche vorgegeben. Sie beziehen sich auf Zielgrößen wie Umsatz und Deckungsbeitrag oder konkrete Aktivitäten wie Anrufe oder Besuche.

Die Planung von Besuchen auf der Grundlage von Quotenvorgaben ist allerdings kritisch zu sehen. So lassen sich zwar bestimmte Ziele erreichen, dafür entstehen aber oft Probleme auf der anderen Seite. Häufig werden Quoten auf der Grundlage folgender Kennzahlen definiert:

- **Umsatz pro Mitarbeiter** - Der Umsatz spiegelt die Anstrengungen des Verkäufers, er ist zudem auch leicht zu beeinflussen. Allerdings können Umsätze auch zu Lasten der Profitabilität erzielt werden, wenn z. B. hohe Nachlässe gewährt oder besonders preiswerte Waren verstärkt verkauft werden.
- **Umsatz pro Besuch** - Diese Zielgröße soll dazu führen, effektive Besuche durchzuführen und nicht mehr jedem kleinen Umsatz hinterherzufahren.
- **Umsatz pro Monat/Jahr** - Lässt viel Freiraum dafür, wo der Umsatz erzielt wird und ob er überhaupt profitabel ist.
- **Deckungsbeitrag pro Kunde** - Die intelligentere Steuerungsgröße. Zudem kann der Mitarbeiter nicht nur an Erlösen arbeiten, sondern auch an Kosten, etwa denen der Kundenbetreuung bzw. auch der Zusammensetzung des Warenkorbs des Kunden.

- **Deckungsbeitrag pro Mitarbeiter** – Diese Steuerungsgröße kann unterschiedlich definiert werden. Zum einen, und praktisch häufiger angewendet, wird der Deckungsbeitrag der vom Mitarbeiter verkauften Waren herangezogen, zum anderen wird der Deckungsbeitrag des Mitarbeiters unter Berücksichtigung seiner persönlichen Kosten berechnet. Bei letzterer Variante besteht auch ein Anreiz, die eigenen Kosten gering zu halten.

  Berechnungsschema:
  Netto-Umsatz des Mitarbeiters
  – Herstellkosten der Produkte
  – Personalkosten (Gehalt, variables Entgelt)
  – Kosten der Betreuung (Reise-, Kommunikationskosten)
  – Kosten der Kundenförderung (gewährte Zuschüsse, Boni usw.)
  = Deckungsbeitrag des Mitarbeiters

- **Besuche pro Auftrag** – Soll die Effektivität der Kundenbesuche steuern und einen gewissen Druck auf die Abschlusssicherheit ausüben. Allerdings fehlt eine Wertkomponente, die die Größe bzw. Profitabilität der Aufträge berücksichtigt.

5.3.6 Vertikales Marketing

Unter vertikalem Marketing werden Konzepte und Maßnahmen verstanden, die sich nicht an den Endverbraucher, sondern an den Handel wenden. Sie werden durchgeführt, um die Unterstützung durch den Handel für den Hersteller zu sichern und den Umsatz zu steigern. Dabei soll eine Präferenz des Handels für diesen Anbieter entstehen.

Die einzelnen Maßnahmen können zur Kontrahierungs-, Distributions- oder Kommunikationspolitik gehören. Einige Beispiele:

kontrahierungspolitische Maßnahmen

- Rabattgewährung nach Machtverhältnissen
- Preisdifferenzierung nach Handelsarten (z. B. Fachhandel/Discounter)
- besondere Liefer-/Zahlungsbedingungen; handelstypenspezifische Zahlungsziele
- auf die Handelssituation bezogene Finanzierungsangebote

distributionspolitische Maßnahmen

- Durchführung von Vertriebsbeschränkungen wie z. B. durch Depotsysteme
- Merchandising; Regalpflege
- Betriebsberatung für selbstständige Händler
- Verkäuferschulungen

kommunikationspolitische Maßnahmen

- Gemeinschaftswerbung mit Händlern; individualisierte Prospekte
- individuelle Promotions
- Informationsdienste; Zugang zu (kostspieligen) Marktinformationen

5.3.7 Beschränkungen des indirekten Vertriebs

Der indirekte Vertriebsweg ist auf der einen Seite sehr flexibel, auf der anderen Seite aber schwer kontrollierbar, nicht zuletzt, weil die Preisbindung, das heißt die Vorgabe des Endpreises durch den Hersteller, (mit wenigen Ausnahmen) nicht mehr zulässig ist. Hersteller versuchen daher oftmals (wenn die Machtverhältnisse es zulassen), über individuelle vertragliche Regelungen Einfluss auf die Politik des Handels zu nehmen. Diese Regelungen können sowohl die Distribution als auch Preispolitik und Kommunikation betreffen. Wettbewerbsrechtlich sind Vertriebsbeschränkungen nicht immer zulässig, sodass auf den Aspekt der Gesetzeskonformität besonders geachtet werden muss. Folgende Beschränkungen kommen in der Praxis vor:

Exklusivvertrieb - Der Händler verpflichtet sich, ausschließlich die Produkte eines Herstellers zu vertreiben bzw. keine Produkte von Wettbewerbern. Der Hersteller schließt damit Wettbewerb aus, sowohl bezüglich der Verkaufsbemühungen des Händlers als auch bezüglich der Auswahlmöglichkeiten des Konsumenten.

Koppelungsgeschäfte - Der Händler wird verpflichtet, beim Kauf eines (beliebten) Produkts auch ein (unbeliebtes) anderes zu kaufen. Der Hersteller verbreitert künstlich das Sortiment des Händlers und behindert damit den Wettbewerb mit Konkurrenzprodukten.

Vollsortimentsverpflichtung - Extremform des Koppelungsgeschäfts. Der Händler verpflichtet sich, sämtliche Produkte eines Herstellers zu führen (häufig als Stützpunkthändler bezeichnet).

Wiederverkaufsbeschränkung - Der Händler verpflichtet sich, nicht an (bestimmte) andere Händler oder Konsumentengruppen weiterzuverkaufen. Die Bestimmung reduziert den Wettbewerb innerhalb des Distributionssystems, soll z. B. wechselseitiges Unterbieten beim gleichen Produkt verhindern.

Distributionsausschluss - Der Hersteller weigert sich, bestimmte Händler zu beliefern, die bspw. Umsatzkriterien nicht erfüllen.

Preisdiskriminierung - Unterschiedliche Handelskanäle erhalten unterschiedliche Konditionen bzw. unterschiedliche Abgabepreise. Die Preisunterschiede müssen grundsätzlich mit Kostenunterschieden verbunden sein.

Preisempfehlung - Der Einfluss des Herstellers auf den Endverbraucherpreis ist beschränkt auf eine unverbindliche Preisempfehlung. Die Einhaltung der Preisempfehlung wird oft durch Beobachtungen kontrolliert. Da vertragliche Regelungen in dieser Hinsicht nicht zulässig sind, wird teilweise über Distributionsbeschränkungen versucht, Druck auf den Händler auszuüben.

Graumarktkontrolle - Preisunterschiede zwischen Distributionskanälen und Vertriebsbeschränkungen stellen Anreize für deren Umgehung, das heißt das Entstehen von Graumärkten dar. Zur Kontrolle des Vertriebsweges können Mechanismen zur Verfolgung des

Weges einer Ware eingeführt werden, bspw. Kennzeichnungen von Verpackungen oder Garantiekarten.

5.3.8 Efficient Consumer Response

Bereits im Zusammenhang mit der Organisation des Vertriebs wurde auf das Category Management und die dahinter stehende Philosophie einer partnerschaftlichen Zusammenarbeit hingewiesen. Dabei steht die sortimentsbezogene, ganzheitliche Analyse und Strategieentwicklung im Vordergrund. **Efficient Consumer Response** (ECR) beschreibt den Versuch, die Prozesse besser zu koordinieren, sodass sowohl im Handel als auch beim Hersteller effizient auf die Endverbrauchernachfrage reagiert werden kann. Im Vordergrund steht die Effizienz, das heißt die Vermeidung unnötiger Lagerung, unwirksamer Verkaufsförderungsmaßnahmen u. Ä.

Es lassen sich vier wesentliche Elemente des ECR unterscheiden, die jeweils an spezifischen Problemen der Zusammenarbeit zwischen Hersteller und Händler ansetzen:

Efficient Product Introduction (EPI) - Hierbei geht es um die Abstimmung bezüglich neuer Produkte, durch die die bisweilen hohen Flopraten verringert werden sollen. Im Rahmen von EPI wird rechtzeitig vor der Produkteinführung besprochen, welche Position das Produkt einnehmen, wie die Verpackung gestaltet werden und wann es auf den Markt kommen soll. Der Handel stellt dazu Informationen über den Erfolg oder Misserfolg anderer Produkte zur Verfügung, sodass ggf. auf diese Erfahrungen eingegangen werden kann.

Efficient Product Assortment (EPA) - Unter diesem Stichwort geht es um die effiziente Sortimentsgestaltung. Das Sortiment muss zwei Anforderungen erfüllen:

- Die angebotenen Produkte müssen aus Kundensicht optimal zusammengestellt sein, das heißt sie müssen die gewünschten Waren auch vorfinden.
- Das Sortiment muss aus Handelssicht eine möglichst hohe Rendite erbringen.

Vor allem soll verhindert werden, dass Hersteller ihre „Lieblingsprodukte" durch Rabatte und Werbekostenzuschüsse in die Regale drücken, damit aber nur ein beschränkter Kreis von Kunden angesprochen wird und entsprechend Verkaufschancen ungenutzt bleiben. Damit sind vor allem kleinere und oft auch preiswertere Produkte aus den Regalen gedrängt worden. Solche Produkte ziehen nun häufig Kunden in die Discounter, die ihre Chance auf dem unteren Preisniveau erkannt haben.

Efficient Promotion (EP) - Hierdurch soll vermieden werden, dass Verkaufsförderungsaktionen, vor allem in Form von Sonderpreisen, verpuffen, weil sie nur zur Bevorratung durch die Kunden führen, die dann nicht mehr zum Normalpreis kaufen. In der Vergangenheit wurden vielfach Aktionen mit starker Preisorientierung durchgeführt, allein um Mengen und Marktanteile zu steigern. Da Wettbewerber sich genötigt sahen, dabei nachzuziehen, stieg nur die Preisorientierung der Verbraucher (Schnäppchenjagd). Auf solche rein preisbezogenen Aktionen soll weitgehend verzichtet werden, um auf Dauer niedrigere Preise zu ermöglichen. Zudem sollen Aktionen so abgestimmt werden, dass sie auch im Handel optimal unterstützt werden können.

Efficient Replenishment (ER) – Dieses Konzept war der eigentliche Auslöser für ECR, nämlich die optimale Versorgung der Läden. Das grundlegende Problem besteht darin, dass der Kunde eine vollständige Verfügbarkeit seiner Waren wünscht, der Handel möglichst geringe Lagermengen, der Hersteller möglichst große Liefermengen. Um diese Interessen unter einen Hut zu bringen, sollen die Abverkaufsdaten möglichst direkt vom Hersteller genutzt werden können, um eine lager- und transportoptimale Belieferung vornehmen zu können und eine Zwischenlagerung zu vermeiden. Zudem soll es ihm möglich werden, seine Produktion nach den Verkaufszahlen auszurichten. Dazu ist im Wesentlichen die Weiterleitung der Scannerdaten der Ladenkassen an die Lieferanten erforderlich.

5.3.9 Distributionscontrolling

Im Rahmen des Distributionscontrolling werden zahlreiche Kennzahlen eingesetzt, um Kosten und Leistungen in diesem Bereich zu steuern. Hier sollen als repräsentative Vertreter der Out-of-Stock-Anteil, der Marktanteil im Vertriebskanal, die Besuchseffizienz und die Termintreue angesprochen werden.

$$\text{Out-of-Stock-Anteil} = \frac{\text{Anzahl der führenden Geschäfte, in denen ein Produkt nicht vorrätig ist}}{\text{Anzahl der Geschäfte, die ein Produkt führen}}$$

Die Kennziffer kontrolliert bei indirektem Vertrieb, in welchem Maße ein Produkt im Handel tatsächlich vorrätig ist. Dazu ist eine körperliche Bestandsaufnahme bzw. eine Berechnung aufgrund von Ein- und Verkaufsdaten des Handels erforderlich. Die Daten werden im Rahmen von Handelspanels zur Verfügung gestellt. So ergeben sich Berichtszeiträume zwischen zwei Wochen und zwei Monaten. Ohne Paneldaten ist eine körperliche Bestandsaufnahme erforderlich.

Out-of-Stock-Situationen, das heißt nicht verfügbare Produkte, führen zu Umsatzverlusten und möglicherweise dauerhaftem Abwandern von Käufern. Die Kennzahl gibt dem Vertrieb Hinweise darauf, in welchen Bereichen höhere Bestandsmengen zur Sicherung der Verfügbarkeit erforderlich sind.

$$\text{Marktanteil im Vertriebskanal} = \frac{\text{Umsatz im Vertriebskanal X}}{\text{Gesamtumsatz des Vertriebskanals X}}$$

Die Erhebung dieser Kennzahl setzt voraus, dass die Umsatzzahlen für unterschiedliche Vertriebskanäle (z. B. Discounter/Warenhäuser, Einzelhandel/Großhandel) ermittelt werden können. Der Marktanteil kann auf das Unternehmen insgesamt und auf einzelne Produkte bezogen werden.

Die Kennzahl dient der vertriebskanalspezifischen Erfolgskontrolle. Sie soll Probleme mit einzelnen Betriebstypen des Handels aufdecken. So passiert es bspw. häufig, dass ein Unternehmen/Produkt in Fachgeschäften sehr erfolgreich ist, in Fachmärkten jedoch nicht. Der Marktanteil nach Vertriebskanälen deckt solche Schwächen auf und ermöglicht es, gezielt einzugreifen.

$$\text{Besuchseffizienz} = \frac{\text{Anzahl der akquirierten Aufträge}}{\text{Anzahl der Kundenbesuche}}$$

Die Kennzahl kann auf alle Arten des Kundenkontakts bezogen werden, neben dem Besuch auch auf telefonischen oder schriftlichen Kontakt. Sie gibt an, wie viele Besuche pro Auftrag erforderlich sind bzw. wie viele Aufträge sich durchschnittlich pro Besuch ergeben. Die Kennzahl dient der Kontrolle des Akquisitionserfolgs und der Kosten.

Unterschiedlich hohe Erfolgsquoten lassen auf unterschiedliches Akquisitionsvermögen der Vertriebsmitarbeiter schließen. Dies soll mit dieser Kennzahl aufgedeckt werden. Sie ist allerdings stets in Verbindung mit einer Qualitätskennziffer zu sehen, etwa der Stornoquote. Durch aggressives Verkaufen lässt sich zwar zunächst die Besuchseffizienz steigern, letztlich steigt aber wahrscheinlich die Stornoquote. Ein weiterer Anwendungsbereich ist die Kostenkontrolle. Kundenbesuche lohnen sich nur, wenn ein bestimmter Mindesterfolg gegeben ist. Je nach Auftragsdeckungsbeitrag und Besuchskosten lassen sich Mindesterfolgsquoten definieren, die einen Besuch rechtfertigen. Liegt der Erfolg darunter, sollte eine andere Form des Kundenkontakts gewählt werden.

$$\text{Termintreue} = \frac{\text{Anzahl/Wert der termingerechten Lieferungen}}{\text{Gesamtzahl/Gesamtwert der Lieferungen}}$$

Als termingerecht werden die Lieferungen bezeichnet, die innerhalb der zugesagten Frist zugestellt wurden. Dies kann im Einzelfall auch eine nicht zu frühe Lieferung bedeuten, wenn es einen Fixtermin gibt. Anstelle der Anzahl der Lieferungen kann auch deren Wert herangezogen werden, doch ist fraglich, ob die Ursachen für Verzögerungen mit dem Lieferwert zu tun haben. Alternativ kann die Termintreue über die Abweichung vom zugesagten Liefertag bzw. dem Fälligkeitstag berechnet werden.

Die Termintreue ist ein wesentlicher Faktor der Kundenzufriedenheit. Nicht rechtzeitige Auslieferungen deuten auf Probleme in der Logistik hin und führen zu einer Belastung der Kundenbeziehung. Ebenso wird die Auftragsannahme einer Kontrolle unterzogen. Eine zu geringe Termintreue kann bspw. mit unbegründeten Zusagen des Vertriebs zusammenhängen.

5.4 Kommunikationspolitik

5.4.1 Überblick über die Instrumente der Kommunikationspolitik

In diesem Kapitel steht kein prozessuales Konzept am Anfang, weil die Kommunikationsinstrumente sehr unterschiedliche Charakteristika aufweisen und jeweils unterschiedlich
geplant werden. Daher soll hier zunächst ein Überblick über die Instrumente gegeben
werden. Die wachsende Vielfalt von Instrumenten macht die Sache schon in der grafischen Darstellung nicht einfacher und dann sieht es so aus wie in Abbildung 5.28.

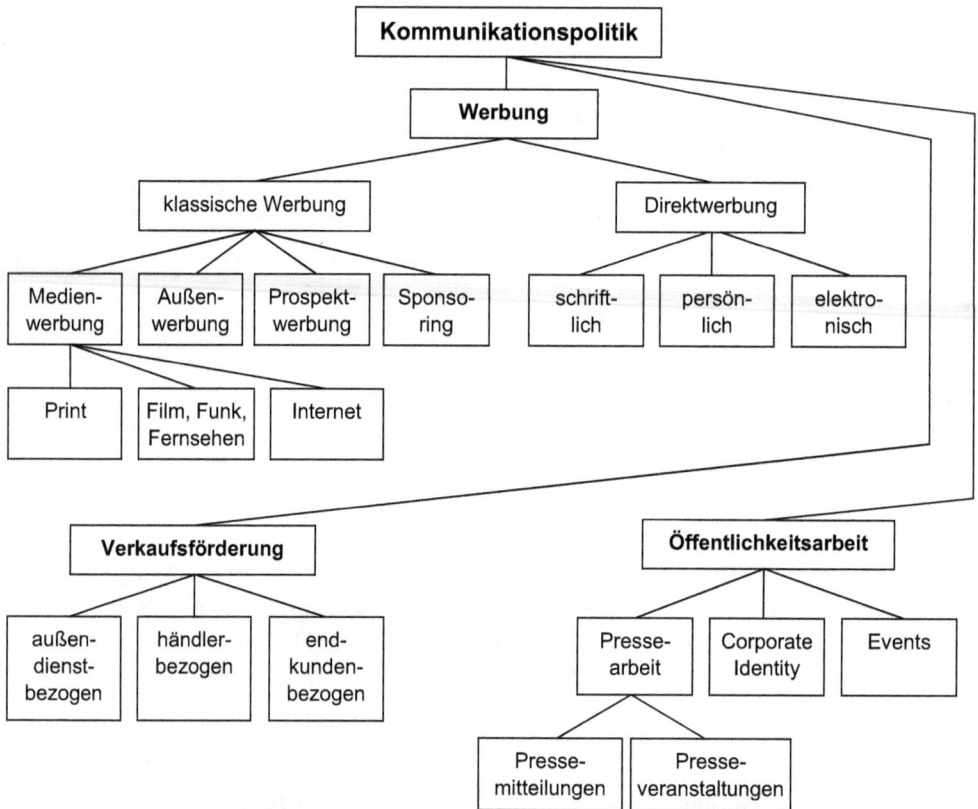

Abbildung 5.28: Instrumente der Kommunikationspolitik

Die klassische Dreiteilung der Kommunikationsinstrumente erfolgt in Werbung, Verkaufsförderung und Öffentlichkeitsarbeit. Sie unterscheiden sich in ihren Zielen und
Maßnahmen so sehr, dass sie auch von eigenen Abteilungen gemanagt werden. Abbildung
5.29 stellt die wichtigsten Merkmale der Instrumente dar.

Mitunter wird noch ein viertes Instrument zur Kommunikationspolitik gezählt, nämlich der persönliche Verkauf. Dabei wird seine kommunikative Leistung im Rahmen persönlicher Verkaufsgespräche in den Mittelpunkt gestellt. Da er aber bei der Distributionspolitik schon behandelt wurde, soll er hier nicht noch einmal aufgegriffen werden.

Art	Werbung		Verkaufsförderung			Öffentlichkeitsarbeit		
	klassische Werbung	Direkt-werbung	außen-dienst-	händ-ler-	end-kun-den-	Presse-arbeit	Corporate Identity	Events
Ziele	Bekanntheit, Image, Information	Information, Kauf/-absicht	Kaufauslösung, Beschäftigung mit Angebot			Infor-mation	Image, Wiederer-kennung, Identifi-kation	Image, Bekannt-heit
Ziel-gruppen	anonyme, große Zielgruppen	bekannte Adressaten, kleine Zielgruppen	eigener Ver-trieb	Händ-ler	Kon-sumen-ten	anonyme, große Ziel-gruppen	alle Men-schen, eigene Mitarbeiter	alle Men-schen
Medien/Mittel	TV, Print, Prospekte, Kataloge, Werbebanner, Außenwer-bung, On-linemedien	Post, Telefon, Internet	Provi-sionen, Incen-tives, Schu-lungen	Incen-tives, Schu-lungen	Waren-proben, Ge-winn-spiele, Mes-sen	redaktio-neller Teil der Me-dien	alle Er-schei-nungsfor-men des Unter-nehmens, auch Architektur	kulturelle und sport-liche Veranstal-tungen, Unterhal-tung
Zuständigkeit	Werbeabtei-lung innerhalb des Marke-ting, oft Zu-sammenarbeit mit Agentur	Werbe-abteilung, Vertrieb, Durchfüh-rung oft mit Agentur	Verkaufsförderungsabtei-lung innerhalb von Marke-ting oder Vertrieb, Teilleis-tungen oft durch spezielle Agenturen			Öffentlichkeitsabteilung, meist bei Geschäftsführung angesiedelt, oft Zusammenarbeit mit hoch speziali-sierten Agenturen		

Abbildung 5.29: Ziele und Mittel der Kommunikationsinstrumente

Die entscheidenden Unterschiede zwischen den Instrumenten ergeben sich aus den Zielen und Zielgruppen. Während die **klassische, mediengebundene Werbung** an anonyme Zielgruppen gerichtet ist, sind die Adressaten bei der **Direktwerbung** bekannt. Dadurch sind sowohl individuellere Informationen als auch eine genauere Wirkungskontrolle möglich. Die meist recht direkte Ausrichtung auf eine Kaufauslösung führt das Instrument inhaltlich nahe an die **Verkaufsförderung** heran. Diese wird, zumal es unzählige einzelne Maßnahmen gibt, üblicherweise nach den Zielgruppen gegliedert. Die endkundenbezogenen Maßnahmen nehmen den mit Abstand größten Raum ein, es gibt jedoch auch Konzepte, um die Vertriebsleistung im Außendienst zu steigern bzw. Handelspartner und deren Mitarbeiter stärker zum Verkauf der eigenen Waren zu motivieren.

In der **Öffentlichkeitsarbeit** lässt sich wiederum eine Dreiteilung vornehmen, wobei sich diese Elemente sowohl bezüglich der Maßnahmen als auch der Zielsetzungen deutlich unterscheiden. Die Bandbreite reicht von der Pressemitteilung bis zur kulturellen Veranstaltung.

Ein Sonderfall mag das **Sponsoring** sein, das oft als eigenständiges Kommunikationsinstrument oder unter einem Sammelbegriff wie „neue Kommunikationsformen" erfasst wird. Da die Zielsetzung der klassischen Werbung eng mit der des Sponsoring verwandt ist, wird dieses dazugezählt.

5.4.2 Werbung

5.4.2.1 Klassische Werbung

Die Bezeichnung als klassisch ist hier eigentlich schon nicht mehr gerechtfertigt, weil auch neuere Formen wie Internetwerbung dazugezählt werden und noch lange keine Klassiker sind. In einem weiteren Abschnitt wird auf Besonderheiten dieser Werbung eingegangen.

Entscheidungen der Werbeplanung

Klassische Werbung wendet sich über Massenmedien an große Zielgruppen. Damit verbunden ist ein erheblicher Mitteleinsatz, der eine systematische Planung erfordert. Folgende Schritte sind dafür zu durchlaufen:

1. Bestimmung der Werbeziele – Warum wird geworben?

Zu unterscheiden sind quantitative und qualitative Werbeziele. Während quantitative für das Unternehmen direkt relevant sind (insbesondere Umsatz oder Gewinn), lassen sich qualitative meist eher zu den Werbemaßnahmen in Beziehung setzen. Ob die Werbung zu einer Umsatzsteigerung geführt hat, ist nur in wenigen Fällen zuverlässig zu bestimmen. Besser sieht es bei Bekanntheit, Information oder Image aus. Diese werden meist direkt durch Kommunikationsmaßnahmen beeinflusst. Sie wirken ihrerseits auf Umsatz und Gewinn, sodass qualitative Ziele als Zwischenziele anzusehen sind.

2. Bestimmung der Zielgruppe – Wer wird umworben?

Im einfachsten Fall entspricht die Zielgruppe der Werbung der des Marketing insgesamt. Aber auch spezielle Altersgruppen, ein Geschlecht oder eine Region können relevant sein, wenn etwa ein Marktanteilsdefizit in diesem Segment festgestellt wird. Je genauer die Werbezielgruppe bestimmt wird, desto präziser können Werbeträger ausgewählt werden und desto geringer Streuverluste entstehen.

3. Bestimmung des Werbebudgets – Welche Mittel stehen zur Verfügung?

Hiermit tut sich die Praxis am schwierigsten, wenngleich in der Theorie mitunter recht anspruchsvolle Verfahren entwickelt wurden. In der Praxis scheitern sie jedoch oft an den fehlenden Daten. Unternehmen beschränken sich daher meist auf den Einsatz sog. Daumenregeln, die zumindest eine grobe Orientierungsgröße ermitteln. Über Sinn und Zweck lässt sich manchmal allerdings streiten.

Das am häufigsten eingesetzte Verfahren ist die **Prozent vom Umsatz-Methode.** Das Werbebudget wird dabei als fester Prozentsatz des Umsatzes definiert, wobei eine Branche meist recht einheitliche Werte verwendet. Da der Umsatz der laufenden Periode noch nicht bekannt ist, wird meistens die Vergangenheit als Bezugsbasis eingesetzt. Dies entspricht allerdings kaum einer Zielorientierung, zumal auch zufällige Schwankungen des Umsatzes dann Auswirkungen auf die Werbung haben und auch Zyklen verstärken. Sinnvoller wäre es, sich zumindest an den Planwerten für das jeweilige Jahr zu orientieren.

Die **Wettbewerbsparitätsmethode** ist deutlich anspruchsvoller und setzt eine gewisse Kenntnis des Wettbewerbsumfelds voraus. Sie stellt eine Verbindung zwischen Werbekosten und Marktanteil her. Hat der Marktführer etwa einen Werbekostenanteil von 10 %, dann muss das eigene Unternehmen, wenn es Marktführer werden will, auch mindestens 10 % einsetzen. Ist es mit weniger Marktanteil zufrieden, orientiert es sich an den Werbebudgets anderer Unternehmen in diesem Umfeld.

Die **Ziel- und Aufgabenmethode** orientiert sich an den Kosten der Maßnahmen, die für die Erreichung der gesetzten Ziele erforderlich sind. Dabei muss das Budget jedesmal von vorn kalkuliert werden, insbesondere sind Informationen über die Kosten und Leistungen von einzelnen Werbeträgern notwendig. Daraus lässt sich z. B. ableiten, welcher finanzielle Aufwand erforderlich ist, um bestimmte Kontaktzahlen in der Zielgruppe zu erreichen. Das Gesamtbudget ergibt sich dann aus den Kosten einzelner Schaltungen, bis die gesetzten Ziele planmäßig erreicht sind.

Der **marginalistische Ansatz** lässt sich dann einsetzen, wenn eine direkte Rückkopplung von Werbung zu Umsatz möglich ist. Danach wird solange geworben, wie die Werbekosten unter den erzielten zusätzlichen Deckungsbeiträgen liegen. Zugrunde liegt die Überlegung, dass die Werbung am Anfang den höchsten Nutzen erzielt, dieser aber im Zuge der Marktsättigung und von Kontaktüberschneidungen sukzessive sinkt.

4. Auswahl der Werbemittel – Mit welchen Medien wird geworben?

Die Entscheidung für ein Werbemittel ist schon aus technischen Gründen frühzeitig erforderlich, weil sie für die Kreativentwicklung wichtige Weichen stellt. Zudem muss sie zur Budgetentscheidung und den Werbezielen passen. Die Darstellungsmöglichkeiten eines Fernsehspots sind deutlich umfangreicher als die einer Zeitungsanzeige, ebenso liegen die Kosten einer Einzelschaltung deutlich höher. Die weitere Vorgehensweise wie Auswahl einer Agentur, Anwerbung von Schauspielern oder die Suche nach einem Ort für

Fotoaufnahmen ergeben sich als direkte Konsequenz. Neben Fernsehspot und Anzeigen für Zeitungen und Zeitschriften kommen als Werbemittel auch Radiospots, Plakate, Prospekte, Banner für die Internetwerbung usw. infrage.

5. Auswahl der Werbeträger – In welchen Werbeträgern wird geworben?

Die Werbeträgerauswahl ist die analytisch schwierigste Aufgabe. Im Konsumgüterbereich erreichen Werbebudgets schnell Größenordnungen von mehreren Mio. Euro, von denen der größte Teil auf Schaltpreise entfällt. Wurde die Entscheidung für einen Fernsehspot gefällt, muss jetzt eine Kombination aus kostenoptimalen Werbezeitenkombinationen gefunden werden. Dazu werden die Kosten- und Nutzerdaten der Werbeblöcke analysiert, um die Kontaktpreise in der relevanten Zielgruppe zu bestimmen. Aus den bestgeeigneten Werbeblöcken wird dann eine Kombination gewählt, mit der die gesetzten Kontaktziele kostenoptimal erreicht werden können.

Im Bereich der Printmedien ist die Selektion noch komplizierter, weil es eine größere Angebotsvielfalt, aber nicht immer verlässliche Nutzerdaten gibt. Hier können aber auch kleinere Zielgruppen mit speziellen Interessen angesprochen werden.

Im Rahmen der Werbeträgerauswahl wird eine Reihe von Kennzahlen eingesetzt, die sich auf die Reichweite bzw. die Kosten beziehen:

Reichweite-Kriterien

- **Brutto-Reichweite**: Summe der Kontaktchancen mehrerer Werbeträger (inkl. Überschneidungen)
- **Netto-Reichweite**: Zahl der Zielpersonen, die eine Werbeträgerkombination mindestens einmal erreicht
- **Kumulierte Reichweite**: Prozentsatz der Bevölkerung, der bei mehrmaliger Schaltung mindestens einmal erreicht wird
- **Gross Rating Points (GRP)**: (Bruttoreichweite x 100) : Anzahl der Zielpersonen
- **Opportunities to see (OTS)**: Durchschnittskontakte pro Nutzer

Kosten-Kriterien

- **Tausend-Auflage-Preis (TAP)**: (Schaltkosten x 1.000)/verkaufte Auflage
- **Tausend-Kontakte-Preis (TKP)**: (Schaltkosten x 1.000)/Zahl der Leser (berücksichtigt mehrere Leser pro Exemplar)
- **Tausend-Zielpersonen-Preis (TZP)**: (Schaltkosten x 1.000)/Zahl der Zielpersonen (berücksichtigt die Affinität des Werbeträgers mit der Zielgruppe)

Beispiele zur Anwendung der Kennzahlen:

1. Es werden zwei Zeitschriften A und B parallel belegt. A hat 400.000 Kontakte, B 500.000. Die Brutto-Reichweite ist 900.000. Da aber 100.000 Personen beide Zeitschriften gleichzeitig lesen, ist die Netto-Reichweite nur 800.000.

2. Die Zeitschrift A wird zweimal hintereinander belegt. Die Brutto-Reichweite ist 800.000. Da aber viele Stammleser vorhanden sind, lesen nur 50.000 Personen das zweite Exemplar, ohne vorher das erste gelesen zu haben. Die Netto-Reichweite ist damit 450.000.
3. Dies kann auch als kumulierte Reichweite ausgewiesen werden. Bei einer Zielgruppe von 10 Mio. Menschen wären dies 4,5 %.
4. Im ersten Fall ergeben sich 9 GRP.
5. Die Opportunities to see ergeben sich aus der Zahl der Kontakte einer Person mit dem Werbemittel im Rahmen eines Werbeplans. So genannte Low-Involvement-Strategien arbeiten mit hohen OTS-Werten, um die Botschaft „einzuhämmern".
6. Bei A kostet eine Anzeige 20.000 EUR. Die Auflage liegt bei 100.000 Stück. Der TAP liegt bei 200 EUR.
7. Jedes Exemplar hat 4 Leser. Der TKP liegt dann bei 50 EUR.
8. Nicht alle Leser von A gehören zur Zielgruppe, sondern nur 20 %. Der TZP liegt dann bei 250 EUR.

6. Streuung der Werbung – Wie werden die Schaltungen über das Jahr verteilt?

Meist verläuft der Umsatz nicht konstant über das ganze Jahr, sondern vollzieht saisonale Schwankungen oder erfreut die Finanzabteilung mit zufälligen Schwankungen. Aus finanziellen Überlegungen erscheint es zumindest praktisch, wenn die Werbeausgaben dem Umsatz folgen (**zyklische Werbung**). Allerdings verstärken sich die Zyklen dann noch und gerade dann, wenn ein Anschub für den Verkauf erforderlich ist, wird nicht geworben.

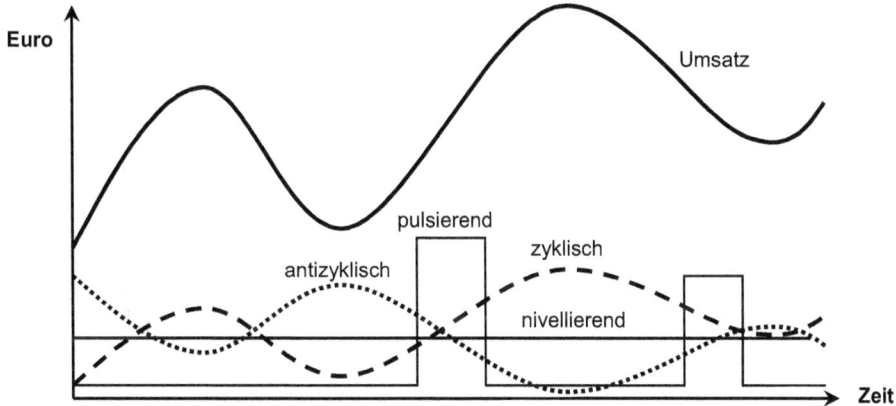

Abbildung 5.30: Verfahren der Werbestreuung

Um diese Zyklik zu mindern, kann **antizyklisch** geworben werden. Dann steigen die Werbeausgaben, wenn die Umsätze sinken und umgekehrt. Allerdings folgen nur wenige Unternehmen diesen Gedanken, weil mit niedrigen Umsätzen meist auch ein geringes Interesse an der Produktkategorie einhergeht (z. B. Eiscreme im Winter, Skibekleidung im Sommer). Ein Kompromiss aus diesen Überlegungen ist ein konstanter Werbeeinsatz (**nivellierend**). Der Vorteil liegt vor allem auch in der guten langfristigen Planbarkeit. Ein neuerer Ansatz ist die **pulsierende Werbung**, bei der dauerhaft ein konstantes, geringes Niveau aufrecht erhalten wird, um dann in besonderen Situationen zu einem kurzzeitigen, aber deutlich höheren Einsatz ausgeweitet zu werden. Damit soll die Möglichkeit gegeben werden, auf Konkurrenzkampagnen, zufällige Nachfrageschwankungen oder kurzfristige Marktchancen zu reagieren.

7. Bestimmung des Werbeinhalts – Wie wird geworben?

An dieser Stelle findet die Kreativentwicklung statt. Diese muss individuell auf das zu bewerbende Objekt bezogen sein, in die strategische Ausrichtung des Unternehmens passen und letztlich auch den Corporate Identity-Anforderungen entsprechen. Auch wenn es kreative Strategien durchaus gibt, lassen sie sich an dieser Stelle nicht annähernd angemessen beschreiben.

Um einige kreative Vorgaben (z. B. für die Werbeagentur) machen zu können, kann man sich an den klassischen drei strategischen Elementen einer Werbung, der Tonality, dem Consumer Benefit, und dem Reason Why orientieren. Sie ergeben zusammen die **Copy-Strategie**. Diese Elemente beschreiben wichtige Entscheidungen, die allgemein als Grundlage für eine erfolgreiche Werbegestaltung angesehen werden.

Die **Tonality** ist die emotionale Ausrichtung der Werbung. Sie kann z. B. humorvoll, erotisch, romantisch, technisch usw. sein und muss sowohl zum Produkt als auch zur Zielgruppe passen. So kann eine humorvolle Werbung für Mobilfunkanbieter richtig sein, um die Zuschauer zu interessieren, bei Körperpflegeprodukten aber auch verletzend wirken und Aversionen erzeugen. Nicht selten wird versucht, technische Produkte mit erotischen Reizen zu verbinden, was zwar eine höhere Aufmerksamkeit erzielen kann, jedoch das Produkt nicht unbedingt glaubwürdig vermarktet.

Der **Consumer Benefit** ist der angebotene Verbrauchernutzen, also die idealerweise herausragende Leistung des Produkts, die kaufentscheidend ist. Er entspricht letztlich der **Unique Selling Proposition (USP)**, dem einzigartigen Verkaufsversprechen und damit der „Existenzberechtigung" für das Produkt. Der Begriff des USP, der für die Konzeption des Produkts insgesamt verwendet wird, enthält noch die Komponente der Einzigartigkeit gegenüber dem Wettbewerb. Sofern das Werbeobjekt eine Alleinstellung aufweist, ist es leichter zu bewerben, als wenn es nur eine marktübliche Leistung erbringt.

Consumer Benefits können wirtschaftliche Vorteile sein, Sicherheitseigenschaften, ein besonderer Status, Erlebnisse (z. B. Abenteuer im Urlaub, kulinarische Erlebnisse, auch Einkaufserlebnisse), technische Leistungen, Schutzfunktionen usw. Wichtig ist dabei, diesen Nutzen auf die Konsumenten zu beziehen. Die Bedeutung des Kundennutzens wurde schon in der Produktpolitik angesprochen. Nicht eine elegante technische Lösung ist hiermit gemeint, sondern das, was den Kunden zum Kauf animiert und was er auch versteht.

Der **Reason Why** ist oft die entscheidende Größe, denn hier verbirgt sich der Grund, warum das Produkt den Kundennutzen erbringen kann. Dabei kann es sich z. B. um eine besondere technische Lösung im Sinne einer Ingenieursleistung oder eine besondere kreative Idee, die niemand anderes hat oder hatte, handeln. Auf jeden Fall muss die Kausalität für den Betrachter klar erkennbar sein. Wenn etwa ein Bekleidungsstück besondere Trageeigenschaften (Consumer Benefit – knitterfrei, winddicht, formbeständig usw.) aufweist, dann könnte dies (Reason Why) mit einem eigens entwickelten Material oder einer besonderen Form der Verarbeitung zu tun haben. Wenn die Konsumenten diese Verbindung nachvollziehen können, kommt die Botschaft auch an.

8. Bestimmung der Erfolgskriterien – Wie wird der Werbeerfolg kontrolliert?

Um den Werbeerfolg kontrollieren zu können, müssen vorher Ziele definiert worden sein. Werden erst im Nachhinein Kontrollgrößen festgelegt, kommt dies einer gewissen Willkür gleich. Dabei ist wieder darauf zu achten, dass die Kontrollgrößen auch in einem direkten Zusammenhang mit der Werbemaßnahme stehen. Wird etwa der Umsatz herangezogen, ist zu klären, ob er auch zweifelsfrei auf die Werbung zurückzuführen ist. Weniger problematisch sind Größen wie Bekanntheitsgrad, Einstellung zu den beworbenen Produkten oder die Kaufabsicht. Oft kommen verschiedene Experimentanordnungen zum Einsatz.

Im nächsten Schritt ist zu bestimmen, welche Verfahren für die Erfolgskontrolle eingesetzt werden. Je nach Maßnahme und Zielsetzung kommen fast alle Verfahren infrage, die in der Marktforschung bekannt sind.

Die Werbeplanung (hier: klassische Medienwerbung, ähnlich aber auch Direktwerbung) muss die hier dargestellten acht Phasen durchlaufen. Meist erfolgt eine Arbeitsteilung mit einer **Werbeagentur**, die die Kreativentwicklung, und einer **Mediaagentur**, die die Mediaplanung und Schaltung übernimmt.

Beispiel: Die Firma Mailexpert hat eine Software entwickelt, mit der der E-Mail-Verkehr im Unternehmen gemanagt werden kann. Diese soll vermarktet werden. Als Neuling auf dem Markt verfügt man kaum über vorhandene Geschäftsbeziehungen. Zielgruppe der Werbemaßnahme sind daher allgemein Unternehmen.

1. Das Werbeziel ist zunächst Bekanntheit, weil man neu auf dem Markt ist. Später sollen auch stärker Informationen vermittelt werden.
2. Die Zielgruppe sind Unternehmen mit häufigen Kundenkontakten, in erster Linie Hersteller von Konsumgütern, aber auch Softwareanbieter. Dabei werden Leiter der Bereiche Kundendienst, Vertrieb, DV und die Geschäftsführung angesprochen.
3. Das Budget wird auf 30 % des angepeilten Umsatzes des ersten Jahres festgelegt. Dies sind 0,6 Mio. EUR.
4. Als Werbemittel kommen aufgrund des Budgets und der beschränkten Zielgruppe neben der Direktwerbung Anzeigen in Fachzeitschriften in Frage. Dafür sollen zwei verschiedene Motive (Farbe, ganzseitig) entwickelt werden.
5. Werbeträger sind Zeitschriften mit direktem fachlichem Bezug. Man denkt an Marketingfachzeitschriften und möchte für einen Test auch eine Industriezeitschrift testen. Weiterhin kommen Unternehmermagazine wie Markt und Mittelstand oder Creditreform in Frage.

6. Die Werbestreuung orientiert sich an bekannten Entscheidungszeitpunkten. Dabei wird der EDV-Einkaufszeitpunkt zur Cebit sowie der Budgetschlusspunkt im September berücksichtigt.
7. Inhaltlich soll auf die Kostenersparnis und Serviceverbesserung abgezielt werden (Consumer Benefit). Der Reason Why ist die selbst entwickelte Software. Die Tonality soll auf jeden Fall sachlich sein.
8. Erfolgskriterium ist die Zahl der Anfragen an das Unternehmen.

Um die Zusammenarbeit mit einer Agentur zu erleichtern, wird häufig ein Briefing eingesetzt, das die Vorgaben und Grundlageninformationen des Auftraggebers zusammenfasst. Es hat dabei den Charakter einer Vertragsgrundlage und muss von der Agentur beachtet werden. Gleichzeitig führt es dazu, die relevanten Informationen systematisch und vollständig zu erfassen. Die wesentlichen Inhalte zeigt Abbildung 5.31.

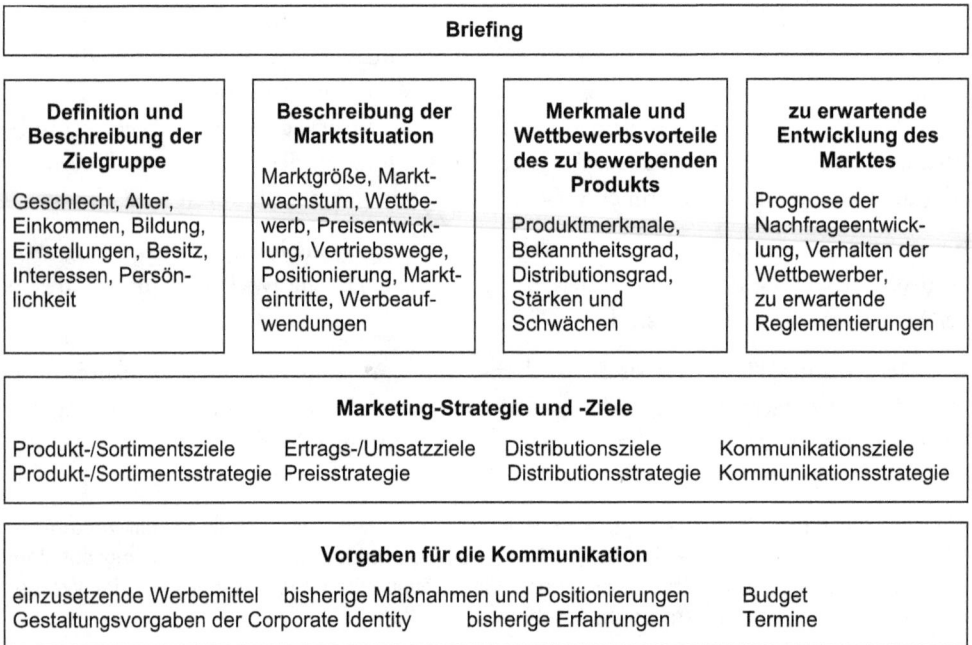

Briefing			
Definition und Beschreibung der Zielgruppe Geschlecht, Alter, Einkommen, Bildung, Einstellungen, Besitz, Interessen, Persönlichkeit	**Beschreibung der Marktsituation** Marktgröße, Marktwachstum, Wettbewerb, Preisentwicklung, Vertriebswege, Positionierung, Markteintritte, Werbeaufwendungen	**Merkmale und Wettbewerbsvorteile des zu bewerbenden Produkts** Produktmerkmale, Bekanntheitsgrad, Distributionsgrad, Stärken und Schwächen	**zu erwartende Entwicklung des Marktes** Prognose der Nachfrageentwicklung, Verhalten der Wettbewerber, zu erwartende Reglementierungen
Marketing-Strategie und -Ziele			
Produkt-/Sortimentsziele Produkt-/Sortimentsstrategie	Ertrags-/Umsatzziele Preisstrategie	Distributionsziele Distributionsstrategie	Kommunikationsziele Kommunikationsstrategie
Vorgaben für die Kommunikation			
einzusetzende Werbemittel Gestaltungsvorgaben der Corporate Identity	bisherige Maßnahmen und Positionierungen bisherige Erfahrungen		Budget Termine

Abbildung 5.31: Briefing

5.4.2.2 Besonderheiten der Online-Werbung

In den Zeiten des Internet-Hypes Ende der 1990er Jahre wurde Online-Werbung kaum einer systematischen Planung und Kontrolle unterzogen, zumal auch oft experimentell und/oder blauäugig Geld zur Verfügung gestellt wurde. Wichtiger war es, neue Kommunikationswege zu erfinden und zu entwickeln. Heute hat sich die Situation deutlich gewandelt. Das Wachstum der Werbearten hat deutlich abgenommen, stattdessen wird umso genauer kontrolliert, ob sich die Maßnahmen tatsächlich lohnen. Dabei werden oft klassische Kennzahlen eingesetzt, wie sie auch im Offline-Bereich bekannt sind, etwa Reichwei-

tekriterien oder Tausenderpreise. Neben den planbaren Werbeformen wie der Banner-
oder Textwerbung auf Webseiten kommen weitere Kommunikationsformen hinzu, die
nicht in erster Linie auf Werbung ausgerichtet sind, aber für diesen Zweck eingesetzt werden können. Hier funktionieren weder eine systematische Planung noch eine Kosten- oder
Wirkungskontrolle. Vielmehr bleibt eine gewisse Hoffnung darauf, dass die Botschaft
wahrgenommen und weitergetragen wird. Hierhin gehört etwa auch das **virale Marketing**, das auf der schnellen Ausbreitung von Botschaften durch soziale Netzwerke basiert.

Im Vergleich zur klassischen Werbung etwa bietet die Werbung im Internet ein wesentlich
größeres Potenzial für **Steuerungsmaßnahmen**. Sowohl die Aktivitäten des Werbenden
als auch die des Betrachters lassen sich im Detail erfassen und, was am wichtigsten ist, der
Maßnahmeneinsatz lässt sich kontinuierlich steuern. So können Reaktionen auf aktuelle
Entwicklungen, zu geringen oder zu großen Erfolg der Maßnahmen erfolgen. Zudem ist
die Planung der Maßnahmen in Abhängigkeit vom Erreichen der Zielwerte möglich.
Bspw. lässt sich der Bannereinsatz so steuern, dass eine bestimmte Kontaktzahl nicht über-
oder unterschritten wird. In der Anzeigenwerbung ist dies kaum denkbar, nicht zuletzt,
weil exakte Nutzungsdaten nicht vorhanden sind bzw. erst mit erheblicher Verzögerung
ermittelt werden.

Elemente der Online-Werbung

Banner sind die Standardform der Werbung auf Webseiten. Sie werden entsprechend der
Planung nach Zielgruppen, Zeiten, Kontaktzahlen usw. in sog. Trägerseiten eingeblendet.
Dabei sind drei Merkmale zum Verständnis wichtig:

1. Banner sind üblicherweise nicht fest mit einer Webseite verbunden, sodass die Zusammenstellung variiert werden kann.

2. Banner haben feste Größen, die entsprechend den Gestaltungsspielraum für den Werbung-
   treibenden einschränken.

3. Banner sind nicht nur statische Bilder, sondern können auch Eigenleben entfalten, das
   heißt kleine Programme enthalten.

Die Grafikformate **jpeg** und **gif** lassen jedoch nur relativ einfache Gestaltungen zu, nämlich statische Bilder oder bewegte Bilder (darstellbar durch animierte Gif-Dateien, bei
denen sich mehrere Bilder abwechseln). Sog. RichMedia-Banner verwenden zusätzliche
Techniken, um eine stärkere Aufmerksamkeitswirkung zu erzielen. In der Regel geht es
um Bewegungseffekte, die die Aufmerksamkeit auf sich ziehen, aber auch Tondateien oder
Videos können in den Bannern untergebracht werden. Zurzeit sind vor allem die folgenden Verfahren im Einsatz:

- Filmähnliche Animation (Stakkato von Einzelbildern) zur Übermittlung grafischer Effekte
  oder vieler Einzelinformationen mit Hilfe von **Shockwave- oder Flash-Bannern**. Die ge-
  stalterischen Möglichkeiten gehen weit über die animierten Gifs hinaus, bei denen sich nur
  einzelne Bilder abwechseln.

- Zusätzliches Fenster öffnet sich beim Anklicken einer Seite: **Pop Up**. Die Werbung wird dann in diesem Fenster über die Trägerseite gelegt, sodass der Besucher das Fenster wegklicken muss. Die Aufmerksamkeitswirkung ist dabei größer, aber auch der Nervfaktor.

- Der **Banner** wickelt Interaktionen mit dem Benutzer ab. Bspw. führt er Berechnungen durch, enthält Pull-Down-Menüs oder leitet Bestelldaten weiter. Mit Hilfe eines Pull-Down-Menüs kann schon vorab eine Auswahl der gewünschten Webseite getroffen werden, sodass ein Navigieren über die Hauptseite entfallen kann. Weiterhin können Versicherungsangebote oder Zinserträge berechnet werden. Hierfür werden bspw. JavaScripts integriert.

- Ein Element aus dem Banner läuft über den Bildschirm und verleitet dazu, ihm mit den Augen oder mit dem Cursor zu folgen. Es ergibt sich eine sehr starke Aufmerksamkeitswirkung, ohne dass der Inhalt der Trägerseite verdeckt wird. Natürlich kann sich auch der ganze Banner über den Bildschirm bewegen.

  Banner können auch kontextsensitiv eingesetzt werden, das heißt in Abhängigkeit von einer Eingabe des Besuchers einer Seite, in erster Linie einer Suchmaschine. Das Suchwort kann in den gesendeten Banner eingesetzt werden (bekannt durch „Bücher zum Thema …"), die Auswahl des gesamten Banners kann aber auch durch das Suchwort gesteuert werden (Beispiel: Bei einem Suchwort aus dem Bereich Mobilfunk wird ein Banner aus dieser Branche gezeigt, sofern vorhanden).

- Noch einen Schritt weiter geht die **Microsite**, bei der ein Teil des Bildschirms als Werbefläche zur Verfügung gestellt wird. Die Werbung ist dann schon aufgrund ihrer Größe kaum noch als solche zu erkennen.

- Zumindest begrifflich ähnlich ist der **Nanosite-Banner**. Darunter wird ein Banner verstanden, der nicht nur aus einer reinen Werbefläche besteht, sondern Inhalte einer kompletten Website enthält. Der Besucher kann damit auf mehrere Funktionen zugreifen (z. B. Anzeige von Produktbeschreibungen), ohne die Trägerseite verlassen zu müssen. In der Regel beschränken sich die Anbieter auf einige wenige, aber wichtige Funktionen, die in die Nanosites gepackt werden.

- Eine Alternative zum Banner ist die **Textanzeige**, das heißt ein als Text getarnter Link. Dieser wird gerade nicht als Werbung besonders herausgestellt, sondern bleibt als Text gestalterisch im Hintergrund.

- Ähnlich den Pop Ups sind die **Interstitials**. Dabei handelt es sich um Werbeeinblendungen, die beim Aufruf einer Trägerseite oder während des Betrachtens automatisch erscheinen und nach einer vorgegebenen Zeit wieder verschwinden. Damit kann bspw. die Zeit des Seitenaufbaus überbrückt oder die Betrachtung der Seite ganz einfach unterbrochen werden.

- **InText-Werbung** – Hierbei werden gebuchte Keywords im Fließtext hervorgehoben. Fährt der Nutzer mit der Maus über das Wort, wird ein Fenster (Layer) in die Webseite eingeblendet (kein Pop Up), das die Werbebotschaft (Text + Logo) enthält. Die Werbung wird als Cost-per-Click abgerechnet.

- **AdStreams** – Webseite erkennt selbstständig die beim Nutzer vorhandene Verbindungsgeschwindigkeit und liefert den Werbestream in der optimalen Qualität und Videogröße.

Kontrolle der Online-Werbung

Folgende speziellen Kontrollgrößen werden bei der Online-Werbung eingesetzt:

- **AdClick** – Misst die Klicks auf ein Werbeobjekt (Banner oder Werbebutton). Klickt ein Betrachter einer Webseite einen Werbebanner an, wird er dadurch auf die Webseite des Werbenden geleitet.

- **AdClick-Rate** – Gibt das Verhältnis von AdClicks zu PageImpressions (Seitenkontakte) an. Die AdClick-Rate ist damit ein Indikator für die Attraktivität eines Banners (oder Buttons).

- **AdImpressions** – Gibt die Zahl der Kontakte mit einem Werbemittel an. Es wird gemessen, wie viele Kontakte ein Banner mit Internetnutzern hat. Im Gegensatz zu der schon früher verwendeten Messgröße PageImpressions wird hier nicht der Seitenkontakt allgemein festgestellt. Dies ist von Bedeutung, wenn individualisierte Webseiten gestaltet werden. Das Kontrollpixel, das der Webserver als Abrufmesser zählt, wird hier in den Werbebanner integriert und nicht irgendwo auf der Webseite untergebracht.

- **AdView-Time** – Zeit, für die eine werbeführende Seite für den Nutzer sichtbar war.

- **Hits** – Wurden in der Anfangszeit noch als Erfolgsgröße verwendet, heute hat sich der Unsinn dieses Kriteriums aber herumgesprochen. Unter Hits werden die Dateiabrufe bzw. gleichbedeutend die Logfile-Einträge eines Seitenabrufs verstanden. Klickt ein Internetnutzer eine Webseite an, so werden meist mehrere Dateien an seinen Browser geschickt, neben der HTML-Seite meist auch Grafikdateien. Dadurch wird eine Vielzahl von Bewegungen festgehalten, und zwar desto mehr, je komplexer die Seite aufgebaut ist.

- **PageImpressions/PageViews** – Messen die Zahl der Kontakte mit einer HTML-Seite. Sofern sie ein Werbeobjekt enthalten, kann damit die Zahl der Werbekontakte gemessen werden.

- **Visits** – Erfassen zusammenhängende Besuche von Websites. Jeder Nutzungsvorgang wird dabei nur einmal erfasst, selbst wenn mehrere Seiten innerhalb des Webangebots aufgerufen werden. Das Ende eines Besuchs wird über die Zeit definiert, während der kein Zugriff mehr erfolgt. Dies sind 30 Minuten.

- **Tausend-Kontakte-Preis** (Cost per Thousand) – Preis pro Tausend Kontakte, die eine Webseite erzielt (Basis AdImpressions) oder pro Tausend Klicks auf einen Werbebanner/-button. In der Regel geben die Werbeanbieter Tausenderpreise vor und regulieren die Zahl der eingeblendeten Werbeobjekte.

5.4.2.3 Direktwerbung

Direktwerbung wendet sich in mehr oder weniger individualisierter Form an Einzelpersonen und kann dabei auf eine ständig wachsende Vielfalt an Medien zurückgreifen. So ist der klassische Werbebrief des Autohändlers an seinen Kunden ebenso Direktwerbung wie die E-Mail unbekannter Herkunft, die astronomische Gewinne bei der Teilnahme an bislang unbekannten Online-Gewinnspielen verspricht. Auch der Werbeanruf zu Hause oder im Büro ist Direktwerbung, wenngleich nicht immer rechtlich zulässig.

Die **rechtliche Zulässigkeit** ist ein zentrales Kriterium bei der Entscheidung für oder gegen ein Instrument der Direktwerbung. Während Werbebriefe ebenso wie persönliche Besuche immer zulässig sind, sieht es bei Telefon, Fax und Internet anders aus. Hier besteht für Privatpersonen ein Schutz der Privatsphäre, der die Direktwerbung nur dann statthaft sein lässt, wenn der Kunde vorher ausdrücklich eingewilligt hat. Dass sich in vielen Branchen Unternehmen nicht daran halten, ändert nichts an der Rechtslage. Bei Unternehmen bestehen weitergehende Möglichkeiten. Hier sind z. B. Anrufe auch dann erlaubt, wenn der Anrufende davon ausgehen kann, dass der Angerufene Interesse an seinen Leistungen haben kann. Leider ist dieses Kriterium schwer zu definieren, sodass kaum von einem ernsthaften Verbot gesprochen werden kann. Wäre allerdings auch hier die strikte Regelung wie im Privatbereich vorhanden, wäre allerdings eine Auftragsakquisition kaum noch möglich.

In den weitaus meisten Fällen lässt sich der Erfolg der Direktwerbung einfach und zuverlässig kontrollieren und in der Folge auch anpassen. Allerdings muss sie sich mit dem Problem der Wahrnehmungsverweigerung auseinandersetzen. Viele Angesprochene lesen prinzipiell keine Werbebriefe oder überfliegen sie nur kurz, lassen sich telefonisch nicht kontaktieren oder lehnen Angebote aufgrund eines profunden Misstrauens erst einmal ab. In den klassischen Werbung ist es nicht viel anders, doch lässt sie sich nicht so gut nachweisen.

In der **Planung einer Direktwerbemaßnahme** (hier am Beispiel eines Werbebriefs) müssen daher folgende Komponenten berücksichtigt werden:

1. **Definition der Zielgruppe**: Wer soll angesprochen werden? Sind Adressen für diese Gruppe verfügbar?

2. **Definition des Kampagnenziels**: Was soll erreicht werden (Herstellung von Aufmerksamkeit für weitere Maßnahme, direkte Kaufauslösung, Vereinbarung von Besuchsterminen usw.)

3. **Bestimmung des Werbebudgets**: Aufgrund der guten Zurechenbarkeit von Ergebnissen zu Maßnahmen kann hier eine recht genaue Budgetierung vorgenommen werden. Vor allem kann auf eine nachlassende Effektivität schnell reagiert werden (marginalistischer Ansatz). Weiterhin sind die Kosten überschaubar (aber nicht unbedingt niedrig), sodass eine Ausrichtung an den Zielen recht einfach möglich ist.

4. **Beschaffung der Adressen**: Wo können die Adressen beschafft werden (Adressverlag, Verband, amtliches Verzeichnis usw.)? Welche Qualität haben die Bestände? Sollen die Adressen gekauft oder gemietet werden (dann nur einmalige Nutzung möglich)? Wie viel kosten die Adressen pro Stück?

5. **Entwicklung des Werbebriefs**: Welche Vorteile/Kaufargumente sollen angesprochen werden? Welche Ziele/Wünsche haben die Konsumenten? Welche Formulierungen können verwendet werden? Welche Gestaltungselemente/Zusätze braucht der Brief (Antwortkarte, Bildmotive usw.)? Welche Reaktionen sollen hervorgerufen werden (Anfrage, Kauf, Terminvereinbarung usw.)?

6. **Druck und Versand**: Soll die technische Abwicklung im Unternehmen oder bei externen Dienstleistern (Adressverlag, Lettershop usw.) stattfinden?

7. **Reaktion auf den Rücklauf**: Stehen Ansprechpartner für Interessenten zur Verfügung? Sind ausreichende Warenvorräte vorhanden? Kann weitergehendes Informationsmaterial verschickt werden?

8. **Kontrolle der Maßnahme**: Welche Kennzahlen werden eingesetzt (Rücklaufquote, Kosten pro Bestellung, Bestellungen zu Anfragen usw.)? Werden die Kosten vollständig erfasst?

Insgesamt ist Direktwerbung über Briefe aber recht teuer. Die Kontaktkosten errechnen sich aus den Kosten der Adressen (meist Miete, bei spezialisierten Adressen sind Preise im Bereich mehrerer Euro möglich), des Versands (Porto), des Drucks sowie der Herstellung von Beilagen wie Produktproben oder Werbemitteln, des Handlings sowie der Kreativentwicklung.

Da einfache Werbebriefe im Standardformat kaum nennenswerte Rücklaufquoten erzielen, gehen Werbetreibende gerade bei Unternehmenskunden dazu über, Kampagnen über mehrere Stufen zu verteilen, um die Aufmerksamkeit zu steigern, oder originelle und wertvolle Beigaben zu verwenden. Dann kostet eine Aussendung pro Stück schnell einen zweistelligen Eurobetrag und kann nur noch innerhalb einer kleinen Zielgruppe gerechtfertigt werden.

Neben dem Werbebrief und dem Anruf spielt heute vor allem die **E-Mail** eine zentrale Rolle. Die Versandkosten entfallen fast völlig, auch ist die Herstellung deutlich günstiger. Wenn auch keine Warenproben verschickt werden können, werden doch ersatzweise oft Links zu Videos oder Präsentationen eingebunden. Die Wirkung der E-Mail-Werbung ist bei ansprechender Gestaltung nicht zu unterschätzen, Bedingung ist jedoch immer, dass sie aus der Masse der täglichen Nachrichten heraussticht. Dies kann etwa durch die Gestaltung als Newsletter geschehen, der mehr ist als getarnte Werbung, sondern auch neutrale Informationen enthält.

Zu den neueren Instrumenten gehört auch die **SMS-Werbung**, die sich allerdings nur für stark abgegrenzte Zielgruppen eignet. Inhaltlich bietet sie sich vor allem für aktuelle Angebote an, die etwas mit verfügbaren Kapazitäten, dem Wetter oder permanent wichtigen Dingen zu tun haben.

5.4.2.4 Sponsoring

Im Rahmen des Sponsoring findet eine Förderung von Personen oder Organisationen vor allem aus den Bereichen Kultur, Sport oder Soziales statt, die in der Kommunikation zur Erzielung von Bekanntheit oder zur Förderung des Images eingesetzt werden kann. Wichtig ist dabei sowohl die qualitative als auch die quantitative Übereinstimmung des Gesponserten mit der eigenen Zielgruppe.

Während zunächst meist nur in bescheidenem Umfang Sportvereine oder soziale Einrichtungen gegen Nennung des Sponsorennamens gefördert wurden, werden heute Sponsorings systematisch geplant, die Präsenz von Markennamen gegen entsprechende Entgelte vereinbart und Ereignisse speziell für Sponsoren überhaupt erst geplant.

Das Sponsoring wirkt in den meisten Fällen auf zwei Wegen: Zum einen direkt gegenüber den Teilnehmern/Zuschauern einer Veranstaltung oder eines Vereins, zum anderen über den Umweg der Berichterstattung in den Medien. Bei der Bewertung eines Sponsoring müssen daher auch beide Wege berücksichtigt werden. Durch eine umfangreiche Präsenz in redaktionellen Beiträgen kann eine deutlich höhere Verbreitung als direkt erzielt werden. Damit geht allerdings auch die Kontrolle darüber weitgehend verloren. So spielt etwa der Erfolg eines Fußballvereins die zentrale Rolle dafür, wie oft über ihn im Fernsehen berichtet wird. Der **Kommunikationswert** des Sponsoring entwickelt sich daher oft zufällig.

Beispiele für Sponsorings:

- Namenssponsoring einer kulturellen Veranstaltung – der Veranstaltungsname trägt den Namen des Sponsors
- Unterstützung einer sozialen Einrichtung, auch durch Sachleistungen wie Fahrzeuge – der Sponsorenname wird meist eher im Hintergrund unter den Förderern genannt
- Trikotsponsoring von Sportvereinen – der Sponsorenname wird auf dem Spielerrücken gezeigt, auch in der medialen Berichterstattung, meist ergänzende Präsenz mit Logos auf Pressekonferenzen oder im Vereinsumfeld
- Finanzielle Unterstützung für Nachwuchskünstler, -forscher oder -sportler über längere Zeiträume, um ihre Entwicklung zu fördern – dafür meist Erwähnung in der Medienberichterstattung über die Person, Auftreten der Geförderten bei Sponsorenveranstaltungen
- Förderung der wissenschaftlichen Infrastruktur – Grundfinanzierung einer Hochschule, Finanzierung einzelner, thematisch meist spezialisierter Lehrstühle

Die Möglichkeiten für das Sponsoring sind ausgesprochen vielfältig, nicht zuletzt Finanzierungsprobleme der öffentlichen Hand führen zu einer wachsenden Bereitschaft, eigentlich staatliche Aufgaben privat finanzieren zu lassen. Dabei kommt es allerdings auch zu problematischen Entwicklungen, wenn etwa Pharmaunternehmen Patientenvereinigungen fördern und dort für eigene Produkte werben, ohne dies deutlich herauszustellen.

Da Sponsoring für viele Einrichtungen inzwischen zur Existenzgrundlage geworden ist und von den Sponsoren als Alternative zur klassischen Werbung angesehen wird, werden die Leistungen auch ähnlich professionell entschieden. Grundlage für die verlangten Gebühren sind dann zu erwartende Kommunikationsleistungen (Kontaktzahlen, Kontaktqualität wie Größe der Einblendung im Fernsehen) und Kosten für vergleichbare klassische Werbung.

Besondere Vorteile des Sponsoring liegen im direkten Zugang zu speziellen Zielgruppen wie Liebhaber „kleiner" Sportarten, exotischer Hobbys oder spezieller Kunst und Kultur. Dabei entsteht oft ein hohes Maß an Glaubwürdigkeit und Sympathie, da viele Ereignisse durch die Förderung erst möglich werden. Wichtig für den Sponsor sind die Übereinstimmung des Images des Geförderten mit dem eigenen bzw. dem Zielimage und die Zahl zu erreichender Personen in der Zielgruppe.

Zu beachten sind allerdings auch **Imagerisiken**, wenn es zu Negativereignissen beim Gesponserten kommt. Sponsoren tragen immer auch das menschliche Risiko, das sich in einer Formkrise, in gesetzwidrigem oder gesellschaftlich anstößigem Verhalten äußern kann. Zudem lassen sich kaum gezielte Botschaften vermitteln, sondern überwiegend der Name des Unternehmens ins Blickfeld bringen.

5.4.3 Verkaufsförderung

Die Verkaufsförderung wird meist nach der Zielgruppe unterschieden in verbraucherbezogene, mitarbeiterbezogene und handelsbezogene. Diese Gliederung sagt aber noch nichts über die eingesetzten Instrumente aus, bei denen sich eine erhebliche Vielfalt findet. Während manchmal in erster Linie Personen eingesetzt werden, sind es in anderen Fällen technische Geräte und in wieder anderen Fällen Spiele. Entscheidend ist meist, auf welchem Weg ein möglichst intensiver Kontakt zum Konsumenten hergestellt werden kann. Je nach Branche kann die Zielsetzung eher in einer spielerischen Auseinandersetzung oder in einem anspruchsvollen fachlichen Kontakt bestehen.

Zu den wichtigsten Maßnahmen der Verkaufsförderung gehören:

vor allem bei Konsumgütern:

- Gewinnspiele (meist Erraten oder Suchen von Informationen, die mit dem Produkt in Zusammenhang stehen)
- Zweitplatzierungen im Handel zur Steigerung des Abverkaufs (zusätzlich zum Regal-„stamm"platz auf Paletten, in Schütten vor der Kasse oder am Regalende)
- Unterhaltungsangebote (Musikdarbietung, Spiele) am Verkaufsort
- befristete Preisnachlässe (auch als Mengenrabatt), Bonusaktionen (z. B. Geschenke für bestimmte Mindestkäufe innerhalb fester Zeiträume)
- Sondervarianten von Produkten (z. B. zu besonderen Ereignissen oder mit „Gratis-"Zusatzmenge)
- Stopper am Regal (Sonderdisplays, Dekorationen)
- Sammelaktionen (z. B. Sammelbilder zum Einkleben in ein Album)

- Sonderverpackungen (besonders werbewirksame Aufdrucke, Sondergrößen – auch kleinere)
- kostenfreie Zusatzleistungen wie Änderungen, Schulungen, Installation
- Self Liquidating Offers (kostendeckender Verkauf von attraktiven, nicht frei verfügbaren Produkten)
- Events (kulturelle Veranstaltungen mit Unternehmensbezug und Verkauf)
- Verkostungen
- Clubmitgliedschaften mit besonderen Vorteilen
- Produktinformationen (vor allem bei Neueinführungen)

vor allem bei Investitionsgütern:

- Messebeteiligung
- Produktvorführungen im Rahmen von Roadshows
- Fach-/Produktseminare für Kundenmitarbeiter, Vertriebspartner
- Schulungen (auch betriebswirtschaftliche) für Vertriebspartner und Anwender
- Probe-/Testangebote

Messen haben in Investitionsgüterbranchen meist eine herausragende Bedeutung und sind nicht nur ein Instrument der Verkaufsförderung unter vielen. Von ihnen zu unterscheiden sind **Ausstellungen**, auf denen üblicherweise nur präsentiert und nicht verkauft wird. Ziele für Messebeteiligungen sind die Herstellung von Kontakten zu Vertretern der Zielgruppe (z. B. Einkäufer von Unternehmen) und die Präsentation des eigenen Angebots. Dabei kann vor allem auch der Produktkomplexität Rechnung getragen werden, indem Anlagen vorgeführt und Funktionsweisen persönlich erläutert werden. Für Anbieter, die erst neu auf einen Markt treten, sind Messen auch Möglichkeiten, Bekanntheit zu erzielen und erstes Vertrauen aufzubauen.

In vielen Märkten sind Messen auch typische **Produkteinführungstermine**, weil sich dann die notwendigen Kontakte zu Kunden leicht herstellen lassen und sich auch der Handel in seiner Sortimentspolitik darauf einstellt. Beispiele für Veranstaltungen mit solcher Bedeutung für den Markt in Deutschland sind die zweijährlich stattfindende Internationale Automobilausstellung in Frankfurt, die Frankfurter Buchmesse, die Hannover-(Industrie-)Messe oder die Anuga in Köln für die Nahrungs- und Genussmittelbranche. Auch Fachmessen erreichen Besucherzahlen in der Größenordnung mehrerer Hunderttausend Personen, die den Kontaktzahlen der Fachpresse im Bereich von jeweils nur wenigen Tausend oder Zehntausend Personen gegenüberzustellen sind.

Die hohen Kosten einer Messebeteiligung, die ohne Weiteres einige Mio. Euro ausmachen können, ziehen einen erheblichen Bedarf an Kontrolle des Messeerfolgs nach sich. Diese stellt sich jedoch als das größte Problem heraus, da z. B. Sichtkontakte nicht zu erfassen sind und Kaufentscheidungen sich im gewerblichen Bereich über Monate und Jahre hinziehen können. So kann eine Investitionsentscheidung für eine Produktionsanlage durchaus eine Reaktion auf einen Messekontakt drei Jahre zuvor sein.

5.4.4 Öffentlichkeitsarbeit

Kern der Öffentlichkeitsarbeit war ursprünglich die Pressemitteilung, mit der die Öffentlichkeit über wichtige Geschehnisse im Unternehmen informiert wurde. Inzwischen ist sie zu einem eigenen Mix herangewachsen, der unterschiedliche Instrumente und Ausgestaltungen vereint.

Zunächst werden die wesentlichen Bereiche der Pressearbeit und der Corporate Identity unterschieden, die unterschiedliche Ziele verfolgen. Während die **Pressearbeit** in erster Linie auf Information ausgerichtet ist, versucht die **Corporate Identity** die Voraussetzungen für das Wiedererkennen zu schaffen und damit auch das angestrebte Image zu stützen. Erstere wendet sich zudem an Redaktionen von Medien wie Zeitungen und Fernsehsendern, letztere an die Öffentlichkeit insgesamt, einschließlich der eigenen Mitarbeiter.

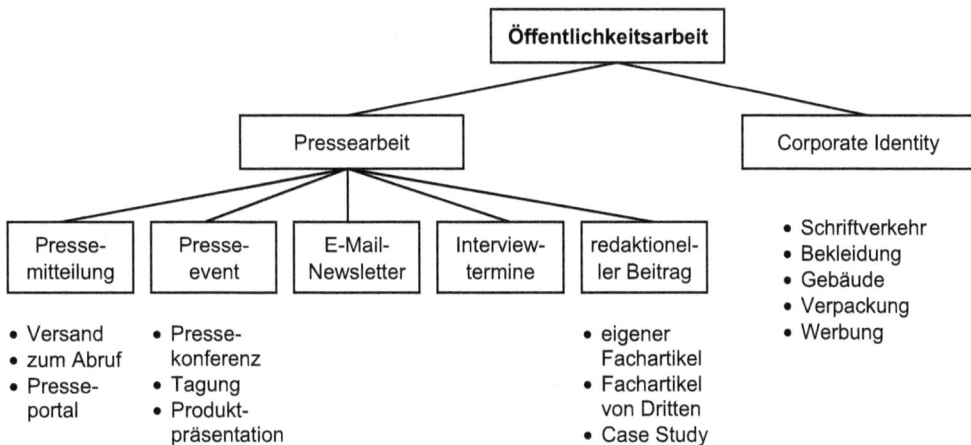

Abbildung 5.32: Instrumente der Öffentlichkeitsarbeit

Im Unterschied zu den anderen Kommunikationsinstrumenten ist der kommerzielle Charakter der Öffentlichkeitsarbeit nicht schnell zu erkennen. Es wird sogar versucht, vor allem, wenn es um die Ankündigung neuer Produkte geht, die Herkunft der Information zu verschleiern. Das Unternehmen hat zwar einerseits ein Interesse, seine Information möglichst unverfälscht in den redaktionellen Teil eines Medium hineinzubekommen, will aber andererseits nicht offen als Urheber erscheinen, da eine Redaktion als objektiver angesehen wird.

Presseabteilungen waren in der Vor-Internet-Zeit überwiegend damit beschäftigt, **Pressemitteilungen** an Redaktionen per Post zu verschicken. Heute geschieht dies überwiegend per E-Mail, außerdem werden Mitteilungen zum Abruf auf der Unternehmenswebsite bzw. über verschiedene Presseportale bereitgehalten. Einerseits wird die Arbeit dadurch zumindest technisch erleichtert, andererseits steigen die qualitativen Anforderungen, weil die Nutzer eine größere Auswahl haben und diese leichter recherchieren können.

Zu besonderen Anlässen (in der Praxis allerdings auch zu alles andere als besonderen Anlässen) werden Veranstaltungen für Pressevertreter organisiert. Klassisch ist die **Pressekonferenz**, die aber im Zeitalter von Telefonkonferenzen und Internetvideos nicht immer notwendig ist. Daher werden oft besondere „Events" geschaffen, die attraktiv genug erscheinen, eine größere Zahl von Journalisten anzulocken. Dies kann auch eine Tagung sein oder eine Konferenz mit Beiträgen bekannter und möglichst unabhängiger Fachleute. Nur für Produkte mit großer Öffentlichkeitswirkung wie etwa Flugzeuge bietet sich auch eine Produktpräsentation als Pressereignis an, in diesem Fall auch als Erstflug.

E-Mail-Newsletter kombinieren regelmäßige fach- und branchenspezifische Informationen mit klassischen Pressemitteilungen, wobei der Schwerpunkt mal in der einen, mal in der anderen Richtung liegen kann. Organisatorisch besteht der Vorteil, durch (Selbst-)Eintragung im Verteiler (bzw. der gezielten Löschung) einen festen Adressatenkreis aufzubauen.

Interviewtermine mit Geschäftsführern oder sonst bekannten Unternehmensvertretern werden ebenfalls für die Öffentlichkeitsarbeit genutzt, weil sich auf diesem Weg Vertrauen aufbauen lässt und Informationen gezielt verteilt werden können.

Je kleiner die Redaktion und je komplizierter das Themengebiet ist, desto größer ist die Bereitschaft, fertig produzierte Beiträge in den redaktionellen Teil aufzunehmen. Vor allem in Bereichen wie IT oder Anlagenbau werden oft sog. **Case Studies** vom Unternehmen selbst oder von Fachjournalisten in deren Auftrag verfasst und dann von der Redaktion übernommen. Themen sind der erfolgreiche Einsatz neuer Produkte und Technologien, über die sonst Redakteure in Eigenverantwortung berichten.

Eine spezielle inhaltliche Variante der Pressearbeit ist die **Krisen-PR**. Dazu gehören alle Maßnahmen, die im Krisenfall, das heißt nach einem Störfall auf dem Firmengelände mit Umweltbeeinträchtigung, aufgetretenen Sicherheitsproblemen mit Produkten, Fehlverhalten im Management usw. vorgenommen werden. Vor allem nach spektakulären Störfällen in der Chemieindustrie wurde erkannt, dass eine aktive Informationspolitik das Vertrauen der Bevölkerung stärken und negative Reaktionen von Konsumenten verhindern kann. Eine systematische Krisen-PR bedeutet dabei eine Abkehr von der nicht selten anzutreffenden Vertuschungs- und Verleugnungspolitik hin zur Information über die Ereignisse, deren Ursachen und Maßnahmen zur künftigen Vermeidung. Damit verbunden kann auch aktive Hilfe bei der Beseitigung eventueller Schäden, evtl. auch die Zahlung von Schadensersatz sein.

Die **Corporate Identity** umfasst alle Erscheinungsformen eines Unternehmens, unabhängig davon, ob damit eine Absicht zur Beeinflussung verbunden ist. Vielmehr geht es darum, einheitliche Merkmale zu definieren, anhand derer das Unternehmen immer wiedererkannt werden kann, und diese möglichst an den Imagezielen auszurichten. Beispiele für Corporate Identity-Maßnahmen:

- Entwicklung eines Logos, das zur Imagepositionierung (vertrauenswürdig, modern, jugendlich usw.) passt
- Verwendung einer einheitlichen Farbe für Logos, Gestaltungselemente auf Briefköpfen, Aufdrucke auf Verpackungen usw.
- Nutzung einer einheitlichen Schrifttype für Briefverkehr, Werbung, Verpackungen
- Einsatz von einheitlichen Gestaltungelementen auf Messeständen, in der Werbung, auf dem Firmengelände
- Definition von Grundsätzen der Kommunikation mit Kunden, die in Verkauf, Kundendienst, Beratung usw. eingesetzt werden
- Ausstattung des Servicepersonals mit einheitlicher Dienstkleidung in Firmenfarbe

5.4.5 Kontrolle des Kommunikationserfolgs

Die Kommunikationspolitik ist vermutlich der am schwersten zu kontrollierende Bereich des Marketing. Die **ökonomischen Zielgrößen** wie Umsatz oder Gewinn messen zwar einen realen Erfolg, der der Zielsetzung des Unternehmens entspricht, es ist jedoch unklar, inwieweit er tatsächlich auf die Kommunikationsleistung zurückzuführen ist.

Beispiel: Ein Getränkehersteller leitet die Saison im April mit einer großangelegten Werbekampagne ein. Im Fernsehen werden Spots geschaltet, im Handel gibt es eine Reihe von Verkaufsförderungsaktionen. Es stellt sich heraus, dass tatsächlich im April und Mai die Umsätze stark angestiegen sind. Lag das an der Werbung oder der VKF? Oder war es die Witterung mit steigenden Temperaturen? Oder hat gar die Konkurrenz Lieferprobleme gehabt?

Anders sieht es bei den **außerökonomischen Größen** wie dem Bekanntheitsgrad oder Image aus. Bei ihnen lässt sich ein recht deutlicher Zusammenhang zur Kommunikationspolitik herstellen (Image bildet sich im Wesentlichen durch Werbung), dafür ist jedoch fraglich, wie sie sich auf die unternehmerischen Zielgrößen auswirken. Ein hoher Bekanntheitsgrad ist zwar positiv, jedoch sollte er sich auch in Umsatz konkretisieren.

Eine globale Größe, die sich mit dem Gesamtaufwand für Werbung beschäftigt, ist der **Share of Voice.** Er ist definiert als:

$$\text{Share of Voice} = \frac{\text{Zahl der Zielgruppenkontakte der eigenen Werbung}}{\text{Zahl der Zielgruppenkontakte des Gesamtmarkts}}$$

Der Share of Voice entspricht dem Werbeanteil des eigenen Unternehmens am Gesamtmarkt. Zur Ermittlung wird die Zahl der Zielgruppenkontakte zugrunde gelegt, die ein Werbeplan erreicht (das heißt, wie oft ein Mitglied der definierten Zielgruppe die Anzeige/den Spot usw. sieht). Diese Kontaktzahlen lassen sich nicht empirisch prüfen, sondern basieren auf Planungen und insbesondere auf Angaben der Werbeträger. Für den Gesamtmarkt können Daten von einzelnen Marktforschungsinstituten bezogen werden, die sie kontinuierlich ermitteln.

Der Share of Voice ist ein Maß zur Berechnung des Werbedrucks. Er gibt an, welchen Anteil an der gesamten Kommunikationsleistung einer Branche/eines Marktes ein Unternehmen (für ein Produkt oder insgesamt) hat. Er ist vor allem dann interessant, wenn über die Werbung ein Einfluss auf die Marktposition ausgeübt werden soll. Er wird weiterhin als Grundlage für Budgetierungsentscheidungen verwendet. Dabei wird das Budget so festgelegt, dass ein bestimmter Share of Voice durch die Zahl der Schaltungen erreicht wird.

Neben dem Share of Voice gibt es ähnliche Kennzahlen, die sich mit der Kommunikationsleistung befassen:

- Der **Share of Advertising** bezieht sich auf den Anteil der Werbeaufwendungen (Schaltkosten für Anzeigen, Spots usw.) an denen des Gesamtmarktes. Er ist leichter zu berechnen, hat aber wegen des fehlenden Leistungsbezugs geringere Aussagekraft.
- Der **Share of Mind** bezieht sich auf die Kontakte mit einer einzelnen Person der Zielgruppe. Er stellt die erreichten Kontakte der eigenen Werbung bei einer Zielperson zu denen des Gesamtmarktes in Beziehung. Damit wird der relative Werbedruck auf eine Person gemessen. Die Ermittlung ist hier noch schwieriger, zumal zuverlässige Informationen über die Überschneidung der Werbeträger benötigt werden.

Beispiel: Ein Unternehmen plant als Werbemaßnahmen für sein Produkt im Laufe eines Jahres 4 Schaltungen in der Zeitschrift A, 6 in B und 10 in C.

Die Zielgruppe besteht aus sachlich interessierten Personen. Insgesamt fünf Zeitschriften wenden sich an diese Zielgruppe. Dem Unternehmen ist bekannt, dass in der Branche inklusive der eigenen Anzeigen in folgendem Umfang geworben wird:

18 Schaltungen in der Zeitschrift A, 28 in B, 44 in C, 35 in D und 54 in E.

Aus den Verbreitungsstudien der Verlage ergeben sich die Kontaktzahlen pro Exemplar innerhalb der angesprochenen Zielgruppe:

Zeitschrift A: 8.000, B: 12.000, C: 6.700, D: 5.000, und E: 14.000.

Für das Unternehmen ergeben sich damit 704.600, für die Branche insgesamt 7.333.800 Kontakte brutto, das heißt inklusive Mehrfachkontakten bei einer Person. Der Share of Voice liegt damit bei 9,6 %.

Zu den am häufigsten verwendeten Kontrollgrößen gehört auch der **Bekanntheitsgrad**. Er ist definiert als:

$$\text{Bekanntheitsgrad} = \frac{\text{Zahl der Personen, die ein Produkt kennen (im Rahmen einer Befragung)}}{\text{Zahl der Befragten insgesamt}}$$

Bekanntheitsgrade werden auf der Basis von Befragungen in der Zielgruppe ermittelt. Sie können sich auf Produkte und das Gesamtunternehmen beziehen. Zwei Arten der Bekanntheit sind zu unterscheiden: die spontane Erinnerung (**Recall**) und das Wiedererkennen (**Recognition**). Der Bekanntheitsgrad kontrolliert in erster Linie den Erfolg der Kommunikation. Er ist relativ zuverlässig Werbemaßnahmen zuzurechnen. Gleichzeitig ist er Voraussetzung für Kaufentscheidungen bzw. den Aufbau einer Geschäftsbeziehung.

Der Bekanntheitsgrad gibt aber nur Auskunft darüber, ob ein Produkt oder Unternehmen überhaupt bekannt ist. Ob sie mit positiven oder negativen Assoziationen verbunden sind, wird nicht geklärt.

Gute Grundlagen der Erfolgskontrolle durch Kennzahlen ergeben sich im Bereich der Direktwerbung, hier gezeigt anhand des Beispiels einer Direct-Response-Kampagne einer Direktversicherungsgesellschaft. Zielsetzung der Kampagne ist es, innerhalb eines Jahres 20.000 neue Kraftfahrtversicherungsverträge abzuschließen. Durch Werbespots, die in verschiedenen Fernsehkanälen laufen, sollen Zuschauer animiert werden, in einem Callcenter anzurufen. Dort werden Name, Adresse und persönliche Daten aufgenommen. Falls konkretes Interesse besteht, erhalten die Anrufer dann die Versicherungsunterlagen zugeschickt und können schriftlich abschließen.

Die Kosten pro erzieltem Abschluss sollen 250 Euro nicht übersteigen. Somit sind die Auswahl des am besten geeigneten Werbeträgers und die Profitabilität der ganzen Kampagne zu kontrollieren.

Mit Hilfe der Kennzahlen kann nun geplant werden, wie viele Schaltungen erforderlich sind, um die nötige Zahl an Verträgen zu generieren, und welcher TV-Sender das geeignete Medium ist. Aus vergangenen Kampagnen ist bekannt, dass rund 7 % der Interessenten tatsächlich einen Vertrag abschließen. Um 20.000 Verträge zu generieren, sind dann 285.714 Interessenten erforderlich. Stellen sich zwei Drittel der Anrufer als wirkliche Interessenten heraus, werden 432.900 Anrufe benötigt.

Man weiß aus der Vergangenheit, dass durchschnittlich 1.443 pro Million Zuschauer eines Spots anrufen (= 0,1443 %). Damit sind 300 Mio. Kontakte erforderlich, um das Ziel zu erreichen. Wenn der Tausend-Kontakte-Preis der Fernsehspots bei durchschnittlich 16,66 EUR liegt, dann wird das Ziel von 20.000 Verträgen rechnerisch mit einem Werbebudget von 5 Mio. EUR erreicht.

Auf der Basis dieser Überlegungen lassen sich nun Zielwerte für die Kennzahlen ermitteln, die eine Zwischenkontrolle ermöglichen. Dabei ist vom Ziel der Akquisitionskosten in Höhe von 250 EUR auszugehen. Sie werden durch eine Schätzung des Kundenwerts sowie der verbleibenden Fixkosten der Akquisition ermittelt.

In diesem Fall wird der Kundenwert über die erwarteten Deckungsbeiträge bei einer durchschnittlichen Vertragsdauer berechnet. Bei sieben Jahren Vertragsdauer und einem Deckungsbeitrag von 45 EUR ergeben sich 315 EUR. Für das Callcenter, die Werbegestaltung sowie den Versand der Angebotsunterlagen werden 65 EUR pro Vertrag angesetzt (= 1,3 Mio. EUR insgesamt bei 20.000 Verträgen). Damit darf der Kunde noch maximal 315 − 65 = 250 EUR kosten. Für die einzelnen Zwischengrößen ergeben sich die in Abbildung 5.33 gezeigten Werte.

Grundlage	Tausend-Kontakte-Preis: 16,66 EUR	Anrufquote pro Spot: 0,1443 %	Interessenten-quote: 66 %	Abschlussquote: 7 %
Kennzahl Wert	Cost per Contact: 0,01666 EUR	Cost per Call: 11,55 EUR	Cost per Interest: 17,50 EUR	Cost per Order: 250 EUR
bei Abweichung	anderen Sender wählen	anderen Werbeblock/andere Tageszeit/ anderen Sender wählen		Beratungstechnik/ Angebotsunterla-gen verändern

Abbildung 5.33: Kennzahlen einer Direct-Response-Kampagne

Literatur

Backhaus, Klaus; Voeth, Markus: Industriegütermarketing, 8. Aufl., München 2007

Becker, Jochen: Marketing-Konzeption, 8. Aufl., München 2006

Berekoven, Ludwig, Eckert, Werner; Ellenrieder, Peter: Marktforschung, 11. Aufl., Wiesbaden 2006

Borden, Neil H.: The Concept of the Marketing Mix, S. 2-7, in: Journal of Advertising Research, June 1964

Hofer, Charles W.; Schendel, Dan: Strategy Formulation: Analytical Concepts, St. Paul 1978

Kotler, Philip; Keller, Kevin Lane; Bliemel, Friedhelm: Marketing-Management, 12. Aufl., München 2007

Kroeber-Riel, Werner; Weinberg, Peter: Konsumentenverhalten, 7. Aufl., München 1999

Maslow, Abraham H.: Motivation und Persönlichkeit, Reinbek 1989

Meffert, Heribert; Burmann, Christoph; Kirchgeorg, Manfred: Marketing, 10. Aufl., Wiesbaden 2008

Nieschlag, Robert; Dichtl, Erwin; Hörschgen, Hans: Marketing, 19. Aufl., Berlin 2002

Porter, Michael E.: Wettbewerbsstrategie, 9. Aufl., Frankfurt 1997

Porter, Michael E.: Wettbewerbsvorteile, 5. Aufl., Frankfurt 1999

Preißner, Andreas: Den Preiskampf gewinnen, Frankfurt 1998

Preißner, Andreas: Vertrieb leicht gemacht, Heidelberg 2007

Preißner, Andreas: Praxiswissen Controlling, 5. Aufl., München 2008

Preißner, Andreas: Kundenmanagement leicht gemacht, Heidelberg 2008

Sinus Sociovision: Die Sinus-Milieus in Deutschland, www.sinus-sociovison.de

Webster, Frederick E.; Wind, Yoram: Organizational Buying Behavior, Englewood Cliffs 1972

Register

Online Marketing
umfassend und kompakt

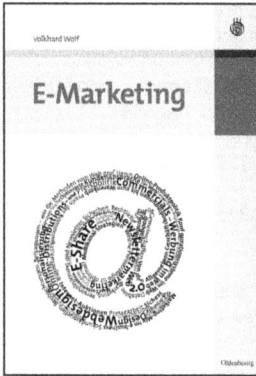

Volkhard Wolf
E-Marketing
2007. VII, 282 S., gebunden
€ 24,80
ISBN 978-3-486-58383-0

Schwierige Märkte setzen auch das Marketing unter
Erfolgsdruck. Mit geringeren Budgets muss mehr erreicht werden. Ein Ausweg aus diesem Dilemma bietet das so genannte E-Marketing („Electronic"
Marketing oder auch Online Marketing genannt).
Dabei werden marketing-orientierte Geschäftspro-
zesse hauptsächlich oder ausschließlich online abge-
wickelt.
In sehr moderner, anschaulicher Weise präsentiert der
Autor die neuesten Erkenntnisse systematisch und
mit treffenden Worten und Bildern.
Inhaltlich besticht das Buch durch eine umfassende
und gleichzeitig kompakte Darstellung der relevanten Sachverhalte im E-Marketing. Gleichzeitig lädt
das Erscheinungsbild des Buches geradezu zum Lesen
ein: Eine Vielzahl von Abbildungen erleichtert das Lernen und Erarbeiten des Themengebietes.

**Das Buch richtet sich an Studierende der Betriebs-
wirtschaftslehre sowie an Praktiker, die vor der Entscheidung des optimalen Marketing-Mix stehen.**

Prof. Dr. Volkhard Wolf ist seit
2001 Studiengangsleiter für den
Studiengang Industrie /
e-business an der Berufsakade-
mie Mosbach und lehrt dort u. a.
in den Bereichen E-Marketing,
Webdesign, Business Processes
und E-Controlling.

Oldenbourg

Praxisnahe BWL

Hermann Witte
Allgemeine Betriebswirtschaftslehre
Lebensphasen des Unternehmens und
betriebliche Funktionen
2., völlig überarbeitete Auflage 2007.
XIX, 300 Seiten, Broschur
€ 34,80
ISBN 978-3-486-58223-9

Endlich ein Lehrbuch der Allgemeinen Betriebswirtschaftslehre, das sich in erster Linie an den in der Praxis relevanten Lebensphasen eines Unternehmens
ausrichtet: von der Gründung bis zur Auflösung.
Damit wird der heutigen Situation in der Praxis Rechnung getragen: Unternehmens- bzw. Existenzgrün-
dungen spielen eine immer wichtigere Rolle. Zudem
ist auch die Zahl der Unternehmensauflösungen
stark angestiegen.

Ergänzt wurde die Neuauflage durch die neuen Ansätze der Betriebswirtschaftslehre, den Logistik- und
den umweltorientierten Ansatz.

»Das Lehrbuch richtet sich vor allem an die Studie-
renden der neuen Bachelorstudiengänge für Wirt-
schaftsingenieure und Wirtschaftsinformatiker.«

Prof. Dr. Herman Witte lehrt
Allgemeine Betriebswirtschafts-
lehre an der Fachhochschule
Osnabrück.

Oldenbourg

Steuern sparen leicht gemacht

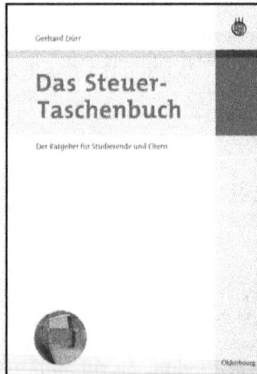

Gerhard Dürr
Das Steuer-Taschenbuch
Der Ratgeber für Studierende und Eltern
2008. XII, 169 Seiten, Broschur
€ 16,80
ISBN 978-3-486-58409-7

Alles rund um das Thema Steuern – für Studierende und Eltern.

Die eine kellnert, der andere jobbt in einem Unternehmen oder an der Hochschule, wieder andere absolvieren Praktika in den Semesterferien. Nahezu jeder Studierende tut es – er arbeitet parallel zu seinem Studium.
Sobald der akademische Nachwuchs einer bezahlten Tätigkeit nachgeht, muss er sich an steuerliche Spielregeln halten.

Dieses Steuer-Taschenbuch macht den Studierenden fit für das Leben als Steuerzahler und gibt auch den Eltern nützliche Tipps: Der Autor erklärt die steuerlichen Grundbegriffe sowie die Steuerberechnung und -erhebung verständlich. Neben der Besteuerung von Studentenjobs thematisiert er sogar Schenkungen und Erbschaften.

Kurzum: Alles Wissenswerte zum Thema Steuern und viele Steuerspar-Tipps für Studierende und deren Eltern.

Gerhard Dürr ist im Bereich kaufmännische Bildung tätig. Er ist Lehrbeauftragter an mehreren Hochschulen und Autor verschiedener Lehrbücher.

Oldenbourg